中國學術思想 研究輯刊

十 二 編

林 慶 彰 主編

第 30 冊

《說文解字》數術思想研究（中）

陳 雅 雯 著

花木蘭文化出版社

國家圖書館出版品預行編目資料

《說文解字》數術思想研究(中)／陳雅雯 著 — 初版 — 新北市：
花木蘭文化出版社，2011〔民100〕
目 4+252 面；19×26 公分
（中國學術思想研究輯刊 十二編；第 30 冊）
ISBN：978-986-254-671-0（精裝）
1. 說文解字　2. 研究考訂
030.8　　　　　　　　　　　　　　　100015937

中國學術思想研究輯刊
十二編　第三十冊　　　　　　ISBN：978-986-254-671-0

《說文解字》數術思想研究（中）

作　　　者　陳雅雯
主　　　編　林慶彰
總 編 輯　杜潔祥
出　　　版　花木蘭文化出版社
發 行 所　花木蘭文化出版社
發 行 人　高小娟
聯絡地址　新北市永和區中正路五九五號七樓
　　　　　　電話：02-2923-1455／傳真：02-2923-1452
網　　　址　http://www.huamulan.tw 信箱 sut81518@gmail.com
印　　　刷　普羅文化出版廣告事業
封面設計　劉開工作室
初　　　版　2011 年 9 月
定　　　價　十二編 55 冊（精裝）新台幣 90,000 元

《說文解字》數術思想研究（中）

陳雅雯　著

目次

第四章 《說文解字》陰陽五行思想〔附讖緯〕

　　《莊子‧天下》：「《易》以道陰陽。」陰陽源起於《易》，五行始於《尚書‧洪範》，繼而先秦諸子對陰陽五行多所發揮的潮流，匯流到漢代之後，陰陽五行天人理論不再是偏執的一家之言，由《史記‧孟子荀卿列傳》對鄒衍之學的收編情形可知，「在司馬遷的時代，陰陽家（自然主義）這一派，已經失去了他們本來的獨立性。所有這一派實質上的學術，都轉移給了道家，而他們的五行理論也成為各個學派所共有之物，儒家也是其中之一。」〔註1〕陰陽五行思想在兩漢像分子般地擴散到各個思想領域，無論是天文學、醫學、哲學、經學，乃至一般市井生活，皆深受陰陽五行的影響。換言之，瀰漫於兩漢的陰陽五行思想，典型地表現了人們對「秩序」的追求，舉凡社會、政治、生活，個體生命可觀察、可經驗的有形，或不可觀察、不可經驗的無形，都試圖納入以陰陽五行為性質表徵或運行力量的模式之中，「究天人之際」就是對這種秩序追求的努力目標。

　　陰陽五行是潛藏在自然界中的一股宇宙力量所起的現象與作用，這股力量就是所謂的「氣」。《淮南子‧天文》：「宇宙生元氣。」按照《易緯‧乾鑿度》的說法，「太易」是未見氣，「太初」是氣之始，「太始」是氣形之始，「太素」是氣質之始，「氣形質具而未離」的渾淪是「萬物相渾成而未離」，氣的形質雖有有無的層次不同，但為萬物生化之始的本體不變。《管子‧四時》：「陰陽者，天地之大理也，四時者，陰陽之大經也。」《管子‧侈靡》：「天地精氣有五，不必為沮。」尹知章注：「謂五行之時也，其時之氣不能必，則為沮敗也。」陰陽是天地之大理，四時是陰陽的消長變化，布於四時的五種精氣為

〔註1〕 李約瑟，《中國之科學與文明》第二冊〈中國科學之基本觀念〉（陳立夫主譯，臺北：臺灣商務印書館，民國 69.8（1980.8）），頁 390。

五行之氣。《呂氏春秋・十二紀》也是以陰陽二氣和天地之氣來解釋四時，如
仲夏之月，「日長至，陰爭陽，死生分」；孟春之月，「天氣下降，地氣上騰，
天地和同，草木繁動。」《呂氏春秋・應同》中也有五行氣勝說，如黃帝之時
「土氣勝」，禹之時「木氣勝」，湯之時「金氣勝」等。《春秋繁露・五行相生》
云：「天地之氣，合而爲一，分爲陰陽，判爲四時，列爲五行。」《論衡・物
勢》：「天用五行之氣」陰陽、四時、五行就是以氣爲基礎的自然規律變化運
動。易言之，透過陰陽、四時、五行的變化而感受、證成氣的存在。

　　《董子文集・雨雹對》云：「陰陽雖異，而所資一氣也。陽用事，則此氣
爲陽；陰用事，則此氣爲陰。陰陽之時雖異，而二體常存。」《春秋繁露・循
天之道》云：「是故惟天地之氣而精，出入無形，而物莫不應，實之至。」氣
雖不可見，但可作用於物，故若虛而實。所以，流行陰陽五行的兩漢形同一
個自然氣感世界。天人氣類相感相應，《呂氏春秋・應同》：「類固相召，氣同
則合，聲比則應。」《淮南子・覽冥》：「物類之相應，玄妙深微。……神氣相
應徵矣。」這種因果關係的氣感意識，表現爲天人合一的協調、平衡、中庸，
使得人類社會符合自然秩序，不可抗拒或抵觸，否則災異勢必降臨。

　　天人相與觀一如陰陽五行思想，爲漢儒共通的思維模式。「天意難見也，其
道難理。」（《春秋繁露・天地陰陽》）但卻可以用陰陽五行爲象徵載體，系統表
述之：「是故明陰陽入出、實虛之處，所以觀天之志；辨五行之本末、順倒、小
大、廣狹，所以觀天道也。」人們通過陰陽五行可以體察天志、天道，就是人
用陰陽五行來描述對天的體驗。陰陽五行負載著天人交融的體驗世界，體驗世
界客體化爲陰陽五行。董仲舒的「天有十端」，是指天、地、陰、陽、木、火、
土、金、水、人，「起於天，至於人而畢，畢之外，謂之物」，「以此見人之超然
萬物之上，而最爲天下貴也。」（《春秋繁露・天地陰陽》）人最爲天下之貴，是
由於天人相副，《淮南子・精神》和《春秋繁露・人副天數》都有相似的記載，
人體結構與天地相參，「天地宇宙，一人之身也。」（《淮南子・本經》）「人之形
體，化天數而成，人之血氣，化天志而仁，人之德行，化天理而義。」（《春秋
繁露・爲人者天》）所以，「以類合之，天人一也。」（《春秋繁露・陰陽義》）人
是小天，天是大人，人可以與天相通，「人主之情，上通於天。」（《淮南子・天
文》）天的作用，也必須通過人而實現，「天地之和合，陰陽之陶化萬物，皆乘
人氣者也。」（《淮南子・本經》）彰顯以人爲中心的天人關係。

　　漢儒天人相與的思想著重在人的所爲，如果要轉變天意，全在人爲，董

仲舒〈對策〉說：「自非大亡道之世者，天盡欲扶持而全安之，是在彊勉而已矣。彊勉學問，則聞見博而知益明，彊勉行道，則德日起而大有功。此皆可使還至而力有效者也。」人君智德雙修，自然能成爲聖王，法天而行，順天而爲，感天而祚國。即使丞相也可輔佐皇帝調和陰陽，《史記・陳丞相世家》：「宰相者，上佐天子理陰陽，順四時。」人要合德，自然可調陰陽、順五行，是天人之學的核心價值。漢代讖緯中的宇宙創生、含神元氣、天人感應，皆不出陰陽五行的氣論思想，並以象數和神話形式表現出來，讖緯神學因而爲複雜的歷史文化現象。《說文》文本也可搜查到陰陽五行之氣（精）、氣感意識與讖緯神學之迹，茲分析說明如下。

第一節 《說文》陰陽說

　　甲骨文（《殷虛書契前編》5.24.5）已出現「陽」字。金文有陰陽二字連用，如《曩白子妊父盨》銘曰：「曩白子妊父，作其征盨。其陰其陽，以征以行。」（《商周金文錄遺》177.1）《敔設》：「南淮夷遷殳，內伐湢昴、參泉、裕敏、陰陽洛。」（《雙劍誃吉金文選》）這時的陰陽，與《詩・大雅・公劉》：「既景乃岡，相其陰陽。」都是指日光照射與否的明暗。《曩伯子盨》的「其陰其陽」譯作「不管白天黑夜」；〈公劉〉的「相其陰陽」則是觀察日影的向背；《敔設》的「陰陽洛」或爲地名。《說文》對陰陽二字的定義，偏重在日照所及與否產生的明闇，「陰闇也。水之南山之北也，從自侌聲。」「陽高朙也，從自易聲。」（十四篇下　一）「陰」的另一寫法就是取象於水，《永盂》的「陰」作㶃，從水侌聲。《周禮・考工記・匠人》：「凡天下之地勢，兩山之間必有川焉。」日照向背產生陰陽，山南水北爲陽，山北水南爲陰，中國許多地名正反映此一狀況：河南省的洛陽在洛水之北，湖南省的衡陽在衡山之南，陝西省的華陰在華山之北，江蘇省的淮陰在淮水之南。《穀梁傳・僖公二十八年》曰：「水北爲陽，山南爲陽。」范甯云：「日之所照曰陽。」《公羊傳・桓公十六年》注曰：「山北曰陰。」徐鍇《說文繫傳・通釋》：「山北水南，日所不及。」〔註2〕以山與水作爲日照的參照地標，側面透示古人的思維特徵。段玉裁注云：「夫造化侌昜之气本不可象，故霒與陰，昜與陽，皆叚雲日山自，以見其意而已。」許愼以陽之「高朙」與陰之「闇」對文，不云水之北山之南也，由陰之解可錯見。

〔註2〕徐鍇，《說文繫傳・通釋》卷二十八（北京：中華書局，1998.12），頁275。

　　「陰、陽」有背陽和向陽之別，南面向陽，北面背陽，背陽則寒涼，向陽則暖熱。所以，「陰陽」又表示氣候的寒暖。《詩・豳風・七月》：「春日載陽」，〈小雅・采薇〉：「歲亦陽止」，〈小雅・杕杜〉：「日月陽止」，「陽」皆指春或夏的暖氣。氣候的寒暖攸關生物生長，故生長季節陽氣勃發旺盛，《國語・周語上》：「夫民之大事在農，……古者太史順時覛土，陽癉憤盈，土氣震發，農祥晨正，日月底於天廟，土乃脈發。先時九日，太史告稷曰：『自今至於初吉，陽氣俱蒸，土膏其動。弗震弗渝，脈其滿眚，穀乃不殖。』……先時五日，瞽告有協風至，……稷則徧誡百姓，紀農協功，曰：『陰陽分布，震雷出滯，土不備墾，辟在司寇。』」這段話是說，立春時節，蟄伏於地的陽氣開始上升，應抓緊時機，進行耕作。「土氣震發」、「陽氣俱蒸」均指埋伏於地中的陽氣，在春天時節震動氣發；「陰陽分布」是指春分時節，日夜均分，寒暖二氣均衡分布。

　　陰陽二氣是兩股巨大的自然力，陰氣之性沉滯，陽氣之性升騰，形成二氣的流動運轉，《國語・周語下》：「氣無滯陰，亦無散陽。」《國語・越語》：「陽至而陰，陰至而陽。」四季氣候的變化，是「陰陽推移」的結果，《管子・乘馬》：「春夏秋冬，陰陽之推移也。」每個季節的風向不同，故四時陰陽之氣的交替變化，與方位有關，《禮記・鄉飲酒義》：「天地嚴凝之氣始於西南而盛於西北，……天地溫厚之氣始於東北而盛於東南……。」「天地嚴凝之氣」指陰氣，「天地溫厚之氣」指陽氣；《淮南子・詮言》亦曰：「陽氣起於東北，盡於西南；陰氣起於西南，盡於東北。」

　　天在上，地在下，陽爲天，陰爲地，故天爲陽氣，地爲陰氣，《禮記・禮運》云：「天秉陽，垂日星；地秉陰，竅於山川。」鄭注：「言天持陽氣，施生照臨下也；……地持陰氣，出內於山川……。」這是以陰陽之氣區別說明天地空間所含包的自然主體，日星垂天在上，山川出地在下。所以，「陰陽」既表四時、四方之氣，又表天地之氣，成爲宇宙成爲陰陽二氣相互作用且普遍聯系的整體。陰陽、五行、四方、四時等構築了一個世界圖式。《管子・四時》云：

　　　　爲聖人知四時，不知四時乃失國之基。……陰陽者，天地之大理也；

　　　　四時者，陰陽之大經也；刑德者，四時之合也。

《管子・形勢解》亦云：

　　　　春者，陽氣始上，故萬物生；夏者，陽氣畢上，故萬物長；秋者，

　　　　陰氣始下，故萬物收；冬者，陰氣畢下，故萬物藏。故春夏生長，

　　　　秋冬收藏，四時之節也。賞賜刑罰，主之節也。

陰陽五行家以陰陽爲「天地之大理」，四時爲「陰陽之大經」，陰陽消長，四時變化，並附會聖人、君主的德刑賞罰。《呂氏春秋》十二紀也有提到陰陽消長的四時現象，如孟春之月，「天氣下降，地氣上騰，天地和同，草木繁動」；孟冬之月，「天氣上騰，地氣下降，天地不通，閉而成冬」；仲夏之月，「日長至，陰陽爭，死生分」；仲冬之月，「日至短，陰陽爭，諸生蕩。」皆是說天地自然間的陰陽二氣變化。陰陽無處不在，無處不有，天地、日月、寒暑、晝夜、晴雨、男女、君臣、貴賤等相互對立，但又是不可分割的道體，《易‧繫辭上》：「一陰一陽之謂道。」陰陽對立與相互作用是宇宙間一切變化的內在根源，「日月相推而明生焉」、「寒暑相推而歲成焉」、「屈信相感而利生焉」，古人論陰陽，主要就「氣」的層次上說的。

一、天地陰陽之氣

　　氣論、陰陽、五行思想相結合，構成了宇宙生成的狀態。《老子》的「道」是「有物混成，先天地生」（二十五章），由道滋生的萬物途徑爲「道生一，一生二，二生三，三生萬物。萬物負陰而抱陽，沖氣以爲和。」（四十二章）戰國秦漢間的宇宙論中，「道」（即「一」）和「陰陽」都可以理解爲由氣構成，沖氣是陰陽二氣未分的狀態，即以「一」作爲氣的存在狀態。《莊子‧至樂》：「察其始而本無生，非徒無生也本無形，非徒無形也本無氣。雜乎芒芴之間，變而有氣，氣變而有形，形變而有生。」宇宙一旦生成，從一到萬物皆由氣構成，所謂「通天下一氣」（《莊子‧知北遊》），《淮南子‧天文》對於氣生宇宙萬物的階段著墨更爲詳細：

> 天墜未形，馮馮翼翼，洞洞灟灟，故曰太始。太始生虛廓，虛廓生宇宙，宇宙生元氣。元氣有涯垠，清陽者薄靡而爲天，重濁者凝滯而爲地。清妙之合摶易，重濁之凝竭難。故天先成而地後定。天地之襲精爲陰陽，陰陽之摶精爲四時，四時之散精爲萬物。

「太始」是天地未形的混沌狀態，是爲無形。「元氣」相當於《老子》「道生一」有形的「一」。但是，構成「道」和「一」的氣是無形之氣，構成「二」以下的萬物的氣是有形之氣，它可起氣候寒溫之變，《鶡冠子‧道端》：「夫寒溫之變，非一精之所化也。」也是穀物、民眾的生長之氣，《莊子‧在宥》：「吾欲取天地之精，以佐五穀，以養民人。」《素問‧上古天眞論》：「余聞上古有眞人者，提挈天地，把握陰陽，呼吸精氣。」由一分爲清濁的陽陰二氣，天地定位，再生

四時、萬物，都脫離不了精與氣，《淮南子・天文》：「天地之襲精爲陰陽，陰陽之專精爲四時，四時之散精爲萬物。激揚之熱氣生火，火氣之精者爲日；積陰之寒氣爲水，水氣之精者爲月。日月之淫（爲）〔氣〕精者爲星辰。」萬物皆有五行之性，五行作爲五種基本物質，也是五種氣，《呂氏春秋・應同》即以五行爲五氣。宇宙生成萬物的次序連接起來即爲：元氣（道、一）、清濁陰陽之氣、四時、五行之氣，故《春秋繁露・五行相生》云：「天地之氣，合而爲一，分爲陰陽，判爲四時，列爲五行。」錢穆〈易傳與小戴記中之宇宙論〉論此際的思想特徵云：「宇宙何由運轉，種物何由而作始乎？此在莊周老聃，則曰是特一氣之聚散耳。陰陽家承之，始詳言一氣之分而爲陰陽，陰陽之轉而爲四時，散而爲五行。陰陽家宇宙之前一段，明承道家而來。其後一段五德終始，五人帝，始配合之於儒家言。」〔註 3〕宇宙之運轉、種物之始作，歸根究底始自天地陰陽之氣。錢穆認爲，陰陽家的形上氣論思想承自道家；形下的五德終始，配著人間五帝，源自儒家，應是據先秦時代而論。

（一）精與氣

「氣」是陰陽五行的主體，它形成了古代「氣的宇宙觀」，繼而帶引「氣的人生觀」。「精」可以說是純一之氣，流貫於天地及人的形體之中，並成爲天與人、人與人、人與物互相感通的橋樑。《易・繫辭上》：「精氣爲物，遊魂爲變，是故知鬼神之情狀。」〈繫辭下〉：「天地絪縕，萬物化醇；男女構精，萬物化生。」《管子・內業》：「凡物之精，比則爲生，下生五穀，上爲列星，流於天地之間謂之鬼神。」「思之而不通，鬼神將通之。非鬼神之力也，精氣之極也。」「凡人之生也，天出其精，地出其形，合此以爲人。和乃生，不和不生。」萬物由精氣化成，而鬼魂也是精氣變化後的存在。《淮南子・精神》：「煩氣爲蟲，精氣爲人。」〈本經〉：「天愛其精……天之精，日月星辰雷電風雨也。」天地之精說穿了就是陰陽之氣，《漢書・天文志》云：

> 凡天文在圖籍昭昭可知者，經星常宿中外官，凡百一十八名，積數七百八十三星，皆有州國官宮物類之象。其伏見早晚，邪正存亡，虛實闊狹，及五星所行，合散犯守，陵曆斗食，慧孛飛流，日月薄食，暈適背穴，抱珥虹蜺，迅雷風祅，怪雲變氣，此皆陰陽之精，其本在地，而上發於天者也。

〔註 3〕錢穆，《中國學術思想史論叢》（二）（臺北：東大圖書股份有限公司，民國 69.1（1980.1）），頁 259。

　　《說文》釋義中凡有「……之精」、「陰」、「陽」、「……氣」，乃涵蓋了天地自然萬物的陰陽之氣，本論文第三章、第五章談《易》學、天文律曆與此有關的字例，如「山，宣也，謂能宣散气生萬物也，有石而高，象形。」山出雲雨，乃因山石含積陽之氣，可感天施雲降雨，雨露之澤，所以宣散地氣，山澤通氣，萬物以成；「坤，元气初分，輕清易爲天，重濁会爲地，萬物所陳列也，从土也聲。」地爲重濁的元氣所形成；「日，實也，大昜之精不虧。」太陽是不虧損的陽精天體；「月，闕也，太陰之精，象形。」太陰水精爲月；「晶，精光也。从三日。」日光之精分爲眾星，晶爲眾星之光；「曐，萬物之精，上爲列星，从晶从生。」星由日精分之，精耀在天，體化萬物，故天上的眾星列布，對應著大地上的人事物。另外在本小節還有霓、虹等自然天象。

字　例	霓	虹
篇　卷	11 下 14	13 上 61

（1）霓 屈虹青赤或白色，陰气也，从雨兒聲。（十一篇下　十四）

　　按：《爾雅・釋天》邢昺引音義曰：「虹雙出色鮮，盛者爲雄，雄曰虹，闇者爲雌，雌曰霓。」《河圖稽耀鉤》：「霓者，氣也，起在日側，其色青赤白黃。」《尚書考靈曜》注云：「日旁白者爲虹，青赤爲霓。」

　　《太平御覽》引作「陰陽氣也」，《春秋元命包》：「虹霓，陰陽之精。」虹霓是陰陽交會之氣，純陰純陽則虹霓不見。《說文》說霓是「陰气」，係指「雌」而言，與陰陽交接之氣不衝突。「霓」的光色較「虹」黯淡，七彩顏色上下次序與「虹」相反，請詳「虹」字解說。

（2）虹 螮蝀也，狀似虫，从虫工聲。朙堂月令曰虹始見。螮籀文虹从申，申電也。（十三篇上　六十一）

　　按：《詩經・鄘風・蝃蝀》：「蝃蝀在東，莫之敢指。朝隮於西，崇朝其雨。」《易緯・通驗卦》：「虹者，陰陽交接之氣，陽唱陰合之象。」蔡邕《月令章句》：「螮蝀也，陰陽交接之氣，著於形色者也，雄曰虹，，雌曰蜺。」《漢書・燕刺王傳》：「天雨，虹下屬宮中飲井水，水泉竭。」虹與霓都是陰陽交接之氣，但雄者爲虹，雌者爲霓。

　　以今物理科學解之，當太陽光在天空行進，遇到天空中細小的水滴時，光線會被折射進入水滴內，由於不同顏色的光線折射的角度不同，於是水滴內不同顏色的光線便被分開了。當光線要由水滴內穿出時，會第二次遇到水

滴與空氣的邊界，大部份的光線會很快又折射出去。而少部份的光線會被反射回水滴內，當這些光線再次要穿出水滴時，會第三次遇到水滴與空氣的邊界，這時部份被折射出去的光線會形成「虹」，所以說「虹」在水滴中經過了一次反射及兩次折射。而少部份又被反射的光線，在第四次遇到水滴與空氣的邊界時才被折射出去，則會形成「霓」。因為「霓」比「虹」多經過了一次的反射（兩次反射及兩次折射），所以「霓」的光線強度會比「虹」弱。古代文獻說虹霓是「陰陽之精」、「陰陽交接之氣」、「陽唱陰合之象」，以今物理學解釋，是指水氣經過陽光折射的緣故。

　　光線經過小水滴折射、反射後進入人眼，不同的水滴將光線折射至不同方向，所以人眼是從不同水珠看到不同的色光，數百萬顆的水珠聚集在一起，太陽光經空氣中的小水滴折反射而進入我們眼中，會形成以我們的眼睛為頂點的圓錐（圖一）。我們看到虹、霓的形狀實際上是一圓錐的一部分（剩下部分被地平線阻擋），此圓錐的中心軸平行於太陽光且通過我們的眼睛，所以看起來是虹與霓均為圓弧形（圖二）。因為同一色光的折射角固定，因此每個人所看到的彩虹仰角皆相同，但是因為每個人所站的位置不同，所以看到的彩虹都不是同一個（不同的水滴所形成）。彩虹是大氣裡特別美麗的光學現象，通常早晨出現在西方，下午出現在東方，一定發生在和太陽相反的方位。彩虹通常會同時出現兩道七彩的半圓弧，比較亮的在下面，稱為虹（primary rainbow），比較暗淡在上面，稱為霓（secondary rainbow），兩者在顏色的排序上正好相反。虹的顏色是上紅下紫，而霓則是上紫下紅（圖三）。〔註4〕

圖一　　　　　　　　　　圖二

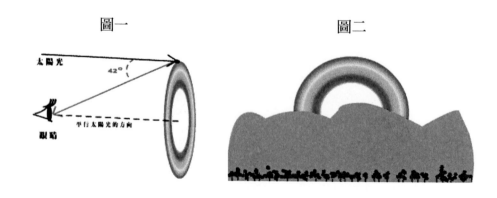

〔註 4〕　參考 http://www.phy.ntnu.edu.tw/demolab/optics/rainbow/rainbow.html「彩虹的形成」，http://www.lib.ncu.edu.tw/~hong/atmhmpg/optics/rainbow.htm「大氣的光象與幻象」。

圖三 取材佳能公司的月曆，是在蒙古大草原上所拍攝到的完美虹霓

日月晶星之陰陽氣，形成天象的光源體；地是元氣重濁下沉的土氣，有生長萬物之功；山氣則是積陽之氣，可山澤通氣，氣生萬物；虹、霓都是由水氣經過陽光折射的現象而形成。所以，同樣以「精」、「氣」、「陰陽」所表示的陰陽之氣，有光源、土氣、水氣的不同。

（二）陰陽相薄相激

《開元占經》卷一百二〈雷〉引《莊子》云：「陰氣伏於黃泉，陽氣上通於天，陰陽交爭，故為電。」《易緯稽覽圖》：「降陰下迎，陰起合和，而陽氣用上薄之則為雷。雷有聲，名曰雷；雷有光，名曰電。」《河圖始開圖》：「陰陽相薄為雷。」雷與電是陰陽之氣薄動激耀的結果。雷霆萬鈞、電光震響是天上的陰陽之氣相激薄所產生的電能光體。茲以《說文》的雷、霆、電、震諸字說之如下。

字　例	靁	霆	電	震
篇　卷	11 下 9	11 下 10	11 下 10	11 下 10

（1）靁陰陽薄動靁雨生物者也，〔註5〕从雨晶，象回轉形。畾古文靁，畾亦古文靁，䨻籀文靁，閒有回回靁聲也。（十一篇下　九）

按：《易·解卦》象曰：「天地解，而雷雨作；雷雨作，而百果草木皆甲坼。」《國語·周語上》：「稷則徧誠百姓，紀農協同，曰：『陰陽分布，震雷出滯。』」韋昭注：「日夜同也。滯，蟄蟲也。《明堂月令》曰：『日夜分，雷乃發聲，始震雷，蟄蟲咸動，啟戶而出也。』」《莊子·外物》：「陰陽錯行，

〔註5〕段注本依《韻會》十灰所引正之，作「霴昜薄動生物者也」。其古籀文的先後次序也不同於各本，各本先古後籀，段注本先籀後古，其文作「䨻籀文靁，閒有回回靁聲也，畾古文靁，畾古文靁」。

則天地大絃，於是乎有雷有霆。」《淮南子‧天文》：「陰陽相薄，感而為雷，激而為霆，亂而為霧。」

雷的籀文作「𩇓」，合七體以成字，它和其中一個古文雷「𩆢」皆有「回」與「田」象雷紋，以「回」象雷紋迴轉之形尚可，然以「田」象之似乎非理，然王筠《說文釋例》：「近見楚公鐘銘≈字，釋為雷，乃知為象形字，如今人所畫雷鼓形，籀篆整齊之，斯不象耳。《商書》之仲虺，《漢書古今人表》作仲𤴐，《集韻》作𤴐，《說文》𤴐之古文𩆢，汗簡引作∷，從此推之，𤴐有雷虺兩讀。𤴐者，≈之初變形也，省之則為𤴐，再省則為∷，又方之正之而為四田字，遂不可解矣。」〔註6〕在《說文句讀》又說：「∷如世所畫靁鼓形，四面旋繞，故曰象回轉形也。《地官‧鼓人》鄭注：『靁鼓，八面鼓也。』案：雷動八方，故以八面象之，作字則不相宜，故四之以四正概四隅也，作𤴐者，變邪為正也，作晶者，省之也。」〔註7〕雷之「田」紋，是由「⊗」方之正之而來，也是象旋繞的雷紋。

（2）霆靁餘聲鈴鈴，所以挺出萬物，从雨廷聲。（十一篇下　十）

按：《爾雅‧釋天》：「疾雷為霆霓。」《漢書‧賈山傳》：「雷霆之所擊，無不摧折者。」顏師古注：「霆，疾雷也。」《漢書‧楚元王傳》：「雨雪雷霆。」顏師古注：「霆，雷之急者也。」經籍訓霆為疾雷，與《說文》之釋義不同。《易‧繫辭上》：「鼓之以雷霆。」《經典釋文》引京房云：「霆者，雷之餘氣，挺生萬物也」《說文》之釋義比較接近京房的說法。

（3）電雲易激燿也，从雨从申。𩇓古文電如此。（十一篇下　十）

按：《易‧說卦傳》：「震為雷，離為電。」《禮記‧月令》：「靁乃發聲、始電。」《穀梁傳‧隱公九年》曰：「電，霆也。」《易緯‧稽覽圖》：「降陰下迎，陰起合和，而陽氣用上薄之則為雷。雷有聲，名曰雷；雷有光，名曰電。」《說文》段玉裁注：「古義霆電不別，許意則統言之謂之靁，自其振物言之謂之震，自其餘聲言之謂之霆，自其光燿言之謂之電，分析較古為愿心。」

《呂氏春秋‧仲春紀》：「雷乃發聲始電。」高誘注：「震氣為雷，激氣為電。」《春秋公羊傳‧隱公九年》：「大雨震電。」何休注：「電者，陽氣也。有聲名曰雷，無聲名曰電。」《穀梁傳‧隱公九年》：「八日之間再有大變。」

〔註6〕楊家駱主編，《說文解字詁林正補合編》第九冊（臺北：鼎文書局，民國72.4（1983.4）），頁 9-745。

〔註7〕同註6，頁 9-744。

劉向《春秋穀梁傳說》云：「雷未可以出，電未可以見，雷電既以出見，則雪不當復降，皆失節也。雷電，陽也；雨雪，陰也。雷出非其時者，是陽不能閉陰，陰氣縱逸而將爲害也。」〔註8〕這裡雖講陰陽災異，但可知雷電一定相伴出現。《春秋元命包》：「陰陽激爲電。」董仲舒〈雨雹對〉：「雷，其相擊之聲也；電，其相激之光也。」《論衡·雷虛篇》：「雷者，太陽之激氣也，何以明之？正月陽動，故正月始雷。五月陽盛，故五月雷迅。秋冬陽衰，故秋冬雷潛。」徐灝《說文解字箋注》云：「雷電非二物也，電光之掣即雷聲之發，人在地上先見電光，後聞雷聲，遂分爲二耳。今遠覘火礮，先見煙焰之起，少遲乃聞礮聲，亦其理也。蓋雷電在空中，去人有遠近，近者聞聲疾而速，遠者聞聲小而遲，相距愈遠則聲愈微，故有但見電光，不聞雷聲者《爾雅·釋天》曰：『急雷爲霆。』《穀梁隱九年傳》云：『電，霆也。』《開元占經》亦謂電爲霆，是其義矣。虫部虹，籀文作𧒸云从申，申，電也。蓋𢼸象雷光激射之形，變體作𦦖，小篆又變爲申。」〔註9〕先見電光，後聞雷聲，電光雷聲有前後連鎖反應，𦦖、申象電光激耀之形，晶象旋繞的雷紋、雷聲。

（4）震劈歷振物者，从雨辰聲。春秋傳曰震夷伯之廟。𩇓籀文震。（十一篇下 十）

按：《左傳·昭公四年》：「雷出不震。」正義曰：「言有雷而不爲霹靂也。」《易·說卦傳》：「震爲雷。」《釋名·釋天》：「震，戰也，所擊輒破，若攻戰也。」又曰：「辟歷，辟，析也，所歷皆破析也。」

震之籀文作「𩇓」，王筠《說文釋例》：「從火者，雷出地時有火光，如鳥槍然；從鬲者，陽烝陰迫，如鼎沸也；從爻者，劈歷所震，物被其虐，離披散亂之狀也；火爻皆二，取其整齊繁縟耳。」〔註10〕電光閃閃，雷聲轟轟，有霹靂震響之勢，籀文震所从的部件「火」、「鬲」、「爻」之意義，王筠解釋得非常詳細。

（三）天地之氣失應

水氣經過冷熱對流、陰陽相盪後所產生的自然氣象變異，如霰、雹、霜、霧、霾等字。陰陽之氣降升相迫，則雪霰冰雹；若二氣不應，則霜降起霧晦

〔註8〕 （清）馬國翰，《玉函山房輯佚書》第二冊（經編·春秋類）（京都：中文出版社，1979.9），頁1242。

〔註9〕 同註6，頁9-753。

〔註10〕 同註6，頁9-755、756。

霜。若以乾坤卦義說之，猶《易》之否卦（☷），坤下乾上，坤卦性就下，乾卦性就上，則天地不交而萬物不通。天地之氣不應，則產生氣象變化。茲說解如下。

字　例	霰	雹	霜	霿	霾
篇　卷	11下11	11下11	11下13	11下14	11下14

（1）霰　稷雪也。从雨散聲。（十一篇下　十一）

按：《詩·頍弁》：「如彼雨雪，先集維霰。」傳云：「霰，暴雪也。」箋云：「將大雨雪始必微溫，雪自上下遇溫氣謂之霰，久之寒勝則大雪矣。」《漢書·五行志》引劉向說：「雹者，陰脅陽也；霰者，陽脅陰也。」《玉函山房輯佚書》輯有尹更始的《春秋穀梁章句》，其說「僖公二十有九年秋大雨雹」云：「雹者，陰脅陽之象。霰者，陽脅陰之象也。」

（2）雹　雨仌也。从雨包聲。雹古文雹如此。（十一篇下　十一）

按：《左傳·僖公二十九年》：「大雨雹。」范甯曰：「雹者，陰脅陽，臣侵君之象。陽氣之在水雨則溫熱，陰氣薄而脅之不相入，轉而成雹。」《白虎通·災變》：「雹之為言合也，陰氣專精，積合為雹。」

（3）霜　喪也，成物者，从雨相聲。（十一篇下　十三）

按：《釋名》：「霜，喪也，其氣慘毒，物皆喪也。」《孝經·援神契》：「霜以挫物。」《詩含神霧》：「陽氣終，白露凝為霜。」宋均注曰：「白露行露也，陽終陰用事，故曰白露凝為霜。」《春秋考異郵》：「霜者，陰精多令也，四時代謝，以霜收殺。霜之為言亡也，物以終也。」《白虎通·災變》：「霜之為言亡也。陽以散亡。」霜代表陽氣終，陰氣凝結，抑制了萬物的生長，生機喪亡，二十四節氣的霜降，時值陰曆九月，意謂著這樣的節候。

（4）霿　地气發，天不應曰霿。从雨敄聲。霿籀文霿省。（十一篇下　十四）

按：《爾雅·釋天》：「天氣下，地不應曰雺。」郭璞注：「言蒙昧，雺音蒙。」「地氣發，天不應曰霧，霧謂之晦。」郭璞注：「言晦冥。」對照《說文》與《爾雅》的說法，《說文》霿→《爾雅》霧；《說文》霿→《爾雅》雺，雺在《說文》為霿的籀文，《爾雅》卻誤為二字二義，不知《說文》尚有霿字。《說文》無霧字，當為霿的俗字。《玉篇》雺與霿同天氣下地不應也，霧與霿同地氣發天不應也，是根據《爾雅》顛倒《說文》霿、霿之說。其實霿發于地則地濕，霿降下天則天晦。

（5）霖天氣下，地不應曰霖，霖，晦也，从雨替聲。（十一篇下　十四）

　　按：范子計然曰：「風爲天氣，雨爲地氣，風順時而行，雨應風而下。」命曰：「天氣下，地氣上，陰陽交通，萬物成矣。」《黃帝內經素問‧陰陽應象大論》：「清陽爲天，濁陰爲地，地氣上爲雲，天氣下爲雨，雨出地，雲出天。」反乎此則爲霖。霖《釋名》作蒙，《開元占經》作濛，《釋名‧釋天》曰：「蒙，日光不明蒙蒙然也。」《開元占經》引郤萌曰：「在天爲濛，在人爲霧，日月不見爲濛，前後人不相見爲霧。」段玉裁注：「霧與霖之別以郤所言爲礭，許以霖系天氣，以霧系地氣，亦分別井然。大氐霧下霖上，霧溼霖乾。」

　　許慎編排雨部的屬字次序，關乎萬物生長之終始，段玉裁注曰：「雷、雨、露皆所以生物，雪亦所以生物而非殺物者，故其用在霜殺物之後，《詩》言雨雪雰雰，益之以霡霖，生我百穀其證也。惟霜爲鶼斂萬物之用。許列字首靁爲動萬物者，莫疾乎此也，次之以雪，乃次之以霝、霅，謂冬雪而後春雨也，次之以露，露春夏秋皆有之，秋深乃凝霜也，次之以霜而歲功成矣，歲功以雪始以霜終。」霜在歲功成物之後，收殺以終物。

二、性命陰陽之氣

　　《呂氏春秋‧大樂》：「萬物所出，造於太一，化於陰陽。」「太一」之道爲宇宙萬物化生的根源，由道化生的萬物各不相同，《淮南子‧詮言》：「洞洞天地，澤沌爲樸，未造而成物，謂之太一。同出於一，所爲各異，有鳥有魚有獸，謂之分物，方以類別，物以群分，性命不同，皆形於有。隔而不通，分而爲萬物，莫能反宗。」人不過是萬物之一，即《管子‧內業》：「天出其精，地出其形，合此以爲人。」《淮南子‧精神》所謂：「煩氣爲蟲，精氣爲人。」《管子‧樞言》：「有氣則生，無氣則死，生者以其氣。」《淮南子‧精神》：「是故精神，天之有也，而骨骸者，地之有也。精神入其門，而骨還反其根，我尚何存。」人之生，是天地之氣的結合，人之死，精神上歸於天，形骸下消於地，個體不復存在。人的壽夭不僅與氣相關，就連人的善惡、貧富、貴賤、禍福亦由氣所決定，《論衡‧命義》：「人稟氣而生，含氣而長，得貴則貴，得賤則賤。」《太平經‧四行本末訣》：「凡事人神者，皆受之於天氣，天氣受之於元氣。神者乘氣而行，故人有氣則有神，有神則有氣，神去則氣絕，氣亡則神去。故無神亦死，無氣亦死。」〔註11〕

〔註11〕　（漢）于吉編撰，《太平經合校》卷四十二（臺北：鼎文書局，民國 68.7（1979.7）），頁 96。

人的身上充滿了元氣，氣實爲人的性命之根、造化之源、生死之本。

（一）性情之陰陽

《莊子・庚桑楚》：「性者，生之質也。」《荀子・正名篇》：「生之所以然者謂之性。性之和所生，精合感應，不事而自然者謂之性。」《春秋繁露・深察名號篇》：「性者，質也。」〈天人策〉：「質樸謂之性。」原始之性是人生自然之質，爲質樸的本心。但被情欲感染後的性是情，欲者爲貪，陰氣爲貪，故性染上陰氣則爲情，有貪欲；性若就陽氣則爲性善，爲仁，善可從性出，但性未必完全爲善，所以，董仲舒說：「情亦性也。」（〈深察名號篇〉），「情本之欲也」（〈天人策〉），「人誠有貪有仁。仁貪之氣，兩在於身，身之名取諸天。天兩，有陰陽之施；身亦兩，有貪仁之性，與天道一也。」「性」是天之陽的一面體現，謂之「仁」，可以產生善質；「情」是天之陰的一面體現，謂之「貪」，可以產生惡質。又云：「善出性中，而性未可全爲善也。」（〈深察名號篇〉）董氏認爲：原始之性是質樸的，但後天之性可貪、可仁，貪爲陰欲，謂之情，情也是性的一部分；仁爲陽，性善。先秦的性善、性惡學說，到了漢代與陰陽思想合流，性與情以陰陽之氣別善惡。《說文》的「情」、「性」二字分釋如下。

字　例	情	性
篇　卷	10 下 24	10 下 24

（1）𢚲人之会气有欲者，从心青聲。（十篇下　二十四）

按：《禮記・禮運》曰：「何謂人情？喜怒哀懼愛惡欲七者，不學而能。」《孝經援神契》曰：「情生於陰以繫念，性生於陽以理契。」《淮南子・原道》：「人生而靜，天之性也，感而後動，性之害也。物至而神應，知之動也。知與物接，而好憎生焉，好憎成形，而知誘於外，不能反己，而天理滅矣，故達於道者，不以人易天，外與物化，而內不失其情。」高誘注：「言通達之人，雖外貌與物化，內不失其無欲之情。」《白虎通・情性》：「情性者何謂也？性者，陽之施；情者，陰之化也。人稟陰陽氣而生，故內懷五性六情。……故《鉤命決》曰：情生於陰，欲以時念也；性生於陽以理也。陽氣者仁，陰氣者貪，故情有利欲，性有仁也。五性者何？謂仁義禮智信也。……六情者何謂也？喜怒哀樂愛惡謂六情，所以扶成五性。人本含六律五行氣而生，故內有五藏六府，此情性之所由出入也。」仁義禮智信，性屬陽，所以爲陽數五；喜怒哀樂愛惡，情屬陰，故爲陰數六。《禮記・禮運》七情爲：喜怒哀懼愛惡

欲，與《白虎通・情性》六情略有不同。人本六律五行而生，而五臟六腑就是這個六律五行身體的內部器官，與五性六情的陰陽之氣有一定的相應配屬，見之於第六章《說文》方技思想的五臟六腑各字例。

（2）惶人之易气性善者也，从心生聲。（十篇下　二十四）

　　按：《春秋繁露・深察名號》：「身之有性情也，若天之有陰陽也。」《孝經緯・鈎命決》：「情生於陰，欲以時念也。性生於陽，以就理也。陽氣者仁，陰氣者貪，故情有利欲，性有仁也。」宋均注曰：「陽氣主於流運，故仁；陰氣主於積聚，故貪也。」性本於陽氣，陽氣溫熱和煦，流轉運行，所以「性」主於仁愛親和。「情」本於陰氣，陰氣寒冷凝聚，故「情」表現爲貪欲斂財。《孝經・援神契》：「情者魂之使，性者魄之使。情生於陰以繫念，性生於陽以理契。」《漢書・董仲舒傳》：「性者生之質也，情者人之欲也。」《論衡・本性篇》：「董仲舒覽孫孟之書作情性之說，曰：『天之大經，一陰一陽；人之大經，一情一性；性生於陽，情生於陰，陰氣鄙，陽氣仁，曰性善者，是見其陽也；謂惡者，是見其陰者也。』」以陰陽說性情，是漢儒流行的說法，許慎也不例外。

（二）生理之陰陽

　　人體爲一個有機體，人體內部組織充滿著陰陽對立統一的關係，《素問・陰陽應象大論》云：「人生有形，不離陰陽。」就人體部位來說，上部爲陽，下部爲陰；體表爲陽，體內爲陰。就背腹笥之內外側來說，背屬陽，腹屬陰；四肢外側爲陽，內側爲陰。以臟腑來分，五臟藏精氣而不瀉，故爲陰；六腑傳化物而不藏，故爲陽。五臟之中，又各有陰陽所屬，心、肺居於上（胸腔），爲陽；肝、脾、腎位於下部（腹腔），爲陰。再者，人體的生理功能正常運作，促進新陳代謝，也是陰陽協調制控的消長取得平衡的結果，這從《說文》的「齔」字可知男女的生理陰陽變化。〔註12〕

　　《說文》：「齔，毀齒也。男八月生齒，八歲而齔，女七月生齒，七歲而齔，从齒匕。」《周禮・小司寇》云：「自生齒以上，登于天府。」注云：「生齒而體備，男八月而生齒，女七月而生齒。」人長了牙齒，生命個體的完整性才告完成，而男女生齒與毀齒的時間分別與八、七有關，《大戴禮・本命》曰：「陰以陽化，陽以陰變，故男以八月生齒，八歲而毀；女七月生齒，七歲而毀。」又曰：「男以八月而生齒，八歲而毀齒，一陰一陽，然後成道，二八

〔註12〕《說文》「齔」字在本論文第六章《說文》之方技思想〉的「醫經類」會有詳細互見之說，見頁488-489，這裡僅就其生理陰陽氣的轉變特色說之。

十六然後情通，然後施行；女七月生齒，七歲而毀齒，二七十四，然後化成。」生齒與毀齒是生命陰陽之道成熟的過程，所以男（陽）因八（陰）而生毀齒，女（陰）因七（陽）而生毀齒，故「陰以陽化，陽以陰變」。男女到了毀齒的雙倍年齡——十六與十四歲，就各具有生殖能力。

（三）魂魄之陰陽

字　　例	魂	魄	癆
篇　卷	9 上 40	9 上 40	7 下 24

（1）魂魄

　　人生時能入於身體，死時可以離開身體的東西，莫過於氣。「魂」從云從鬼，云者氣也，鬼者人死也，靈魂是人死之後，離開人體飄散而去的氣。《說文》：「𩂣，陽气也。从鬼云聲。」（九篇上　四十）「魄，陰神也。从鬼白聲。」（九篇上　四十）《左傳·昭公七年》：「人生始化曰魄，既生魄，陽曰𩂣。」杜預注：「魄，形也。（魂）陽，神氣也。」孔穎達疏云：「形之靈者名之曰魄也，既生魄矣，魄內自有陽氣，氣之神者名之曰魂也。魂魄，神靈之名，本從形氣而有，形氣既殊，魂魄亦異，附形之靈為魄，附氣之神為魂也。附形之靈者，謂初生之時，耳目心識，手足運動，啼呼為聲，此則魄之靈也。附氣之神者，謂精神性識漸有所知，此則附氣之神也。」魂魄二字皆從鬼，故有神靈之名，魂是陽氣，魄是陰氣，二者相合成為人。《易·繫辭上》：「原始反終，故知死生之說。精氣為物，游魂為變，是故知鬼神之情狀。」陰陽精靈之氣聚而為物，是生命的開始；散而為氣，是生命的終結。剩下的就是游氣的變化，此即鬼神。《呂氏春秋·禁塞篇》：「費神傷魂。」高誘注：「魂，人之陽精也，陽精為魂，陰為魄。」《淮南子·說山》：「魄問於魂。」高誘注：「魄，人陰神；魂，人陽神。」《禮記·祭義》：「氣也者，神之盛也；魄也者，鬼之盛也。」鄭玄注曰：「氣謂噓吸出入者也。」《禮記·檀弓下》：「骨肉歸復於土，命也；若魂氣則無不之也！無不之也。」《禮記·郊特牲》：「𩂣氣歸於天，形魄歸於地。」魂氣離開墳墓，無所不往，留在土裡的骨肉還帶著「魄」。

　　《禮記·文王世子》云：「天望而地藏也，體魄則降，知氣在上。」《禮記外傳》云：「人之精氣曰魂，形體謂之魄，合陰陽二氣而生也。……故升屋而拓其魂神也，神智無涯；鬼者復於土也，氣絕則收其魄，使反復於體也。」（《太平御覽》卷五四九）人死，登屋三呼死者之名，盼其復甦，古禮叫做「復」；

呼之猶不活，乃準備入殮、埋葬之事。在屋頂呼復，謂之「天望」，將屍體埋之土中，謂之「地藏」。《禮記·文王世子》孔穎達疏：「所以地藏者，由體魄則降故也；所以天望招之於天，由知氣在上故也。」《周禮·天官·夏采》鄭玄注引鄭眾曰：「復謂始死，招魂復魄」，賈公彥疏：「精氣為魂，耳目聰明為魄。人死魂氣上去，故招之而復於魄也。」人死之後，魂飛走了，魄則同骨肉留在土裡。飛走的是魂氣，留下的是形魄，但不代表「魄」是實質之物，《左傳·昭公二十五年》：「心之精爽是謂魂魄」，王逸注《楚辭·招魂》：「魂者，身之精也；魄者，性之決也，所以經緯五臟，保守形體也。」魂魄都是人體超乎感官的精氣存在，本質都屬於「氣」，可以貫通生死分界的一種存在。

（2）𡪋寐而覺者也，从穴从茻夢聲。周禮以日月星辰占六𡪋之吉凶，一曰正𡪋，二曰咢𡪋，三曰思𡪋，四曰寤𡪋，五曰喜𡪋，六曰懼𡪋。（七篇下　二十四）

按：「𡪋」在作夢時，其實就是人的情與魄陰控制意識的反應，有別於清醒時的意識，《潛夫論》云：「人覺為陽，人寐為陰。」《周禮·春官·占夢》鄭玄注六𡪋，正𡪋「無所感動，平安自𡪋」，咢𡪋，《周禮》作「噩」，杜子春云：「當為驚愕之愕，謂驚愕為夢。」思𡪋「覺時所思念之而𡪋也」，寤𡪋「覺時所道之而𡪋也」，喜𡪋「喜悅而𡪋也」，懼𡪋「恐懼而𡪋也」。

徐鍇《說文繫傳·通釋》：「𡪋之言蒙也，不明之兒，厂者，倚著也，宀，屋也，臥安則𡪋多也。……臣以為人晝之所為陽也，性及魂，精气之所為也，夜寐所覺，陰也；情及魄，陰气之所為也，人之情長侵於性，故禮曰：『生而有欲，性之害也。』文子曰：『日月欲明，浮雲蔽之，人性欲平，嗜性害之。』中庸以上，能節其情欲以成其性，愚者反是，六情橫侵於五常，魄气奪其精粹，故人晝能自攝於禮義者，其𡪋想亦嘗不欺於貪惏，然其𡪋中懈於平晝也，禍福嘗起於忽微，始於隱微，至於陽顯，故吉凶多見於寢也。王符曰：『𡪋寐徵恡，所以警人也。』」〔註13〕徐鍇認為，晝陽夜陰，𡪋是情及魄陰侵於性及魂精所致，𡪋境也是禍福吉凶的徵兆。饒炯《說文部首訂》：「寐而有覺，為無覺之覺，事涉渺茫，人莫由見，因借夢名之，後以人夢必寐，寐必在屋而偃息於牀，故從夢加宀茻為專字。」〔註14〕宋育仁《說文部首箋正》：「即今人所用夢字，覺猶知也，人寐則無所知，因生想，響生夢，神之所動，如晝

〔註13〕徐鍇，《說文繫傳·通釋》卷第十四（北京：中華書局，1998.12），頁152。
〔註14〕楊家駱主編，《說文解字詁林正補合編》第六冊，頁6-814。

之所爲，是寐而有知覺也，从宀从爿，宀，交覆深屋也，人所偃息；爿，倚也，夢必待寐而生，偃息倚著，所以成寐，當作从夢，夢亦聲。夢，不明也，夢者髣髴有覺，實非眞覺，故从夢。」〔註15〕夢是睡時的另一知覺與實境，它對清醒時的我們來說雖爲幻境、非眞覺，但對夢者而言卻是歷歷在目。

三、生物陰陽之氣

萬物由「太一」所生，《淮南子・詮言》：「同出於一，所爲各異，有鳥有魚有獸，謂之分物。」《淮南子・精神》：「煩氣爲蟲，精氣爲人。」太一之氣化生萬千物類，飛潛動植、人群物聚都是由氣所生的形質。除了人之外，《說文》以陰陽之氣說生物者，如珠、蜃、蛤、蚨爲水物，屬陰，珠可以剋火，蜃、蛤由飛物（陽）變化而來，蚨血可使錢自還；如麥、黍爲植物，其生長與五行之氣、節氣關係密切。茲說解如下。

（一）水　物

字　例	珠	蜃	蛤	蚨
篇　卷	1上34	13上55	13上55	13上57

（1）珠蚌之陰精，从玉朱聲。春秋國語曰：珠足以御火災。是也。（一篇上　三十四）

按：珠是蚌之陰精，《淮南子・地形訓》：「蛤蟹珠龜，與月盛衰。」〈吳都賦〉：「蚌蛤珠胎，與月虧全。」五臣注：「蚌蛤珠胎皆盈虧之物，月滿則珠全，月虧則珠缺。」珠是陰精，月是太陰之精，故珠的生長則與月之圓缺相應，乃同氣相生。

《荀子・勸學》：「淵生珠而崖不枯。」《韓詩外傳》：「良玉度尺，雖有千仞之土不能掩其光；良珠度寸，雖有百仞之水不能掩其輝。」《尸子》卷下：「凡水其方折者有玉，其圓折者有珠。」《淮南子・地形訓》：「水圓折有珠，方折者有玉。」注云：「圓折者，陽也，珠，陰中之陽；方折者，陰也，玉，陽中之陰。」《管子・侈靡》：「珠者，陰之陽也，故勝火；玉者，陰之陰也，故勝水。」《大戴禮・勸學》曰：「珠者，陰之陽也，故勝火。」《國語・楚語》左史倚相曰：「珠足以禦大火，則寶之。」韋注：「珠，水精，故以禦火災。」

〔註15〕同註14，頁6-815。

珠是水精，可以禦火，是水剋火的道理。

（2）𧎫 雉入海化爲蜃，〔註16〕从虫辰聲。（十三篇上　五十五）

按：《國語・晉語》：「雀入於海爲蛤，雉入於淮爲蜃。」韋昭注：「小曰蛤，大曰蜃。」《禮記・月令》：「九月雀入大水爲蛤，十月雉入大水爲蜃。」鄭注曰：「大水，淮也。大蛤曰蜃。」《大戴禮・夏小正》：「九月雀入于海爲蛤，十月玄雉入于淮爲蜃。」九月、十月應是季秋、孟冬之月、《易緯・通卦驗》：「小雪雉入水爲蜃。」《七修類稿》卷四十三〈物隨氣以變化〉：「萬物隨天地之氣以生殺，變化之道寓焉。若春夏之氣飛揚也，故青蟲化蝴蝶，水蟲化蜻蜓。秋冬之氣降潛也，故雀入大水爲蛤，雉入大水爲蜃。」《淮南子・天文》：「毛羽者，飛行之類也，故屬於陽；介鱗者，蟄伏之類也，故屬於陰。」蝴蝶、蜻蜓、雀、雉等飛物爲陽氣，青蟲、水蟲、蛤、蜃等蟄伏之物爲陰氣，陽氣飛揚，陰氣降潛，「雉入大水爲蜃」表示陽氣變陰氣。

（3）𧕋 蜃屬有三，皆生於海，千歲化爲蛤，秦謂之牡厲。海蛤者，百歲燕所化也。魁蛤一名復絫，老服翼所化也。从虫合聲。（十三篇上　五十五）

按：魿即爲蛤。《周書・時訓解》：「寒露之日，鴻雁來賓，又五日，爵入大水化爲魿。」《大戴禮・夏小正》：「九月雀入于海爲蛤。」《易緯通卦驗》：「立冬燕雀入水爲魿。」《大戴禮・易本命篇》：「鳥魚皆生於陰而屬陽，故鳥魚皆卵生，魚游於水，鳥飛於雲，故冬燕雀入於海，化而爲蚧。」盧辯注云：「生於陰者，謂卵生也。屬於陽者，謂飛游於虛也。燕雀入於海爲蚧者，以同生於陰而屬於陽，故有其形性也。」《大戴禮・易本命篇》的文字同於《淮南子・墬形》，惟〈墬形〉作「故立冬燕雀入於海化爲蛤。」王筠《說文釋例》云：「羽蟲純陽，介蟲純陰，陽極變陰，天之道也。」〔註17〕蚌殼類的蜃與蛤由鳥類或蝙蝠變化而來，飛物轉化爲水物，是陰陽氣變化的緣故。

《爾雅・釋魚》：「魁陸」，郭璞注：「本草云：魁狀如海蛤圓而厚，外有理縱橫，即今之蚶也。」《本草》云：「魁蛤，一名魁陸，一名活東，生東海，正圓，兩頭空，表有文。」陶注：「形似紡軖，小狹長，外有縱橫紋理，云是老蝙蝠所化。」燕化爲蛤，蝙蝠化爲復絫，亦是陽極生陰。

（4）𧕝 青蚨，水蟲，可還錢，从虫夫聲。（十三篇上　五十七）

按：《鬼谷子》：「若蚨母之從其子也，出無閒，入無朕，獨往獨來，莫之

〔註16〕段注本依《韻會》而補「大蛤」二字，又依《廣韻》所據作「雉入水所匕」。
〔註17〕楊家駱主編，《說文解字詁林正補合編》第十冊，頁 10-926。

能止。」注云：「蚨，水蟲，用其血染子母，錢則常不相離。」《淮南萬畢術》：「青蚨還錢。」注云：「以其子母各等置瓮中，埋東行陰垣下，三日後開之，即相從，以母血塗八十一錢，亦以子血塗八十一錢，以其錢更互市，置子用母，置母用子，皆自還也。」《搜神記》：「南方有蟲名嬔蝸，形如蟬大，謂辛美可食，其子著草葉如蠶種，得其子則母飛來，雖潛取必知處，殺其母涂錢，子涂貫，用錢貨去，旋則自還。」蚨因母子有相從之性，故以其血塗在貨幣上，可使錢幣有自動歸還的神奇魔力。

（二）植　物

字　例	麥	黍
篇　卷	5 下 33	7 上 56

（1）麥 芒穀，秋種厚薶，故謂之麥。麥，金也，金王而生，火王而死。從來，有穗者也，从夊。（五篇下　三十三）

按：《說文》：「麳，芒粟也」，「來，象其芒束之形」，《玉篇》：「麥有芒之穀。」《本草圖經》：「麥秋種多長，春秀夏實，具四時中和之氣，故爲五穀之貴。」高誘注《呂氏春秋・孟春紀》云：「麥，屬金。」《淮南子・墜形》：「麥秋生夏死。」高誘注云：「麥，金也。金王而生，火王而死。」《大戴禮・夏小正》：「九月樹麥。」《禮記・月令》：「仲秋之月乃勸種麥，毋或失時，麥以秋種。」《尚書大傳・唐傳》：「主春者張，昏中可以種穀；主夏者火，昏中可以種黍；主秋者虛，昏中可以種麥；主冬者昴，昏中可以收斂。」《西京雜記》：「董仲舒答鮑敞云：『然則建巳之月爲純陽，不容都無復陰也。但是陽家用事，陽氣之極耳，薺麥枯，由陰殺也。建亥之月爲純陰，不容都無復陽也，但是陰家用事，陰氣之極耳，薺麥始生，由陽升也。』」建巳之月是夏正四月，十二消息卦之乾卦，故爲純陽；建亥之月是夏正十月，十二消息卦之坤卦，故爲純陰。麥是秋種穀物，屬金，四月已成實收割，非其生長季節，故「金王而生，火王而死」，火剋金。

（2）黍 禾屬而黏者也，目大暑而種故謂之黍。从禾雨省聲。孔子曰黍可爲酒，故从禾入水也。（七篇上　五十六）

按：《淮南子・主術》：「大火中則種黍菽。」《大戴禮・夏小正》：「五月初昏大火中。大火者，心也。心中，種黍菽糜時也。」《尚書大傳》：「主夏者火，火昏中可以種黍菽。」《尚書考靈曜》：「主夏者心星，昏中可以種黍。」氾勝之

書曰：「黍者，暑也。種必待暑，先夏至二十日，此時有雨，強土可種黍。」諸書皆言種黍以暑熱之時，《說文》獨言以大暑，蓋言種黍之極時，非大暑節。

《春秋說題辭》：「精移火轉生黍，夏出秋收。黍者，緒也，故其立字禾入水爲黍。」《說文》云：「禾，嘉穀也。……禾，木也」，黍從禾入水，水生木之理具足，木才得以生火，黍大暑種，故屬火。《齊民要術》：「孔子曰黍可以爲酒。」又云：「凡黍爲酒，陽據陰乃能動，故以麥釀黍爲酒。」注云：「麥，陰也，先漬麴，麥後入，故曰陽相感據陰也，相得而沸，是其動也。凡物陰陽相感，非唯作酒。」「從禾入水」仿似在解析「黍」的字形，然已有「从禾雨省聲」，黍字不可能同時兼有兩種釋形方式，因此「從禾入水」是針對「黍可爲酒」而言。據《齊民要術》記載，「黍可爲酒」，是五行陰陽二氣的相感。黍爲火，屬陽氣，以黍釀酒，必有陰屬之物相感才能發酵，麥是秋種，故爲陰，麥後入，能相得而沸，是其動也。

四、器物陰陽之氣

《鶡冠子・泰錄》：「精微者，天地之始也。……故天地成於元氣，萬物成於天地。」「天地成於元氣」也就是天地成於「精微者」，然則「元氣」實乃精微之氣，也就是「精氣」。《鶡冠子・度萬》：「陰陽者，氣之正也；天地者，形之正也。」與《莊子・則陽》：「天地者，形之大者也；陰陽者，氣之大者也。」文意相符。氣在形先，陰陽爲天地之始，「元氣」爲「精微者」，陰陽也是「精微者」。又《淮南子・泰訓》在「與元氣同」和「同氣者帝」的後文有「精氣之動也」，在其前又有「以陰陽之氣相動也」，且云：「天之與人，有以相通也……萬物有以相連，精祲有以相蕩也。」說明與「元氣」同，就是指與「精氣」同，「精氣之動也」與「以陰陽之氣相動也」在意義上互相涵容，「精氣」、「元氣」、「陰陽之氣」並無本質上多大的區別。這類氣學思想對當時的光學理論和實踐有所發明和創造。茲以《說文》的「鑑」與「鐯」來說明光學的陰陽氣論思想。

字　例	鑑	鐯
篇　卷	14上4	14上5

（1）鑑大盆也。从金監聲，一曰鑑諸，可目取朙水於月。（十四篇上　四）

按：《說文》盎下云：「大盆也。」《廣雅・釋器》：「盎，坯，甖也。」《周

禮·天官·凌人》:「春始治鑑。」又云:「祭祀共冰鑑。」注云:「鑑如甄,大口以盛冰,置食物於中,以禦溫氣。」鑑是大盆容器。

《淮南子·天文》說「日」為「火氣之精」,向外吐氣發光,「明者,吐氣者也,是故火日外景。」「月」為「水氣之精者」,往內含氣反光,「幽者含氣者也,是故水日內景。」《周禮·考工記·輈人》:「金錫半謂之鑑燧之齊。」注云:「鑑燧取水火於日月之器也。」李約瑟說:「日屬陽,也屬火;月屬陰;也屬水……這樣,在自然發光和反射發光的天體之間便有了十分恰當的區別。」〔註18〕陽燧取火於日,鑑取水於月,《周禮·秋官·司烜氏》:「以鑑取明水於月。」注:「鑑,鏡屬,取水者,世謂之方諸。」鑑即為方諸,《淮南子·天文》:「方諸見月則津而為水。」高注:「方諸謂陰燧大蛤也,孰摩令熱,月盛時以向月,下則水生,以銅盤受之下水數滴。」高誘注謂方諸為陰燧,且是大蛤,然而按照《周禮·考工記·輈人》之說,鑑(方諸)當以金錫為之,非大蛤也。考《慧苑華嚴經·菩薩問明品》音義引許慎注曰:「方諸,五石之精,作圓器似杯,圬而向月,則得水也。諸,珠也;方,石也,以銅盤受之,下水數升。」此乃許慎《淮南子》注,正說方諸之義為石珠,《說文》珠下云:「蚌中陰精」,故許氏言方諸為五石之精,此說與高誘注「方諸謂陰燧大蛤也」近似。《淮南萬畢術》:「方諸取水。」注云:「方諸形若杯,似五石合治,以十二月夜半作之,以承水即來。」方諸因為陰鑑,故於十二月夜半做之,以合其質性,《搜神記》則作「十一月壬子夜半」。于鬯《說文職墨》疑方諸非方形之諸,方與諸是二物,諸是蟾,方是蚄,〔註19〕由許慎注《淮南子》文,證明方與諸當為二物不誤,惟于氏不認為方諸是石珠,而是蟾與蚄,考《論衡·明雩篇》:「月中之獸兔蟾諸,其類在地,螺與蚄也,月毀於天,螺蚄舀缺。」傳說月之有蟾諸(蟾蜍),蟾諸又是月之代稱;蚄即方諸之方,亦俗字也。《字彙補》謂蚄為蚌,《大戴禮·易本命篇》:「蚌蛤龜珠與月盈虧。」《呂氏春秋·精通篇》:「月也者,群陰之本,月望則蚌蛤實,群陰盈;月晦則蚌蛤虛,群陰虧。」方諸與月之盈虧相感,故以名為方諸之鑑取水於月,實有其理。許慎所謂的「五石之精」意指蚌蛤所產之珠。取水之鑑以金錫五石鑄之,其名方諸乃源自於月之盈虧與蚌蛤實虛相應之故。

〔註18〕 (英)李約瑟,《中國科學技術史》(中譯本)第四卷第一分冊(北京:科學出版社,1975.12),頁134-135。

〔註19〕 楊家駱主編,《說文解字詁林正補合編》第十一冊,頁11-37。

（2）鐆陽鐆也，从金隊聲。（十四篇上　五）

按：《說文》：「日，實也，大昜之精不虧。」自然的陽光是一種精氣，有熱源，能生成火，《周禮・秋官・司烜氏》：「以夫遂取明火於日。」注：「夫遂，陽遂也。」《淮南子・覽冥》：「積陽之熱氣久者生火，火氣之精者爲日。」《淮南子・天文》云：「陽燧見日，則燃而爲火。」注云：「陽燧，金也，取金杯無緣者，熟摩令熱，日中時以當日下，以艾承之，則燃得火也。」宋代沈括《夢溪筆談・辯證》第44條「陽燧照物」：「陽燧面窪，向日照之，光皆聚向內。離鏡一二寸，光聚爲一點，大如麻菽，著物則火發。」〔註20〕古籍中的「陽燧」一般指金屬反射凹面鏡。日光充足時，以凹面向日，以艾草等易燃物至於其焦點上，頃刻即燃。《淮南子・說林》：「凡用人之道，若以燧取火，疏之則弗得，數之則弗中，中在疏數之間。」高誘注將「疏」、「數」作「遲」、「疾」解，意指陽燧取火的時間要有節，不宜慢，也不宜快。其解不甚確切。「疏」、「數」當指遠、近。陽燧點火，距焦點太遠，不能著火，要正好在焦點上，才能迅速起火。陽燧這種凹面鏡能對日取火，利用氣性來界定光的本性，其對日取火圖援引如下：〔註21〕

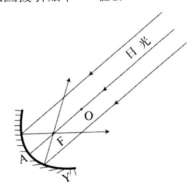

Y爲陽燧，F爲焦點，O爲弧面的中心點，AF爲陽燧焦距，AO爲陽燧曲率半徑

《華嚴音義》與《太平廣記》一百六十一引許愼注：「陽燧，五石之銅精，圓而仰日則得火。」許愼注方諸爲「五石之精」，注燧爲「五石之銅精」，多「銅」字以別燧與方諸之異，與高誘注陽燧「金也」，並無牴觸。《淮南子・覽冥》：「夫陽燧取火於日，方諸取露於月。天地之間，巧歷不能舉其數，手

〔註20〕（宋）沈括撰、胡道靜校注，《新校正夢溪筆談》卷三（香港：中華書局香港分局，1987.4），頁38。
〔註21〕轉引自戴念祖，《文物與物理》（北京：東方出版社，1999.12），頁99。

徵急悅，不能覽其光，然以掌握之中，引類於太極之上，而水火可立致者，陰陽同氣相動也。」《論衡・率性》：「陽燧取火於天，五月丙午日中之時，銷鍊五石，鑄以爲器，摩礪生光，仰以向日，則火來至。」《論衡》同許慎注有「五石」。方諸鑄作在十二月夜半（或十一月壬子夜半）之時，其性陰，故取水；陽燧鑄作於五月丙午日中之時，其性陽，故取火。

　　迄今考古發掘的早期陽燧，均爲青銅鑄造，西周時期 6 枚，春秋戰國時期 16 枚。〔註22〕1995 年，陝西扶風縣周原遺址黃堆六十號古墓，出土一面迄今發現最早的陽燧，爲西周中期，距今約 3000 年之久。該陽燧直徑 8.8 釐米，厚 0.19 釐米，曲率半徑爲 19.8～20 釐米之間，焦距爲 10～11 釐米之間。面鏡背面中央有長方形鈕孔，可裝柄與穿繩使用。〔註23〕1972 年，陝西扶風縣莊白劉家村出土一枚西周中晚期的陽燧，直徑爲 8.0 釐米，方形鈕（見圖）。〔註24〕陝西長安縣張家坡兩座西周墓出土各一件，一爲編號 M170：061，直徑 7.2 釐米；一爲 M303：8，直徑 7.1 釐米，鏡面皆微凹。1975 年，在北京昌平西周木槨墓中出土兩枚陽隧，一編號 M3：30，直徑爲 9.9 釐米，曲率半徑爲 30.8 釐米；一編號 M2：45，直徑爲 9.5 釐米。〔註25〕春秋戰國時期的陽燧，有（1）河南陝縣上嶺村 1052 號虢國墓，直徑 7.5 釐米（見圖）。（2）浙江紹興 306 號戰國墓，直徑 3.6 釐米的小陽燧（見圖）；〔註26〕（3）吉林市郊區猴石山石棺墓出土一不規則圓的陽燧。（4）河北省豐寧滿族自治縣土城東溝道下，發現被盜的石板墓有一陽燧，直徑 10.4 釐米，形制與陝西周原黃堆 M60 一樣。還有同這地區的土城鎮四間房村三丫頭溝的山戎墓群出土過 4 件陽燧。〔註27〕（5）遼寧省昭烏達盟寧城縣南山根石槨墓有 8 件「蓋形器」，應爲陽燧。〔註28〕

〔註22〕楊軍昌、段豔麗，〈中國早期陽隧的幾個問題〉《東南文化》2000 年第 8 期，頁 101-103。

〔註23〕羅芳賢，〈古代的取火用具——陽燧〉，《中國文物報》1996 年 12 月 29 日（總第 515 期），第三版。

〔註24〕羅西章，〈扶風出土商周青銅器〉，《考古與文物》1980 年第 4 期，頁 16。

〔註25〕北京文物管理處，〈北京地區又一重要考古收穫〉，《考古》1976 年第 4 期，頁 258。

〔註26〕浙江省文物管理委員會、浙江省文物考古所、紹興地區文化局、紹興市文管會〈紹興 306 號戰國墓發掘報告〉，《文物》1984 年第 1 期，頁 17。

〔註27〕豐寧滿族自治縣文物管理所，〈豐寧土城東溝道下山戎墓〉，《文物》1999 年第 11 期，頁 24，27。

〔註28〕遼寧昭烏達盟文物工作站，〈寧城縣南山根的石槨墓〉《考古學報》1973 年第 2 期，頁 35。

陝西扶風莊白劉家村陽燧　　　河南陝縣上嶺村陽燧　　　（M306：19）
　　　　　　　　　　　　　　　　　　　　　　　　　浙江紹興戰國小陽燧

　　此外，山西侯馬晉國都城冶銅遺址出土的陽燧模和范，有鑄陽燧的模、范（見圖）。〔註29〕出土的陽燧大都在 7～11 釐米之間，其形制深受銅鏡影響。

陽燧范ⅡT31F13：12　　　ⅡT31F13：12（紋樣）　　　模ⅩⅩⅡT653H247：2

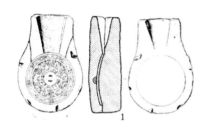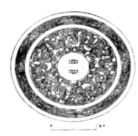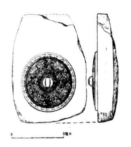

　　陰陽之氣於天地、人、或自然萬物，體現二氣相互對待依存、消長、轉化。對待依存是指陰陽之間不可偏廢，任何一方不能脫離對方而單獨存在，所謂「孤陽不生，孤陰不長。」陰根於陽，陽根於陰，陰陽相合，萬象乃生。如男女成長的生理變化，男八月生齒、八歲毀齒、十六天癸至；女七月生齒、七歲毀齒、十四歲天癸至；男與八相關，女與七有關，除了是洛書八爲艮，艮爲少男；七爲兌，兌爲少女的因素之外，亦不脫陽以陰變，陰以陽化之理，陰陽相互依存，才能行變化。又如人的魂魄同存於人體，一者爲陽氣，一者爲陰氣。

　　陰陽之氣可以轉化，則是兩者已相互倚伏著向對方轉化的因素，如「雉入海化爲蜃」、百歲燕化爲海蛤，老服翼化爲魁蛤，飛揚的陽氣轉化爲潛降的陰氣。霧、霿則是陰陽之氣轉變不相應、不協調，造成霧氣與晦暗。但陰陽之氣薄動

〔註29〕山西考古研究所，《侯馬鑄銅遺址》（上）（北京：文物出版社，1993.11），頁175-176。

相激，又會產生巨大的聲響與光能，如雷電。因此，所有事物都有相對的陰陽質性，如天地、畫夜、水火、上下、寒暑、陰晴、明暗、剛柔、動靜……等等，《春秋繁露‧天道無二》：「天之常道，相反之物也不得兩起……（陰與陽）並行而不同路，交會而各代理，此其文。」宇宙本身是一個龐大的有機體，「在其內中的分子有時此佔優勢，有時彼佔優勢（何者佔優勢皆出於自然），各分子都以完全自由的服務精神互相合作，至於誰擔任較重的工作，誰擔任較輕的工作，則視其本身之資材而定，誰也不比誰的價值高，也不比誰的價值低。」〔註30〕這就是一種「道」的力場觀念，李約瑟說：「《易經》的卦符，陽與陰，乾與坤，有如宇宙力場的正負兩極。因此，人們無意的發現他們自己星球的力場，是在中國發生，是真的這樣使人驚奇嗎？」〔註31〕宇宙自然場的本質為陰陽，陰陽之質又以氣化的形式存在，天地自然萬物才能永遠處在無休止的變化之中，生成終始，生生不息。

第二節　《說文》五行說

　　漢字的意義與時俱進，絕不可能置時代文化思想於度外，而保有永遠不變的初形本義，許慎說解文字所呈顯的陰陽五行，是回應、記錄當代特色的表現，也是思想趨勢使然。《說文》云：「𠄡，五行也。從二，会昜在天地閒交午也。乂古文五如此。」許慎說「五」即是「五行」之義，同時也象徵陰陽之氣在天地間交午。乂與十是九宮體現陰陽五行的空間模式，二十四向、栻盤都是九宮的轉化分身，在這些圖式之中，依然可以找到乂、十符號所起的陰陽五行作用。因此，《說文》的「五」簡要地反映了漢代的五行思想。陰陽五行觀念源於古代曆家的天文知識，日月五星曆象的變化，產生四時氣候與生態的不同，還是歸之於陰陽二氣的轉換，從而形成相應的五個功能活動系統，即謂之五行，《五行大義‧論相生》：「夫五行皆資陰陽氣而生，故云：濡氣生水，溫氣生火，強氣生木，剛氣生金，和氣生土。」〔註32〕因此，五行常伴隨著陰陽，同是古代先哲用以認識、解釋客觀世界一切變化規律的深

〔註30〕（英）李約瑟，陳立夫主譯，《中國之科學與文明》第二冊（臺北：臺灣商務印書館，民國69.8（1980.8）），頁479。
〔註31〕同註30，頁487。
〔註32〕（隋）蕭吉著，（日）中村璋八《五行大義校註》卷二〈第一者、論相生〉（臺北：武陵出版社，民國75.6（1986.6）），頁48。

刻總結。五行只是這變化規律的主體共名，它可因地制宜，因時而異，順物之性而有五氣、五味、五色、五音、五臟、五德等等之別名，既而構成一套相對應的五行結構大系統。

　　卜辭中的五方，「中商」與東南西北並貞，其中四方各有方位專名與風名，〔註33〕其他還有五臣（五方之臣）、五火（五方之火），都是以五方為基礎的體系，胡厚宣說：「殷代已有中東南西北五方之觀念明矣。……然則此即後世五行說之濫觴。五行之觀念，在殷代頗有產生之可能，未必即全為戰國以後之物也。」〔註34〕商代的五方是五行說的原始，蓋後來系統化的五行學說，如《管子‧水地》、〈四時〉、〈五行〉、《呂氏春秋‧十二紀》、《禮記‧月令》、《淮南子》〈天文〉〈時則〉，都以五方位為首。五方觀念和一年的四時、風雨節氣相互配合，一則攸關農業生產，一則與曆法產生有關。《尚書‧堯典》的「宅某方曰某」（如宅隅夷曰暘谷、宅朔方曰幽都）實與卜辭、《山海經》〔註35〕的某方曰某相仿。「厥民某者」（如厥民析、厥民隩），亦類似卜辭、《山海經》的四方名。「鳥獸某某」（如鳥獸孳尾、鳥獸毛）則自卜辭的風名曰某變來。《山海經》已將卜辭的四方名神人化，至《尚書‧堯典》則命羲和四人掌四時星曆，教民耕作。此一意義的結合，四方不僅與四方風雨有關，連與日月星辰、四季也有繫聯，足證古代四方所衍生的曆法，是合農耕、星曆的百科全書。因此，四方或五方起於農耕曆象，是早期五行說關涉的內容。

　　五材說也是五行學說的重要內容，它將宇宙的物質分為五種基本元素，是古代的物理科學。最早的五材說見於《尚書‧洪範》，是九疇之首，曰五行，其文如下：

> 一曰水，二曰火，三曰木，四曰金，五曰土。水曰潤下，火曰炎上，木曰曲直，金曰從革，土爰稼穡。潤下作鹹，炎上作苦，曲直作酸，從革作辛，稼穡作甘。

該文已表現了五行之序、五行之性、五行之味。鯀治水時，堵塞大水，「汩陳

〔註33〕《京》520：「東方曰析，風名劦。南方曰夾，鳳曰光。西方曰韋，鳳曰彝。北方曰勹，鳳曰殳。」

〔註34〕胡厚宣，〈論五方觀念及「中國」稱謂之起源〉《甲骨學商史論叢》初集（上）（臺北：臺灣大通書局，民國72.9（1983.9）），頁385，386。

〔註35〕《山海經‧大荒東經》：「東方曰析，來風曰俊，處東極以出入風。」〈大荒南經〉：「南方曰因，乎夸風曰乎民，處南極以出入風。」〈大荒西經〉：「有人名曰石夷，來風曰韋，處西北隅以司日月長短。」〈大荒東經〉：「北方曰鳧，來之風曰狻，是處東極隅以止日月，使無相間出沒，司其短長。」

其五行」，把五行給擾亂了，「彝倫攸斁」，經常之理敗壞。後來大禹按照洪範九疇，順五行，才「彝倫攸敘」，這就表明萬事萬物各具五行之性。

九疇「次二曰敬用五事」，是五行在「事」上的體現：

一曰貌，二曰言，三曰視，四曰聽，五曰思。貌曰恭，言曰從，視曰
明，聽曰聰，思曰睿。恭作肅，從作乂，明作哲，聰作謀，睿作聖。

貌言視聽思爲「五事」，貌恭、言從、視明、聽聰、思睿，就是五事有德，五事有德，即有五德的外在表現：肅（嚴整）、乂（條理）、哲（智慧）、謀（審度）、聖（明通）。五行有德，五行順；五行失德，五行亂。

〈洪範〉第八疇「曰念用庶徵」，是講「雨、暘、燠、寒、風、時」自然氣象應時、應節候而至，則「庶草蕃蕪」。象候不僅要「時」，而且「一極備，一極無」，太過與不及皆是凶，故要持「中」。五事有德，則所對應的庶徵爲休徵，「曰肅，時雨若；曰乂，時暘若；曰哲，時燠若；曰謀，時寒若；曰聖，時風若。」五事失德，則對應咎徵，「曰狂，恆雨若；曰僭，恆暘若；曰豫，恆燠若；曰急，恆寒若；曰蒙，恆風若。」所以，〈洪範〉的五行系統已涉及道德之符應。這種天人感應的思想，是五行觀念與陰陽思想的結合，結構完整，意義豐富。梁啓超認爲：「此（指《尚書·洪範》）不過將物質區爲五類，言其功用及性質耳，何嘗有絲毫哲學或術數的意味。」〔註36〕就串連九疇的整體意義來看五行，並非如梁氏所言之簡單，況且五行在作爲五材的當下，已儼然有五行與五味的配屬雛形，何來沒有絲毫哲學或數術的意味。尤其，漢代人作了《洪範五行傳》講說五行，必定關聯到《尚書·洪範》，它既提供五種物質的單純意義，也隱含五行配屬的雛形；甚至其中的休咎庶徵所涉及天人感應的觀念，提供漢代學者更多的著墨發揮。早在春秋時代，即可找到與〈洪範〉五行相符合的說法，如《左傳·襄公二十七年》有「天生五材，民並用之」的記載，杜預注曰：「金、木、水、火、土」，是作五種物質材料。《左傳·昭公元年》有云：

天有六氣，降生五味，發爲五色，徵爲五聲，淫生六疾。六氣曰：
陰陽風雨晦明也，分爲四時，序爲五節。

杜預注：「金味辛，木味酸，水味鹹，火味苦，土味甘。」「辛色白，酸色青，鹹色黑，苦色赤，甘色黃。」在〈洪範〉的基礎上多了五色的配屬。五行與

〔註36〕梁啓超，〈陰陽五行說之來歷〉（《古史辨》第五冊，顧頡剛編著，據樸社 1935
　　　年版影印，上海：上海書店，1992），頁 350。

五色、五味、五聲連起來說，在《左傳・昭公二十五年》明文記載之：

> 吉也聞諸先大夫子產曰：「夫禮天之經也，地之義也，民之行也。天
> 地之經而民實則之，則天之明，因地之性，生其六氣，用其五行。
> 氣爲五味，發爲五色，章爲五聲。

這段話說五色、五味、五聲都是由天之六氣、地之五行中生發出來，雖然不見
其具體的配屬內容，然從〈洪範〉五味配五材中，可以理解這裡的五色和五聲，
一定有其原由。而且以天經地義的「禮」和五行關連，實爲後來五行說「人與
天調」「務時寄政」的先河。《左傳・昭公二十九年》還有「五官」之名：「木正
曰勾芒，火正曰祝融，金正曰蓐收，水正曰玄冥，土正曰后土。」《呂氏春秋・
十二紀》、《禮記・月令》中的五神當承襲其說。〔註37〕即使如《國語・鄭語》
也有五行物質合起來以成萬物，關涉宇宙構成的論調，其文曰：

> 故先王以土與金木水火雜以成物，是以和五味以調口，剛四支以衛
> 體，和六律以聰耳，正七體以役心，平八索以成人，見九紀以立純
> 德，合十數以訓百體：出千品，據萬方。……夫如是和之至也。

《國語・吳語》也有陰陽五行組合的蛛絲馬跡，其文曰：「左軍亦如之，皆赤常
赤旗丹甲朱羽之矰，望之如火。右軍亦如之，皆玄常玄旗黑甲烏羽之矰，望之
如墨。」韋昭注說，左爲陽所以尙赤，右爲陰所以尙黑，是五色以陰陽說之。

　　《管子》的五行說也是早期的一種，合〈幼官〉、〈幼官圖〉、〈五行〉、〈四

〔註37〕《呂氏春秋・十二紀》、《禮記・月令》的五行系統圖表

五行	木	火	土	金	水
季節	春	夏	季夏	秋	冬
十干	甲乙	丙丁	戊己	庚辛	壬癸
五帝	太皞	炎帝	黃帝	少皞	顓頊
五神	句芒	祝融	后土	蓐收	玄冥
五蟲	鱗	羽	倮	毛	介
五音	角	徵	宮	商	羽
五數	八	七	五	九	六
五味	酸	苦	甘	辛	鹹
五臭	羶	焦	香	腥	朽
五祀	戶	灶	中霤	門	行
五臟	脾	肺	心	肝	腎
五色	青	赤	黃	白	玄
五牲	羊	雞	牛	犬	彘
五穀	麥	菽	稷	麻	黍

時〉等篇的五行記載，雖然組織系統尚不完密，但彷彿是《呂氏春秋・十二紀》、《禮記・月令》的先聲。從卜辭、《尚書・洪範》到《管子》的五行說，是早期五行說漸漸初具規模的遞變軌跡。至此以後，到漢代陰陽五行說完備之間，大致還有三方面要關注到的五行說，1. 思孟五行說；2. 鄒衍五德終始說；3.《呂氏春秋・十二紀》五行系統，它是粉飾完具最後的一道工序，《禮記・月令》襲用其說，《淮南子》則另作補充。〔註38〕其中思孟的五行說，郭沫若就認爲，《尚書・洪範》五行聯繫於人事的五事，又上應天上的休徵，作俑「天人感應」；其皇極無偏無頗的王道正直，又與《中庸》「中道」、《禮記・禮運》的中心至正相符，應該是思孟一派在五行上的造說。〔註39〕《郭店楚簡・五行》、《馬王堆》帛書《老子》甲本卷後的五行說，是思孟學派五行說的出土有利證據。同時檢證《論語》、《中庸》、《孟子》的內容，也可再次證明思孟重「時」、「數」的五

〔註38〕《淮南子》的五行系統：

五方	東	南	中央	西	北
五行	木	火	土	金	水
五帝	太皞	炎帝	黃帝	少皞	顓頊
五佐	句芒	祝融	后土	蓐收	玄冥
五執	規	衡	繩	矩	權
季節	春	夏	四方、季夏	秋	冬
五神	歲星	熒惑	鎮星	太白	辰星
五獸	蒼龍	朱鳥	黃龍	白虎	玄武
五音	角	徵	宮	商	羽
十干	甲乙	丙丁	戊己	庚辛	壬癸
五官	田	司馬	都	理	司空
五蟲	鱗	羽	臝	毛	介
五數	八	七	五	九	六
五味	酸	苦	甘	辛	鹹
五臭	羶	焦	香	腥	腐
五臟	脾	肺	心	肝	腎
五色	青	赤	黃	白	玄

「五方」到「五官」整理自〈天文篇〉，「五蟲」到「五色」整理自〈時則篇〉，除「五行」、「五執」、「五神」、「五獸」、「五官」等列而不論，其餘各列同於《呂氏春秋・十二紀》、《禮記・月令》的系統，惟「五蟲」列，《淮南子》作「臝」，《呂覽》、《禮記》作「倮」；「五臭」列，《淮南子》作「腐」，《呂覽》、《禮記》作「朽」。《淮南子》的五行系統乃以《呂覽》、《禮記》的系統爲基礎，再進一步補充。

〔註39〕郭沫若，〈儒家八派的批判〉《十批判書》（臺北：古楓出版社，1986），頁134-135。

紀天道定理。關於思孟五行說論述，本論文將於〈第七章《說文》數術思想之
闡釋義〉的「五行儒術」小單元，重新檢討許慎的儒者定位時，一併作相關討
論。茲以《呂氏春秋‧十二紀》的五行系統，作爲檢索《說文》五行字例參考
的模式，以便從中歸整出《說文》的五行配置系統元素。茲詳述於下。

一、《說文》五行字例

　　顧頡剛說：「五行，是中國人的思想律，是中國人對宇宙系統的信仰；二
千餘年來，它有極強固的勢力。」〔註40〕龐樸說：「『五四』以前的中國固有
文化，是以陰陽五行作爲骨架的。陰陽消長、五行生克的思想，迷漫於意識
的各個領域，深嵌到生活的一切方面。如果不明白陰陽五行圖式，幾乎無法
理解中國的文化體系。」〔註41〕古代五行學說認爲，世界是由木、火、土、
金、水五種最基本物質構成。宇宙萬物和現象發展、變化，無不統攝在五行
的運動和相互作用之中。五行相生相剋，互相促進又互相制約，構成了變化
不居、豐富多彩的大千世界。五行哲學構築了宇宙生成圖式，既肯定世界的
物質性和運動性，又認爲物質世界的運動時循環流轉、周而復始的過程。五
行哲學作爲對宇宙認識的世界觀和方法論，在傳統哲學中居有重要地位。

　　以五行哲學爲中心，向各個領域和階層延伸地結果，造就了五行系統的
文化。用五行說指導政治，便有如天子明堂、天人感應和三綱五常等政治理
論；用五行說來認識歷史，便有五德終始的歷史循環論；以五行說結合自然
科學領域，就有如中醫、氣象預測等令人矚目的成果。特別在神祕的數術學
中，五行是其重要的理論支柱。茲就《說文》可以找到的五行系統字例加以
討論，以知《說文》五行理論的涉及層面。

（一）五　行

字　例	木	火	水	土	金
篇　卷	6上1	10上40	11上1	13下16	14上1

（1）𣎵 冒也，冒地而生，東方之行，从屮，下象其根。（六篇上　一）

〔註40〕顧頡剛，〈五德終始說下的政治和歷史〉《古史辨自序》（下）（石家莊：河北
　　　教育出版社，2002.1），頁430。
〔註41〕龐樸，〈陰陽五行探源〉《稂莠集——中國文化與哲學論集》（上海：上海人民
　　　出版社，1988.3），頁355。

按：冒指冒地而生，木冒聲音相近，《說文》：「卯，冒也，二月萬物冒地而出。」《釋名·釋天》：「木，冒也。華葉自覆冒也。」《春秋·元命包》：「木者，陽精生於陰，故水者木之母。其字八推十爲木，八者，陰合，十者陽數。」「水者木之母」即水生木的五行相生。緯書將「木」左右一撇一捺視爲「八」，餘者爲「十」，以陰陽之數釋之。《白虎通·五行》：「木在東方，東方者，陽氣始動，萬物始生，木之言觸也，陽氣動躍，觸地而出也。」東方木爲春，陽氣動，萬物冒地始生。

文字學者大部分認爲：「木」象一株樹木，爲全體象形，不得作字形上的拆解，而許慎將之解析成上从屮、下象其根兩部分，彷若謬矣。〔註 42〕然許君爲強調「冒地而生」的出生概念，故从屮，《說文》：「屮，艸木初生也。」《孔子家語·五帝篇》：「五行用事先起於木，木，東方，萬物之初皆出焉。」徐鍇《說文繫傳·通釋》：「木之於屮，彌高大故从屮，下有根，屮者，木始甲坼也，萬物皆始於微，合抱之木生於毫末，故木從屮。木之性上，枝旁引一尺，下根亦引一尺，故於文木上下均也。東方主仁，仁者柔，木亦柔，故詩曰：『荏苒柔木』木盛於東成於西，故藥用木多取東，引枝根也。」〔註 43〕又《說文繫傳·祛妄》：「《說文》云：『從屮，下象其根』，陽冰云：『象木之形，木者，五行之一，豈取象於屮乎？』臣鍇按：《周易》云：『百果草木皆甲坼』，是草木同言甲坼，屮，甲坼之象，合抱之木生於毫末，木象於屮，何足非乎。」〔註 44〕徐鍇發揮許說「木，從屮，下象其根」更爲詳盡，屮象甲坼冒地而生，木枝條引上而生，根亦隨之引下而長，深得許慎的立說原意。《說文》之所以將木作拆解，是爲了要描述東方木生長的狀態，木主東方，乃五行五方相配之理，故《說文》之說有其合理性。

（2）火熚也，南方之行，炎而上，象形。（十篇上　四十）

按：《說文》焜、熚下均云「火也」，《方言》卷十：「煤，火也，楚轉語也，猶齊言焜，火也。」郭注：「煤，呼隗反，焜音毀。」《爾雅·釋言》：「熚，

〔註 42〕王筠，《說文釋例》云：「木下云从屮，非也。必从其義，乃可云从。屮與木之上半形相似耳，以木从艸，於義何居？木固全體象形字也。｜象幹，上揚者枝葉，下注者根株，祇統言象形可矣，分疏則謬。」《甲骨文字詁林》第二冊「木」字最後的按語引王筠之說，表示編撰者贊成其說，如此一說彷彿已成爲文字學者的定見。（于省吾主編，北京：中華書局，1996.5），頁 1352。

〔註 43〕徐鍇，《說文繫傳·通釋》卷十一（北京：中華書局，1998.12），頁 106。

〔註 44〕徐鍇，《說文繫傳·祛妄》卷三十六，同註 43，頁 320。

火也。」郭注：「《詩》曰：『王室如燬。』燬，齊人語。」燬、焜都是齊語火，《方言》言焜，即不復出燬，《爾雅》言燬，即不復言焜，其為一字兩體，曉然可見。燬、焜都是火的方言字。

《易‧說卦傳》：「離為火。」正義：「取南方之行也。」《白虎通‧五行》：「火在南方，南方者，陽在上，萬物垂枝。火之為言委隨也，言萬物布施。火之為言化也，陽氣用事，萬物變化也。」《子華子‧北宮意問》：「南方陽極而生熱，熱生火。」

《尚書‧洪範》：「火曰炎上。」《子華子‧陽城胥渠問》：「陽之氣為火，……陰之氣為水，……火則上炎，水則下注。」《易緯‧乾坤鑿度》：「火內弱外剛，外威內暗，性上不下，聖人知炎光不入於地。」

饒炯《說文部首訂》：「象火上炎，光焰旁達之形，《左氏昭九年傳》云：『火，水妃也。』其形陰陽互異者，蓋火象離卦，而中畫耦以象之；水象坎卦，而中畫奇以象之。其實火外實而中虛，外畫故奇；水中實而外虛，外畫故耦；耦者虛象也，奇者實象也，足證書契之興，萌於畫卦。倉頡因象制字，亦不出仰觀象於天，俯察法於地，觀鳥獸之文與地之宜，近取諸身，遠取諸物而已。部屬燬篆當是焜之重文，皆火之轉注，一加尾聲，一加毀聲為別。」〔註45〕許慎在《說文‧敘》首言八卦，次之以書契，且提及象之於二者的重要，其要旨正如饒氏所言：書契之興，萌於畫卦，倉頡因象制字。是以離卦卦象可謂火字的前身，一如坎卦之於水字。章太炎《國故論衡‧轉注段借說》：「蓋文字孳乳而浸多，字之未造，語言先之矣。以文字代語言，各循其聲，方語有殊，名義一也，其音或雙聲相轉，疊韻相迤，則為更制一字，此所謂轉注也。」燬、焜皆是火透過轉注而成的方言字，「方語有殊，名義一也」。

（3）∭準也，北方之行，象眾水並流，中有微陽之气也。（十一篇上　一）

按：《管子‧水地篇》：「水者，萬物之準也。」《尚書大傳‧禹貢》：「非水無以準萬里之平。」《淮南子‧說林》：「水靜則平，平則清，清則見物之形，弗能匿也，故可以為正。」《易‧說卦傳》：「坎為水。」正義云：「取其北方之行也。」《白虎通‧五行》：「水位在北方，北方者，陰氣在黃泉之下，任養萬物，水之為言准也，養物平均有准則也。」《子華子‧北宮意問》：「北方陰極而生寒，寒生水。」

《說文》：「ㄟ，流也。」桂馥《說文義證》：「水字中畫從ㄟ。坎古文作☵，

〔註45〕楊家駱主編，《說文解字詁林正補合編》第八冊，頁 8-710。

中畫陽也。」〔註46〕所以《說文》才說水「中有微陽之气也」。《春秋·元命包》:「水者,元氣之滕液也。」《國語·周語下》:「川,氣之導也。」《易緯·乾坤鑿度》:「水內剛外柔,性下不上,恆附於氣也。」《子華子·陽城胥渠問》:「陰之正氣,其色黑,水陽也,而其伏爲陰。」都可作爲「中有微陽之气也」的詳細註解。

（4）土地之吐生萬物者也,二象地之下地之中,丨物出形也。（十三篇下　十六）

按:《白虎通·五行》:「土在中央,中央者土,土主吐含萬物,土之爲言吐也。」《釋名·釋天》:「土,吐也。能吐生萬物也。」《子華子·北宮意問》:「陽中之陽者,火是也。陰中之陰者,水是也。陽中之陰者,木是也。陰中之陽者,金是也。土居二氣之中間,以治四維,在陰而陰,在陽而陽,故物非土不成,人非土不生。」土居中,兼治四維,其屬性可陽可陰,人與萬物皆賴之而生成。《說文》在水火木金皆言某方之行,惟土不言中央之行,王筠《說文釋例》:「蓋以萬物生于土,復歸於土之故。」〔註47〕饒炯《說文部首訂》:「地之生物,從中而出,如人口之吐,由內而外也,故音從吐寄,義亦從吐生,蓋借二爲地,中爲引而上行,讀若囟之丨,象物從地噴出,如人之所吐從口出。」〔註48〕饒氏以人口吐物比況地吐生萬物,大概是取「由內而外」之象,但還是有層次上的落差,人經由口腔吐出之物,大部分都是殘穢之物;大地吐生萬物,卻是有涵養滋長之意。宋育仁《說文部首箋正》云:「二,地數,說象地之下,地之中者,下爲地心,中爲地平綫,丨與屮之丨同,引而上行者,象萬物之生,自地而出也。《禮記》曰:今夫地一撮土之多,及其廣大,艸木生之,禽獸居之,寶藏興焉。《易》曰:至哉坤元!萬物資生,乃順承天。」〔註49〕

《說文》以「地之吐生萬物」釋「土」,是夾訓夾音的聲訓方式,與此類似的字例尚有「神,天神引出萬物者也。」之「神」與「引」,「祇,地祇提出萬物者也。」之「祇」與「提」,「山,宣气散生萬物者也。」之「山」與「宣」、「散」。《說文》對「土」的「二象地之下地之中,丨物出形也」釋形可作如下圖解:

〔註46〕楊家駱主編,《說文解字詁林正補合編》第九冊,頁9-3。
〔註47〕楊家駱主編,《說文解字詁林正補合編》第十冊,頁10-1088。
〔註48〕同註47,頁10-1089。
〔註49〕同註47,頁10-1090。

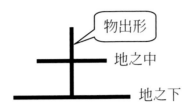

（5）金 五色金也，黃爲之長，久薶不生衣，百鍊不輕，从革不韋。西方之
　　行，生於土从土，ナ又注，象金在土中形，今聲。釒古文金。（十四篇
　　上　一）

　　按：五色金指黃金、青金、赤金、白金、玄金，《春秋運斗樞》：「黃金千
歲生黃龍，青金千歲生青龍，赤金千歲生赤龍，白金千歲生白龍，玄金千歲
生玄龍。」《淮南子・地形訓》：「正土之氣御于埃天，埃天五百歲生缺，缺五
百歲生黃埃，黃埃五百歲生黃澒，黃澒五百歲生黃金。偏土之氣御于清天，
清天八百歲生青曾，青曾八百歲生青澒，青澒八百歲生青金。壯土之氣御于
赤天，赤天七百歲生赤丹，赤丹七百歲生赤澒，赤澒七百歲生赤金。弱土之
氣御于白天，白天九百歲生白礜，白礜九百歲生白澒，白澒九百歲生白金。」
白金爲銀，青金爲鉛，赤金爲銅，黑金爲鐵。

　　「黃爲之長」，《史記・平準書》：「金有三等，黃金爲上，白金爲中，赤
金爲下。」黃金爲上等。「久薶不生衣」，《說文》：「鏊，一曰銅生五色也。」
五色即衣，銅衣猶籀衣，金不變色，故不生衣。《周易參同契》：「金性不敗朽。」
《抱朴子・金丹篇》：「黃金入火百鍊不消，埋之畢天不朽。」黃金不僅不變
色不生衣，還百鍊不消耗。

　　《尚書・洪範》：「從革曰金」，《論衡・譴告篇》：「離下兌上曰革，革，
更也。火金殊氣，故能相革。」《白虎通・五行》：「金在西方，西方者，陰始
起，萬物禁止，金之爲言禁也。」《漢書・五行志上》：「金，西方，萬物既成，
殺氣之始也。」《子華子・北宮意問》：「西方陰止以收而生燥，燥生金。」按
照五行相生，土生金，許愼數術拆解「金」小篆字形从「土」，是謂「金」字
本身之中即蘊含土生金之理。《尚書・帝命驗》：「土者，金之父也。」《鹽鐵
論・論菑篇》：「金得土而成，得火而死。」徐鍇《說文繫傳・通論》：「土受
化以生，天柔而地剛，剛柔相和，其精爲金，故金柔則可揉也，剛則可折也，
剛柔和則能斷，故金可斷，斷者成也，故金在西方，西方成熟之方，物熟而
見割必辛，故西爲辛，成則反質，質則不飾，故其色白，故於文，土左右注，

上廉起銳，以成爲金。」〔註 50〕金因受土生化，土本身屬性可陰可陽，剛柔相濟，因此，金也兼具剛柔之性，可揉、可折、可斷。另外，徐鍇也將金、西方、辛、白的關係作貫串解說。

　　陰陽五行家認爲，宇宙是一種混沌的元氣。元氣分化爲陰陽二氣，陰陽二氣化爲四時，它們此長彼消地循環運行，使萬物萌發、生長、成熟、收藏。元氣又變爲木、火、土、金、水五行。五行各有主管，比如木管東方之春，助春之生；火主南方之夏，助夏之善；金主西方之秋，助秋之成；水主北方之冬，助冬之藏。〔註 51〕

（二）五　方

字　例	中	東	（榑）	（叒）	南	北	嶽	西	時
篇　卷	1上 40	6上 66	6上 29	6下 1	6下 4	8上 44	9下 1	12上 4	13下 46

　　「榑」、「叒」二字於「東」下附屬說明，故打上括弧；「嶽」與「時」分別談到五嶽與五時，故一併納入五方字例討論。

（1）中和也，〔註 52〕从○丨下上通也。𤬸古文中，𢆍籀文中。〔註 55〕（一篇上　四十）

　　按：中的上古字形作 數形遞變，𣃚，㫃在左右可任意，即古㫃字，唐蘭認爲，作爲旗幟的中，最初爲氏族徽幟，古時有大事用以集眾，於曠地先建中，群眾見中而趨附，群眾來自四方，則建中之地爲中央。〔註 54〕《周禮・考工記・輈人》有所謂的龍旂（象大火）、鳥旟（象鶉火）、熊旗（象伐）、龜蛇四斿（象營室），四旗所畫的星宿爲二十八星宿位居四宮之主星，顯然應該建於四方，而非建於中央。中字本作㫃飾，「乃是古人于立表必與建旗共行的古老做法的客觀反映。」〔註 55〕《周禮・夏官・大司馬》：「田之日，司馬建旗于後表之中，群吏以旗物鼓鐸鐲鐃，各帥其民而致。質明弊旗，諸後至者。」以旗爲幟，立表定時，以待後至。但時間一到，主帥即刻仆倒旗幟，遲到者遭

〔註 50〕徐鍇，《說文繫傳・通論》中卷第三十四，同註 43，頁 309。

〔註 51〕董希謙、張啓煥等編著，《許慎與「說文解字」研究》（開封：河南大學出版社，1988.6），頁 161。

〔註 52〕小徐本作和也，大徐本作而也，宋麻沙本作肉也，段注本作內也。

〔註 55〕段注本刪此籀文。

〔註 54〕唐蘭，《殷虛文字記》（北京：中華書局，1981），頁 53-54。

〔註 55〕馮時，《中國古代的天文與人文》（北京：中國社會科學出版社，2006.1），頁 23。

誅殺。《史記・司馬穰苴列傳》：「穰苴先馳至軍，立表下漏待賈（按：莊賈）。……
日終而賈不至。穰苴則仆表決漏，入，行軍勒兵，申明約束。」〈大司馬〉的「建
旗于後表之中」、「弊旗」，即是〈司馬穰苴列傳〉的「立表」、「仆表」，說明建
旗聚眾則須立表定時。立表定時就是要測量日影，因此，從㫃、勿之字多與陽
光有關，《説文》倝下云：「日始出，光倝倝也，從旦，㫃聲。」又朝字從倝舟
聲，乾字從乙倝聲，皆取於朝陽之義。又易字從旦從勿，勿也是旗子，易爲高
明，乃受陽光所致。顧實說：「中之從古㫃字，亦猶倝之從㫃，易之從勿，均取
之以象太陽之光或氣也。」〔註56〕朝、乾、易皆關乎陽光，而且這些字的所從
之字都有表示旗幟的㫃或勿，所以㫃、勿之象陽光的理由，就是與建旗立表測
日影有關。古人對中的方位認定，以建旗立表測影而定，定出了中的方位之後，
也自然有上下方位。於是顧氏又進一步推論古文⊥丅、小篆上下，即是從中的
上古字形截取而成，「蓋從一以截其上端則爲上字，從一以截其下端則爲下字，
從○以環其中間則爲中字。」〔註57〕

王紹蘭認爲「和」或「龢」皆非中之訓，「中和也」三字當連篆作一句讀，
〔註58〕謂此中字即中和之中，非訓中爲和。〔註59〕中必須有兩邊相對應，才
能定出中的位置，空間裡不止僅有一個中的位置，王紹蘭云：

> 中之義所包者廣內不足以盡之，中對上下言，上之下、下之上爲中；
> 中對前後言，前之後、後之前爲中；中對左右言，左之右、右之左爲
> 中，是中爲絜矩之道。故中對外內言，外之內、內之外爲中，言內不
> 足以該中，言中即足以該內，是內不得爲中之訓明矣。《公羊昭五年傳》
> 曰：「五亦有中，三亦有中。」今舉最易曉者爲說。鄭司農云：「王有
> 五門，外曰皋門，二曰雉門，三曰庫門，四曰應門，五曰路門。」以
> 五門言則皋雉爲外，應路爲內，庫門爲中，此所謂五亦有中也。以皋
> 雉庫三門言，則皋爲外，庫爲內，雉爲中。以雉庫應三門言，則又雉
> 爲外，應爲內，庫爲中。以庫應路三門言，則又庫爲外，路爲內，應
> 爲中，此所謂三亦有中也。推之朝寢室堂及廷，皆中在外之內、內之

〔註56〕顧實，〈釋中史〉，收錄於楊家駱主編，《説文解字詁林正補合編》第二冊，頁
 2-438。

〔註57〕同註56，頁2-439。

〔註58〕《説文》連篆作一句讀的例子如：「威姑也」謂此威字即威姑之威，非訓威爲
 姑；「蕟禾也」謂此蕟即蕟禾之蕟，非訓蕟爲禾。

〔註59〕王紹蘭，《説文段注訂補》，見同註56，頁2-443。

外：又推之上下四旁，莫不如是，是內不得爲中之訓更明矣。〔註60〕
一個空間有中的位置，但將一個空間劃成不同的空間，每個劃成後的空間也各有中的位置，因此，五門可取中，而五門取三門一組，不同的三門又可定出不同的中。四面八方皆可定出中，因此前後上下左右內外都有中，王氏之說不僅闡明中所包甚大，而且也間接否定段注本訓爲內之說。

《左傳‧成公十三年》：「民受天地之中以生，所謂命也。」《禮記‧中庸》曰：「中者，天下之大本；和者，天下之達道。致中和，天地位，萬物育。」《論語‧堯曰》：「堯曰：『咨！爾舜，天之曆數在爾躬。允執厥中，四海困窮，天祿永終。』」《尙書‧堯典》：「在璿璣玉衡，以其七政。」璿璣玉衡是指北斗七星，運於天而不息，四時成歲，月有中氣，以著時應。「春三月中氣，驚蟄、春分、清明；夏三月中氣，小滿、夏至、大暑；秋三月中氣，處暑、秋分、霜降；冬三月中氣，小雪、冬至、大寒。閏無中氣。斗指兩辰之間，是故『天之曆數在爾躬』。『允執厥中』者何執也？執此斗柄，指中氣之中也。曆始於數，數始於伏羲畫卦以來，三皇五帝三代莫不以治曆明時，爲君天下首務，所以受之於民，始爲耕作之準也，春耕秋收，乃爲人事之定序；冬寒夏暑，原本天道之定理。若取四時十二月之名而忽移於前，忽移於後，則天理人事紛然淆亂，其何以正名百物，明民共財哉？故曰『四海困窮，天祿永終』也。」〔註61〕所以，史從又持中者，中作爲簡冊，其內容必包含曆數星象，史官要允執厥中，必須懂得敬授民時，倉頡見鳥獸蹏迒之迹作書契，也包括記錄曆數星象的內容，實不爲過。

中，從○丨，下上通也，王紹蘭分析的相當仔細，他說：

> 竊謂中當從○，○者非○非□，可爲○，亦可爲□，□○有定，中亦有定；□○無定，中亦無定。○天道，□地道。劉康公所謂天地之中也。從丨者，〈洪範〉九疇五皇極，皇建其有極。極者，中也。第五疇在天一、地二、天三、地四、天五、地六、天七、地八、天九之中，傳說所謂天之中數五，地之中數六，而二者爲合也。然則丨者，合天○地□之○以爲中，建其有極，建此丨，會其有極，會此丨，歸其有極，亦歸此丨，引而上行，丨與天通，引而下行，丨與地通。〈呂刑〉謂絕地天通，得丨而絕者皆通，故曰從○丨下上

〔註60〕同註56，頁2-443，2-444。
〔註61〕同註56，頁2-439。

通也。〔註62〕

○得天○地□之中，天地之位定矣，中亦隨之有定。｜即是中極，可引而上下與天地相通。

卂古文中，作屈畫，王紹蘭云：「卂之屈處正謂其權在此，其中在此。」〔註63〕蓋用中者，必執兩端，乃能行權而得中，執一不執兩則無權，執兩端者，所用亦在此，惟屈乃能權能中，《公羊傳‧桓公十一年》：「權者，反於經者，然後有善者也。」行權有道，自貶損以行權，屈卂之義也。且行權無定處，如秤物之法，物重則權施於外而近秤尾，物輕則權施於內而近秤頭，秤適得其平之處，即適得其中之處。屈其卂以記行權用中之所在，而實無定在矣，若執一無權，即非古文制卂之恉。〔註64〕

（2）東動也。从木，官溥說，从日在木中。（六篇上　六十六）

按：《尚書大傳‧堯典》：「東方者何也？動方也，物之動也。」《白虎通‧五行》：「所以名之爲東方者，動方也，萬物始動生也。」《漢書‧律曆志上》：「少陽者東方，東，動也，陽氣動物，於時爲春。春，蠢也，物蠢生乃動運。」徐鍇《說文繫傳‧通釋》：「東方萬物所，甲坼萌動，平秩東作，故爲動也。」〔註65〕《說文》：「甲，東方之孟，陽气萌動。从木戴孚甲之象。」東方木爲春，萬物甲坼蠢生而陽氣動。

王筠《文字蒙求》：「从日在木中，日升扶桑之謂。」〔註66〕蕭兵說：「東」是太陽從神木「扶桑」升起的意象。饒炯《說文部首訂》：「東方主春，萬物蠢動，以音爲訓，與門聞、戶護一例。从日在木中者，木即謂榑桑，《淮南子》云云可證，此因形見義。雖說从木从日，亦爲指事，意與杲杳相同，杲杳从木，亦指爻木言之。杳者，冥也，从日在木下，謂日未出於榑桑，天下尚暗，是以義爲冥。杲者，曉也，从日在木上，謂日已出於榑桑，天下皆白，是以義爲曉。皆从木，以日位置於上中下而指其事者也。」〔註67〕許慎雖未明說「从日在木中」的「木」所指爲何，經查驗《說文》：「榑，榑桑，神木，日所出也。从木

〔註62〕同註56，頁2-444。

〔註63〕同註62。

〔註64〕同註56，頁2-444，2-445。

〔註65〕徐鍇，《說文繫傳‧通釋》卷第十一，同註43，頁120。

〔註66〕王筠，《文字蒙求》卷三〈會意〉（臺北：藝文印書館，民國70.3（1981.3）），頁103

〔註67〕楊家駱主編，《說文解字詁林正補合編》第八冊，頁8-965。

專聲。」「叒，日出東方湯谷，所登榑桑，桑木也。叒籀文。」又段玉裁注《說文》「杳」字曰：「莫爲日且冥，杳則全冥矣。由莫而行地下，而致於榑桑之下也。」可見「東」字深深關係著著太陽神樹若木或扶桑的神話。榑桑在古代神話裡作爲旭日東昇的座標地物，蕭兵說：「以大樹爲座標測量太陽的相對位置，借此計量每日的時辰（今人猶言「日出三竿」之類），就好像叒字標誌著以太陽在山頭上的相對位置來計算時間的原始計時法一樣（《山海經》《楚辭》裡大量日出日入之山亦寓此意）。」〔註68〕《說文》的太陽扶桑神話以錯見筆法，寓寄「東」、「杲」、「杳」所从之「木」的答案於「榑」、「叒」二字的說解中。

　　榑木古籍多作扶木，《山海經・大荒東經》：「湯谷上有扶木，一日方至，一日方出，皆載于烏。」注云：「扶桑在上。」《尚書大傳》：「東方之極，自碣石東至日出榑木之野。」《淮南子・天文》曰：「日出于暘谷，浴于咸池，拂于扶桑，是謂晨明。登於扶桑，爰始將行，是謂朏明。」《淮南子・墜形》：「扶木在陽州，日之所曊。」注曰：「扶木，扶桑也，在湯谷之南。曊，猶照也。陽州，東方也。」湯谷一作暘谷。榑桑即扶桑，《山海經・海外東經》：「黑齒國下有湯谷，湯谷上有扶桑，十日所浴。在黑齒北居水中有大木，九日居下枝，一日居上枝。」注云：「湯谷，谷中水熱也。扶桑木也。」〈大荒東經〉：「湯谷上有扶木，一日方至，一日方出，皆載于烏。」古人認爲日中有三足烏，三足烏爲太陽鳥，扶桑若木又是日升日落的座標物象徵，扶桑若木──日──三足烏，構成太陽神話的文化語碼，日出東方，登扶木而升，故「一日方出」，日行至西，「一日方至」。《離騷》：「總余轡乎扶桑，折若木以拂日兮。」注云：「扶桑，日所拂木也。若木在崑崙西極，其華照下地。」〈九歌〉：「照吾檻兮扶桑。」注云：「吾謂日也，言東方有扶桑之木，其高萬仞，日下浴於湯谷，上拂其扶桑，爰始而登，照曜四方。」《淮南子・墜形》：「若木在建木西，末有十日，其華照下地。」高誘注：「若木端有十日，狀如蓮華。華猶光也，光照其下也。」在神話中，扶桑（扶木）爲日出東方之木，若木爲日棲西方之木，有相對性。《說文》的「叒」讀爲「若」，應當指若木，郝懿行《山海經箋疏》：「《說文》云：『日初出東方所登扶桑，叒木也。』即此，叒通作若。」但《說文》卻將扶桑、叒木混合爲一，故認爲日初出東方所登的扶桑也是若木，其實扶桑與若木本東西有別。不過，還有一種可能，就是《說文》的「叒」就是「桑」的本字，不應讀爲「若」，如此一來，「叒」的

〔註68〕蕭兵，〈東皇太一和太陽神〉《杭州大學學報》1979年第4期，頁30。

釋義與「榑」相同，「叒」就是榑桑的「桑」，同為日出所登東方之木。

（3）宋 艸木至南方有枝任也。从宋羊聲。峚古文。（六篇下　四）

　　按：徐鍇《說文繫傳・通釋》：「南方主化育，故曰有枝任也。」〔註69〕段注：「艸木至南方者猶云艸木至夏也。有枝任者，謂夏時艸木暢楙丁壯有所枝挌任載也，故从宋。」《國語・周語下》：「五閒南呂，贊陽秀也。」韋注：「南者，任也。陰任陽事，助成萬物。」《白虎通・五行》：「南方者，陽在上，萬物垂枝。」「南方者，任養之方，萬物懷任也。」《漢書・律曆志上》：「位於申，在七月，南呂，南，任也，言陰氣旅助夷則，任成萬物也。」又云：「太陽者，南方。南，任也，陽氣任養物，於時為夏。」

（4）𤕦 菲也。从二人相背。（八篇上　四十四）

　　按：許慎在此不直言方位，而以兩人相背之乖為義。王筠《說文句讀》云：「北於行為水，於時為冬，五行相生，至水而極，四時遞嬗，至冬而終，然水又生木，貞下起元，故艮在東北，為萬物之所成終成始也。字體一人向右以成終，一人向左以成始，必從人者。」〔註70〕宋育仁《說文部首箋正》：「韋昭說古背字，謂北方，猶言背方也。《書》至於北嶽。伏勝說：北方，伏方也。陽气在下，萬物伏藏，北方為冬，天气上騰，地气下降，天地不通，人，天地之性最貴，受陰陽之中，故二人相背以為北宇。」〔註71〕北方為冬，天地之气不交通無以為形，故取人相背之形以表之。如果許慎釋「北」的用意如上述學者所說，則有兩個作用：（一）北不言方位名，由東南二方自可舉一反三，互見印證。（二）方位實由具體取象而來，許慎不言方位，反倒是要突顯這取象的重要意義。

（5）嶽 東岱、南霍、西華、北恒、中泰室，王者之所以巡狩所至，从山獄聲。

　　　　（九篇下　一）

　　按：《爾雅・釋山》：「泰山為東嶽，華山為西嶽，霍山為南嶽，恒山為北嶽，嵩高為中嶽。」《尚書大傳》：「五嶽謂岱山、霍山、華山、恆山、嵩山是也。」《漢書・郊祀志》：「東嶽泰山于博，中嶽泰室于嵩高，南嶽灊山于灊，西嶽華山于華陰，北嶽常山于上曲陽。」《說苑・辨物》：「五嶽者何謂也？泰山東嶽也，霍山南嶽也，華山西嶽也，常山北嶽也，嵩高山中嶽也。」《水經・

〔註69〕徐鍇，《說文繫傳・通釋》卷第十二，同註43，頁122。

〔註70〕楊家駱主編，《說文解字詁林正補合編》第七冊，頁7-372。

〔註71〕同註70，頁7-373。

禹貢》：「山水澤地，嵩高爲中嶽，在潁川陽城縣西北；泰山爲東嶽，在泰山博縣西北；霍山爲南嶽，在廬江灊縣西南；華山爲西嶽，在宏農華陰縣西南；恆山爲北嶽，在山中上曲陽縣西北。」茲將上述各說列表與《說文》比較之。

	東	南	西	北	中
說　文	岱山	霍山	華山	恒山	泰室
爾　雅	泰山	霍山	華山	恒山	嵩高
漢書·郊祀志	泰山	灊山	華山	常山	嵩高
尚書大傳	岱山	霍山	華山	恆山	嵩山
說　苑	泰山	霍山	華山	常山	嵩高
水經·禹貢	泰山	霍山	華山	恆山	嵩高

　　岱山就是泰山。南嶽霍山，《水經·禹貢》說在廬江山灊縣西南，《漢書·郊祀志》作灊山，《漢書·地理志》：「廬江郡灊縣，天柱山在南有祠。」《史記·封禪書》：「上巡南郡至江陵而東登禮灊之天柱山，號曰南嶽。」郝懿行《爾雅郭注義疏》云：「《詩》及《左傳·昭公四年》正義引郭注云：霍山，今在廬江縣灊縣，灊水出焉，別名天柱山。漢武帝以衡山遼曠，故移其神於此。」衡山本爲南嶽，漢武帝以其遼闊，移神於廬江灊縣的霍山，又名天柱山。北嶽恆山作常山，《史記·夏本紀》：「常衛既從。」索隱曰：「此文改恆山恆皆作常，避漢文帝諱故也。」中嶽泰室嵩山，《漢書·地理志》：「潁川郡崈高縣，武帝置以奉太室山，是爲中嶽，古文以崇高爲外方山也。」《說文》的五嶽爲漢武帝制。

　　根據《史記·封禪書》記載，帝巡狩五嶽的時間爲：二月東岱，五月南嶽，八月西嶽，十一月北嶽。不及中嶽，蓋於中無事。

（6）𠄍鳥在巢上。象形。日在𠄍方而鳥𠄍，故以爲東𠄍之𠄍。棲，𠄍或从木妻。卤古文𠄍。卥籀文𠄍。（十二篇上　四）

　　按：《白虎通·五行》：「西方者，遷方也，萬物遷落也。」日在西方而鳥棲，謂鳥棲時，日在西方，遂以鳥𠄍之𠄍，爲西方之西，古本無東西之西，寄託於鳥在巢上之𠄍字爲之，與「北」一樣，借具體取象來表達方位。《說文》章之本訓相背，朋之本訓爲鳳，大都類是，所謂「假借者，本無其字，依聲託事。」張舜徽說：「東西二字之義，皆取於日之出入以爲名。」〔註72〕故《說

文》東說「从日在木中」，西說「日在冃方而鳥冃」，西的小篆字象鳥棲息在鳥巢上，如果按照「東」的太陽鳥登扶桑木神話模式推理，西所棲息的這隻鳥也應該指太陽鳥，那麼，也就沒有所謂「假借」這回事。日升東，經過一天的運行，日沒西，等於是太陽鳥從東方，經過一天凌空的飛行，棲息於巢，西是太陽鳥夜間棲息的鳥巢，也代表日落的西方方位。

（7）疇 天地五帝所基止祭地也，从田寺聲。右扶風雝有五畤，好畤鹿畤皆黃帝畤築，或云秦文公立。（十三篇下 四十六）

　　按：祭天地五帝之地，其制壇而不屋，但有基止。《漢書音義》：「孟康曰：『畤音止，神靈之所止也。』」「右扶風雝有五畤」是《漢書‧地理志》文。根據《史記‧封禪書》記載，秦舊四畤，到漢高祖立北畤，始為五畤：秦襄公居西垂作西畤祠白帝；其後文公都汧作鄜畤，郊祭白帝；其後德公居雍，宣公作密畤於渭南，祭青帝；秦靈公作吳陽上畤，祭黃帝，作下畤祭炎帝；秦獻公作畦畤，櫟陽祀白帝；漢高祖立黑帝祠命曰北畤。茲列表明之：

秦襄公	秦文公	秦獻公	秦宣公	秦靈公		漢高祖
西畤	鄜畤	畦畤	密畤	上畤	下畤	北畤
白帝			青帝	黃帝	炎帝	黑帝

　　漢高祖劉邦自立為漢王之後，《史記‧曆書》云：「漢興，高祖曰北畤待我而起，亦自以為獲水德之瑞。」北畤祠黑帝因高祖而立，黑屬水，故高祖自以為獲水德。五畤所祠之帝分屬五色，與五方連系者僅西畤與北畤，其他畤處則不以方位定名。

　　《史記‧封禪書》：「秦文公東獵汧渭之間，卜居之而吉。文公夢黃蛇自天下屬地其口，止於鄜衍。文公問史敦，敦曰：『此上帝之徵，君其祠之。』於是作鄜畤用三牲，郊祭白帝焉。自未作鄜畤也，而雍旁故有吳陽武畤，雍東有好畤，皆廢無祠，或曰自古以雍州積高神明之隩，故立畤郊上帝諸神，祠皆聚云：蓋黃帝時嘗用事，雖晚周亦郊焉，其語不經見，搢紳者不。」鄜畤為秦文公所立，好畤在黃帝時嘗用事，但此說不經見，太史公聊備此傳聞，但《說文》「好畤鹿畤皆黃帝畤築」，則可能因太史公記「黃帝時嘗用事」，故認定好畤為黃帝時築，但鄜畤為黃帝時築，可能另有所據，不過許慎也並存秦文公立鄜畤之說，故「或云秦文公立」。

　　五畤的畤名方位之義不顯著，然其所祠之五帝以五色為稱，合於五行之色。

（三）五　音

字　例	霻
篇　卷	11 下 15

霻水音也。从雨羽聲。（十一篇下　十五）

　　按：《說文》音下云：「宮商角徵羽，聲也。」但對宮、商、角、徵、羽各字的說解仍依其本義，不言五音之義，「宮，室也。从宀躳省聲。」，「商，從外知內也。从㕯章省聲。」「角，獸角也。角與刀魚相似。」「徵，召也，从壬从微省，壬微爲徵，行於微而聞達者，即徵也。」「羽，鳥長毛也，象形。」可見宮、商、角、徵、羽用作五音，是爲假借。霻是《說文》唯一的五音專門用字，經籍習用「羽」聲。

　　《禮記·月令》：「孟冬之月，其音羽。」鄭玄注：「三分商去一以生羽，羽數四十八，屬水者，以爲最清物之象也，冬氣和則羽聲調。」《呂氏春秋·孟冬紀》：「孟冬之月，其音羽。」高誘注：「羽，水也，位在北方。」《淮南子·天文》：「北方水也，……其音羽。」高誘注：「羽，水也。」《淮南子·時則》：「孟冬之月，……其位北方，……盛德在水，……其音羽。」高誘注：「羽屬水也。」《漢書·律曆志》：「羽爲水。」《白虎通·禮樂篇》：「盛德在水，其音羽。」古人以五音配五行與方位，羽配水、北方。《素問·金匱眞言論》：「北方黑色，……其音羽。」王冰注曰：「羽，水聲也。」《素問·陰陽應象大論》：「北方生寒，……在音爲羽。」王冰注曰：「羽謂水音，沉而深也。」同屬水的雨，亦爲羽聲，《春秋繁露·五行五事》：「雨者，水氣也，其音羽也。」《漢書·天文志》云：「是日光明，聽都邑人民之聲。聲宮則歲美，吉；商有兵；徵，旱；羽，水；角，歲惡。」人發出不同的五音，則有不同的現象產生，人聲爲羽，則天下大水，基於天人感應之說。劉熙《釋名》：「雨，羽也。」正是指水之羽音。由《說文》的「音」暗示五音的線索，遞移系聯到「霻」的水音，知「霻」即水音的專字，源於五音配五行、五方之說，經典文獻雖不見用，然《說文》獨存之，誠難能可貴之線索。

（四）五色──附間色

　　五色爲五行正色，而非五行正色的間色，亦含有五行生剋之理，故附列之於後。《說文》的五色字計有青、白、黑、赤、黃五字，間色字計有碧、玄、綠、縹、絳、紫、紅諸字。茲分述如下。爲方便下文解說五色的配屬關係，

茲先將五行與五方、五色的配屬列表如下，再討論《說文》的五色字例：

五　行	木	火	土	金	水
五　方	東	南	中央	西	北
五　色	青	赤	黃	白	黑

字　例	青	白	黑	赤	黃
篇　卷	5 下 1	7 下 57	10 上 55	10 下 3	13 上 48

（1）青 東方色也。木生火，从生丹；丹青之信，言必然。𡨋古文青。（五篇
　　下　一）

　　按：《釋名・釋綵帛》：「青，生也。象物生時色也。」《周禮・大宗伯》：
「以青圭禮東方。」《易緯・通驗卦》：「震東方也，主春分，日出青炁，出直
震，此正炁也。」《抱朴子》：「木行爲仁爲青。」五行相生關係，《淮南子・
天文》：「水生木，木生火，火生土，土生金，金生水。」《說文》以「木生火」
簡單一句標示顏色的五行屬性，也說明五行有相生關係，有舉一以蓋全的作
用，如此一來，許慎在其他的顏色字中就不必再重複論述，讀者可舉一反三。

　　「丹青之信，言必然」是另一別義，《東觀漢記・帝紀》：「光武詔曰：『明
設丹青之信，太元赤石不奪節士之必。』」注云：「石不可奪堅，丹不可奪赤，
由節士之必專也。」宋育仁《說文解字部首箋正》：「五行東方木，故東方謂之
青，丹，赤石也。赤者，南方之色，故以丹爲赤，木生火。丹生於青，爲青之
信，言理有必然，故以生丹制爲青字，正猶人言爲信，止戈爲武，所謂合類比
誼，以見指撝。」〔註73〕許慎在說解中蘊含著數術拆字法，茲援圖說明如下：

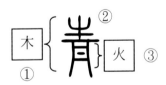

　　說明：青，从生丹，生、丹是青的組成部件，青之於生丹，從數術拆字
法解析爲：青（木）──生──→丹（火），剛好有「木生火」之理在其中。換言之，
「丹」爲「青」的構字部件之一，青的五行是木，丹的五行是火，因此「木
生火」之理要從「青」字解讀出來：（一）先要從整個「青」字看起，青爲木。

〔註73〕楊家駱主編，《說文解字詁林正補合編》第五冊，頁 5-10。

（二）再將「青」拆解成「生」「丹」兩個部件，丹為火，從整個「青」字順讀過來「生」「丹」兩個部件，即是「木生火」。因此，許慎有些為人詬病的釋形問題，是因為他常就小篆字形「望形生義」，而望形生義的拆解方式，其實蘊含了許慎自身的認知思想，而此認知往往是建構在數術思想的基盤上。

（2）白西方色也。会用事，物色白。从入合二，二，会數。𦣺古文白。（七篇下　五十七）

　　按：宋育仁《說文部首箋正》：「五行西金，故白為西方之色，物既老而色白，西方者秋，秋之言揫也，揫斂也。𨚍古文酉下說：『𨚍為秋門，萬物已入。』天地之性，陽開而陰闔，陽出而陰藏。秋主閉斂，故白从入二，二下說：『地之數也。』合二以為西方之象。古文作𦣺，外从勹，中从二，與包同意。育仁按：面皃作白，伯仲作白，白色作𦣺，篆誤掍為一字。」〔註74〕白从入合二，以陰數二代表秋天閉斂的陰氣，萬物入秋門，色白。

（3）黑火所熏之色也，从炎上出囪。（十篇上　五十五）

　　按：段注本依青赤白三部下云東方色，南方色，西方色，黃下亦云地之色，補了「北方色也」四字，其他各本均無。徐灝與王筠均認為：北方屬水，由字形立義，黑从炎，取象於火，不可謂北方色也。饒炯折衷緩頰之，他認為：北方色是說其義，火所熏是說其形，「經典說黑，或舉坤，或舉北方，或舉水為言。段氏注補北方色，與青赤白說解例合。意蓋以北方色者說其義為黑，火所熏者說其形从炎，炎上出囪，囪謂竈突，猶俗云煙窗，然則炎即煙之借字，炎上出囪，其色變黑，物理如是，造字特舉此為位置，指事也。」〔註75〕許慎說「火所熏之色」，是以火所熏形容黑色，使黑色有具體的取象，但不代表「黑」不可用作北方之色，就如同「青」為東方色，字从「丹」的道理一樣，丹與東方色明明不合，許慎也沒有因形廢義。黑从炎，取象於火，火為南方，然火炎上，不正反指北方，此謂「檃括有條例」。許慎不明言黑的方位，亦是採取錯見之法，舉一反三，其理皆然。

（4）赤南方色也，从大从火。烾古文从炎土。（十篇下　三）

　　按：《周禮・大宗伯》：「以赤璋禮南方。」《周禮・考工記》：「畫繢之事，南方謂之赤。」《易緯・通卦驗》：「離，南方也，夏至日中，赤氣出直離此正氣也。」饒炯《說文部首訂》：「南方陽盛之區，其象昭著，火為之行，色赤，

〔註74〕楊家駱主編，《說文解字詁林正補合編》第六冊，頁6-1094。
〔註75〕楊家駱主編，《說文解字詁林正補合編》第八冊，頁8-853。

赤者光明顯耀也。凡火皆有明著之象，然微則熒熒，大則赫赫，故赤从大火會意……凡物過熱則色赤，古文从炎土會意，亦以土迫於熱，則色赤故也。」〔註76〕夏天火盛大，所以「赤」从大从火。古文烾，由火和土組成，預告火生土的五行相生。

（5）黄地之色也，从田芺聲。芺古文光。黆古文黃。（十三篇下　四十八）

《易·坤文言》：「天玄地黃。」《尙書·禹貢》：「厥土惟黃壤，厥田惟上上。」杜之奇曰：「物得其常性者最貴，土色本黃，故黃壤爲田之上上。」《詩·綠衣》：「綠衣黃裏」傳云：「黃正色。」正義云：「黃中央之正色。」饒炯《說文部首訂》：「地爲土之質，而其字从土，黃爲土之色，而其字从田者，蓋田亦土，《爾雅·釋言》以土田釋是也，夫黃爲中央正色，王者所貴。」〔註77〕「黃」由「田」與「光」組成，《易·坤文言》：「君子黃中通理，……美在其中。」坤爲地，爲黃色，黃爲五行土的顏色。通爲亨通，南方火的特性爲亨通。〔註78〕「美在其中」是指西方金的光澤。「黃」从田从光，就是五行火生中央土，土裡含藏著金，預告土生金的道理。

附：閒色

字　例	碧	玄	綠	縹	絳	紫	紅
篇　卷	1上34	4下4	13上13	13上13	13上14	13上16	13上16

（1）碧石之青美者，从玉石白聲。（一篇上　三十四）

　　按：段注：「碧色青白，金剋木之色也。」

（2）玄幽遠也，黑而有赤色爲玄象，幽而入覆也。玄古文玄。（四篇下　四）

　　按：《易·坤》：「夫玄黃者，天地之雜也，天玄而地黃。」饒炯《說文部首訂》：「玄从上，猶之帝从上朿聲，帝固天神也，从上亦如古文从一，一天也。又示从上，而曰天垂象，以天釋上，以日月星之像是三乑，則上亦天也，則玄从上，不當云天之色乎？故以天義引申爲幽遠。」〔註79〕

《周書·王會解》：「天玄歔宗馬十二。」王氏補注：「畫繢之事天謂之玄，

〔註76〕同註75，頁8-907。

〔註77〕楊家駱主編，《說文解字詁林正補合編》第十冊，頁10-1325。

〔註78〕《易·乾文言》：「亨者，嘉之會也……嘉會足以合禮。」據《易緯》五行配五常，禮爲南方火，《周禮·春官》：「以嘉禮親萬民。」注云：「嘉禮通於上下。」嘉禮是通於上下櫃建的禮節。

〔註79〕楊家駱主編，《說文解字詁林正補合編》第四冊，頁4-547。

玄與黑別，黑者，北方之正色，六入爲玄則有黑有赤，赤者陽之正，黑者，陰之正，惟天體備陰陽之正色。」《易・文言》：「夫玄黃者，天地之襟也，天玄而地黃。」《周禮・攷工記》：「天謂之玄，地謂之黃。」《易緯・乾鑿度》：「乾漸九月。」注云：「乾御戌亥，在于十月，而漸九月，天謂之玄，故九月爲玄。」《漢書・郊祀志》：「年始多十月，色外黑內赤。」服虔曰：「十月陰氣在外，故外黑；陽氣尙伏在地故內赤也。」惠棟《周易述》卷二十二〈易微言〉云：「乾御戌亥，戌亥之月，乾坤合居，故赤黑爲玄。」天謂之玄，坤十月，其血玄黃，天在下也，坤爲黑，乾爲赤，九十月乾坤合居，故云黑而有赤也。黑是北方正色，玄因合赤黑，陰陽兼備，爲天體正色，實不宜歸爲閒色，然因玄兼有兩色，且求五方色系統之完整，故附列於此。

（3）縹帛青黃色也，从糸彔聲。（十三篇上　十三）

按：《詩・綠衣》毛傳曰：「綠，閒色。」《禮記・玉藻》正義曰：「五方閒色綠紅碧紫騮黃是也。木青剋土黃，東方閒色爲綠，綠色青黃也；火赤剋金白，南方閒色爲紅，紅色赤白也；金白剋木青，西方閒色碧，碧色白青也；水黑剋火赤，北方閒色紫，紫色黑赤也；土黃剋水黑，中央閒色騮黃，騮黃色黃黑也。」正色之外互雜而成者爲閒色。茲將《禮記》正義所云五方閒色，列表如下：

東	綠	青黃	木青剋土黃
南	紅	赤白	火赤剋金白
西	碧	白青	金白剋木青
北	紫	黑赤	水黑剋火赤
中	騮黃	黃黑	土黃剋水黑

（4）縹帛白青色也，从糸票聲。（十三篇上　十三）

按：段玉裁注：「白青各本作青白，今正。此金剋木之色，所剋當在下也。」縹，《禮記・玉藻》正義謂之碧，《釋名・釋采帛》曰：「縹猶漂，漂，淺青色也，有碧縹，有天縹，有骨縹，各以其色所象言之也。」

（5）絳大赤也，从糸夅聲。（十三篇上　十四）

按：段玉裁注：「大赤者今俗所謂大紅也。上文純赤者（按：《說文》絑下云：「純赤也。《虞書》丹朱如此。」），今俗所謂朱紅也，朱紅淡，大紅濃，大紅如日出之色，朱紅如日中之色，日中貴於日出，故天子朱市，諸侯赤市，

赤即絳也。」

（6）綨帛青赤色也，从糸此聲。（十三篇上　十六）

　　按：穎容《春秋釋例》曰：「火畏於水，以赤入於黑，故北方閒色紫也。」《論語》皇疏《禮記·玉藻》正義略同。《說文》此作青赤色，蓋古黑色，亦作青色，如稱黑髮爲青絲。

（7）紅帛赤白色也，从糸工聲。（十三篇上　十六）

　　按：穎容《春秋釋例》曰：「金畏於火，以白入於赤，故南方閒色紅也。」紅色是赤色加入白色而成，火爲赤，金爲白，故有火剋金之理在其中。

（五）五　味

　　能從《說文》的說解直接認定爲五味字者僅有鹹、辛二字，辛又是十二地支字，已歸爲干支類說解之。酸、苦二字，《說文》說其本義，無關五行，「酸，酢也，从酉夋聲。關東謂酢曰酸。」「苦，大苦，苓也。从艸古聲。」至於甘字，從其釋形可知味道之說。因此，本類字僅取「甘」、「鹹」二字說之。

字　例	甘	鹹
篇　卷	5上27	12上4

（1）甘美也，从口含一，一，道也。（五篇上　二十七）

　　按：宋育仁《說文解字部首箋正》：「萬物本於土，土居中央運五行。《尚書》云：『土爰稼穡，稼穡作甘』，甘雖五味之一，實五味之本，故凡味美皆曰甘。《老子》曰：『地食人以五味』，从口入，明五味出於地，故甘爲五味之長，从口含一，與音从言含一同意，音發於外，故从言含一，甘納於中，故从口含一，一，道也。五味之和，得其道爲甘美，今人猶言味道。」〔註80〕甘含一，本指口中味道，五味之和得其道爲甘美，甘所含之一，已從味覺快感提升到道德的美感意識，許慎以「一，道也」簡言賅之。

（2）鹹銜也。北方味也。从鹵咸聲。（十二篇上　四）

　　按：《尚書·洪範》：「潤下作鹹。」傳云：「鹹水鹵所生。」《禮記·月令》：「孟冬之月，其味鹹，盛德在水。」《白虎通·五行》：「水味所以鹹，何是其性也？所以北方鹹者萬物鹹與所以堅之也，猶五味得鹹乃堅也。」《素問·陰陽應象大論》：「水生鹹。」王冰注：「凡物之味，鹹者皆水氣之所生也。」

〔註80〕同註79，頁 4-1210。

茲繪製總表統合《說文》五行類如下：(附類字例不列入)

五　行	木	火	土	金	水
五　方	東	南	中	西	北
五　音	（角）	（徵）	（宮）	（商）	霸
五　臟	肝	心	脾、心 〔註81〕	肺	腎
五　色	青	赤	黃	白	黑
五　味	（酸）	（苦）	甘	辛	鹹
五　時	（密時）	（下時）	（上時）	（西時、廊 時、哇時）	（北時）
五　帝	（青帝）	（炎帝）	（黃帝）	（白帝）	（黑帝）
五　嶽	岱山	靃山	泰室	華山	恒山
五方神鳥 〔註82〕	發明	焦明	鳳皇	鷫鵊	幽昌

上表加括號者皆是《說文》說解跡象不明者，本文參考相關文獻典籍，為之補列。至於「五臟」一列，本論文歸之於「第六章《說文》之方技思想」的「醫經類」五臟六腑小單元討論，不過在此仍先合並列之。

二、五行生剋休王說

五行中的木、火、土、金、水並非獨立分離，而是緊密地結合在一起，並有其內在的秩序及規律。五行演化的秩序規律包括相生循環、相剋循環、乘侮關係、承治關係及制化關係。相乘的關係是指相剋太過，例如木剋土，但如果木太強，對土的克制便會過多，這種現象稱為相乘。相侮就是反克的關係，是指被剋制的彼方太強，剋制的此方會反被欺侮、控制，這種情況稱為反克。例如木的質地太堅硬，而剋木的金屬釜頭太鈍時，釜頭便不能將木砍伐，若伐木的力量太大時，釜頭可能反被伐木的反撞力震碎。承治是指相互烘托、承受、中和之意，太過則制之、泄之；不及則補之，益之，已達到中和之效。例如強

〔註81〕《說文》云：「㣺，人心土藏也，在身之中，象形。博士說吕為火藏。」正解「土藏」為古文說，「火藏」為今文說，《說文》兼收之。

〔註82〕《說文》鷫下曰：「鷫鵊也，從鳥肅聲。五方神鳥也，東方發明，南方焦明，西方鷫鵊，北方幽昌，中央鳳皇。鷫司馬相如說從灾聲。」「鷫」字已歸入本章第三節「災異說」之一「祥瑞」中的「神鳥瑞獸」細項，見頁277。

水得木，方泄其勢；強木得火，方化其強。制化是通過制、泄、補、益，而達到自穩機制的最佳狀態，也就是具有自調節機制。如金之太過，木受傷，木之子火，出而制之。茲從本章《說文》五行、干支、災異字例和第五章的物候字例中，歸納所得的五行規律，仍以生剋關係最爲普遍，未有乘侮、承治、制化的類型，卻另有《淮南子・天文》的生墓旺理論。茲說明如下。

（一）五行生剋

五行彼此之間最常見的關係即是相生相克。所謂相生，是指相互滋生、助長之義。五行中任何一行都有「生我」和「我生」兩種關係，《難經》稱爲「母子關係」，這樣才能使五行相生次第：木→火→土→金→水，循環不盡。五行相生的道理，蕭吉《五行大義・論相生》云：

> 《白虎通》云：木生火者，木性溫暖，火伏其中，鑽灼而出，故木生火。火生土者，火熱故能焚木，木焚而成灰，灰即土也，故火生土。土生金者，金居石依山，津潤而生，聚土成山，山必長石，故土生金。金生水者，少陰之氣，潤燥流津，銷金亦爲水，所以山石而成潤，故金生水。水生木者，因水潤而能生，故水生木也。〔註83〕

木燃燒而生火。火燃燒木之後，木成灰，灰即土。土成山長石，山石含金，故土生金。金生水，是因金屬鏡接秋天半夜（少陰之氣）的露氣會生水，或者礦金熔化爲液態，其象爲水。水潤漑樹木，木得以生長，故水生木。

所謂相剋，是指互相克制、制約之義。相剋是事物保持平衡的條件，木的生長能使土壤受到破壞，因爲植物會消耗土壤中的營養，從而克制土；土能將水按制，並防止水的溢流，因此土能克制水；水能將火撲滅，並阻止其蔓延，故水能克制火；火能將金溶化，故火能克制金；金能製成釜頭，砍伐木頭，故金能克制木。這克制循環不息，並提供一個相反的力量以平衡相生之力。《白虎通・五行》：「五行所以相害者，天地之性。眾勝寡，故水勝火也；精勝堅，故火勝金；剛勝柔，故金勝木；專勝散，故木勝土；實勝虛，故土勝水也。」《黃帝內經素問・寶命全形論》：「木得金而伐，火得水而滅，土得木而達，金得木而缺，水得土而絕，萬物盡然，不可勝竭。」五行任何一行都有「我克」和「克我」兩種關係。我克者爲我所勝，克我者爲我所不勝。生與剋互相化生、克制，以防止五行的過盛。茲援生剋圖如下：

〔註83〕《五行大義校註》卷二，同註32，頁49。

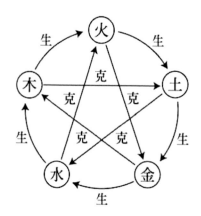

比相生而間相勝，水生木，木生火，火生土，土生金，金生水爲比鄰相生；水剋火，火剋金，金剋木，木剋土，土剋水爲間隔相勝。事物發展若無相生相克，就不能維持正常協調的變化，張介賓《類經圖翼・五行統論》:「蓋造化之機，不可無生，亦不可無制。無生則發育無由，無制則亢而爲害。生克循環，運行不息，而天地之道，斯無窮已。」〔註84〕有關《說文》五行生剋之理的歸整，大部分都出自本章的字例，只有相剋的「麥」、「焉」兩字例出自第五章天文曆律的「物候徵象」。茲說明如下：

（1）相生

1. 黍禾屬而黏者也，目大暑而種故謂之黍。从禾雨省聲。孔子曰黍可爲酒，故从禾入水也。

按：「黍」从禾入水，《說文》云：「禾，嘉穀也。……禾，木也；木王而生，金王而死。」禾爲木，禾入水，水生木之理具足，木才得以生火，黍大暑種，故屬火。

2. 金五色金也，黃爲之長，久薶不生衣，百鍊不輕，从革不韋。西方之行，生於土从土，ナ又注，象金在土中形，今聲。金古文金。金五色金也，黃爲之長，久薶不生衣，百鍊不輕，从革不韋。西方之行，生於土从土，ナ又注，象金在土中形，今聲。金古文金。

按：按照五行相生，土生金，許慎數術拆解「金」小篆字形从「土」，是謂「金」字本身之中即蘊含土生金之理。

3. 青東方色也。木生火，从生丹；丹青之信，言必然。古文青。

〔註84〕（明）張介賓，《類經圖翼》一卷（王玉生主編，《類經圖翼・類經附翼評注》陝西科學技術出版社，1996.8），頁12。

按：以生丹制爲青字，丹爲赤，青爲木，木生火。

4. 𤆍 南方色也，从大从火。𤏻古文从炎土。

按：赤爲南方火。古文𤏻从炎土，有火生土之理。

5. 黃 地之色也，从田芺聲。芺古文光。𡕛古文黃。

按：黃从田芺，田爲地、爲土；芺，古文光。土中之光，意指土生金。

（2）相剋

1. 瓅 禱旱玉也，爲龍文。从王龍聲。

按：《山海經・大荒東經》：「應龍處南極，殺蚩尤與夸父，不得復上。〔註85〕故下數旱，旱而爲應龍狀，乃得大雨。」《說文》瓅字「禱旱之玉爲龍文者」當根據此而來。龍爲水，旱爲火，水剋火，以龍制旱，故瓅玉作爲禱旱玉。

2. 碧 石之青美者，从王石白聲。

按：段注：「碧色青白，金剋木之色也。」

3. 綠 帛青黃色也，从糸彔聲。

按：《詩・綠衣》毛傳曰：「綠，閒色。」《禮記・玉藻》正義曰：「五方閒色綠紅碧紫騮黃是也。木青剋土黃，東方閒色爲綠，綠色青黃也。」綠是東方閒色，其青黃色有木青剋土黃之理。

4. 縹 帛白青色也，从糸�聲。

按：段注：「白青各本作青白，今正。此金剋木之色，所剋當在下也。」

5. 紫 帛青赤色也，从糸此聲。（十三篇上　十六）

按：穎容《春秋釋例》曰：「火畏於水，以赤入於黑，故北方閒色紫也。」水剋火之色。

6. 紅 帛赤白色也，从糸工聲。（十三篇上　十六）

按：《春秋釋例》曰：「金畏於火，以白入於赤，故南方閒色紅也。」火剋金之色。

〔註85〕郭璞云：「應龍遂住地下。」郝懿行云：「《初學記》三十卷引此經云：『應龍遂在地。』蓋引郭注之文也。今文住字當作在，下字蓋衍。」袁珂，《山海經校注》（臺北：里仁書局，民國84.4（1995.4）），頁361。

7. 🜚焉鳥，黃色出於江淮，象形。凡字，朋者，羽蟲之長。烏者，日中之禽。舄者，知大歲之所在。燕者，請子之候，作巢避戊己，所貴者故皆象形，焉亦是也。

按：《埤雅》：「戊己其日皆土，故燕之往來避社，而嗛土不以戊己。」《七修類稿》：「燕，水鳥也，不以戊己取土爲巢。書戊己於巢則去，皆因克水故也。」戊己爲土，燕屬水，土剋水，故燕戊己日不啣土作巢。

8. 珠蚌之陰精，从玉朱聲。春秋國語曰：珠足以御火災。是也。

按：珠，水精，故以禦火災，水剋火。

9. 麥芒穀，秋種厚薶，故謂之麥。麥，金也，金王而生，火王而死。从來，有穗者也，从夊。

按：《淮南子·地形》：「麥秋生夏死。」高誘注云：「麥，金也。金王而生，火王而死。」，火剋金，故麥秋生夏死。

10. 🌾嘉穀也。二月始生，八月而孰，得之中和，故謂之禾。禾，木也；木王而生，金王而死。从木从🌾🌾省，🌾🌾象其穗。

按：《淮南子·墜形》：「木勝土，土勝水，水勝火，火勝金，金勝木，故禾春生秋死。」高誘注：「禾者木，春木王而生，秋金王而死。」金剋木，故禾春生秋死。

總而言之，陰陽學說用陰陽相對統一、消長變化，來揭示客觀世界的本質、生成、發展、變化等現象規律。五行學說是以四時五方爲樞機，來揭示萬物陰陽之性的功能變化規律結構。兩者從氣的本原、功能系統來理解微觀與宏觀世界。因此，陰陽與五行既是可分又統一的整體，自成體系，又互爲系統。陰陽中有五行，五行中陰陽，張介賓《類經圖翼·五行統論》云：

五行即陰陽之質，陰陽即五行之氣，氣非質不立，質非氣不行。行也者，所以行陰陽之氣也。朱子曰：五行質具於地而氣行於天。其實元初，只一太極，一分爲二，二分爲四。天得一個四，地得一個四，又各有一個太極行乎其中，便是兩其五行而已。故河圖洛書具陰陽之象，分左右前後以列五行生成之數焉。先儒曰：天地者，陰陽對待之定體；一二三四五六七八九十者，陰陽流行之次序。對待非流行不能變化，流行非對待不能自立，此五行所以流行於天地中

而爲用也。〔註86〕

陰陽的變化，必須參以五行，才能具體呈現其結構型態的規律，從而形成一個穩定、動態，內蘊生克之機的自控調節系統。

（二）五行休王

森羅萬象有榮枯盛衰，從始生到壯大，最後終了。五行生旺墓，是指五行在自己所主的時間處於「旺」，初起於發端之時爲「生」，後衰於休止之時爲「墓」。此說見於《淮南子·天文》，該文稱之「生、壯、死」，其云：「木生於亥，壯於卯，死於未，三辰皆木也。火生于寅，壯于午，死于戌，三辰皆火也。土生于午，壯于戌，死于寅，三辰皆土也。金生于巳，壯于酉，死于丑，三辰皆金也。水生于申，壯于子，死于辰，三辰皆水也。」以木行爲例，亥（10月）爲其「生」，卯（2月）爲其「壯、旺」，未（6月）爲其「死、老、墓」。茲以圖表簡示如下：

五行生壯死

	木	火	土	金	水
生	亥（10月）	寅（1月）	午（5月）	巳（4月）	申（7月）
壯	卯（2月）	午（5月）	戌（9月）	酉（8月）	子（11月）
死	未（6月）	戌（9月）	寅（1月）	丑（12月）	辰（3月）

在甘肅天水放馬灘一號秦墓《日書》乙種的《五行書》，也有五行生壯死的記載：

木生亥，牡卯者未。　　　乙63

火生寅，牡午者戌。　　　乙229

金生巳，牡酉者丑。　　　乙230

水生申，牡子者辰。　　　乙231〔註87〕

放馬灘的「牡」就是《淮南子·天文》的「壯」。五行每一行所壯之月支，其五行屬性正與該行相合，例如：木壯於卯，卯的五行屬性即爲木；火壯於午，午爲火，依此類推。

惠棟引京房《易》云：「京房《易》積算法曰：寅中有生火，亥中有生木，巳中有生金，申中有生水，丑中有死金，戌中有死火，未中有死木，辰中有

〔註86〕同註84，頁11。
〔註87〕何雙全，〈天水放馬灘秦簡綜述〉，《文物》1989年第2期，頁26-27。

死水，土兼於中。」〔註88〕並進一步以孟康之言作解釋：

> 南方火，火生於寅，盛於午。東方木，木生於亥，盛於卯。西方金，
> 金生於巳，盛於酉。北方水，水生於申，盛於子。丑，窮金也。戌，
> 窮火也。未，窮木也。辰，窮水也。〔註89〕

孟康所言的「盛」，就是五行各行最旺之時，亦為《淮南子・天文》的「壯」。
孟康所言的「窮」，就是五行各行休衰之時，亦為《淮南子》的「死」。

《淮南子》除了有五行的「生、壯、死」，在〈墜形篇〉還有五行的「壯、
老、生、囚、死」，其文曰：「木壯、水老、火生、金囚、土死；火壯、木老、
土生、水囚、金死；土壯、火老、金生、木囚、水死；金壯、土老、水生、
火囚、木死；水壯、金死、木生、土囚、火死。」其意指五行中的任何一行
在壯盛之時，其他四行則各有消長，「老」是相生該行的母行，「生」是該行
相生的子行，「囚」是相剋該行之行類，「死」是該行所剋之行類。《白虎通・
五行》：「是以木王、火相、土死、金囚、水休，王所勝，老囚死，故王者休，
木王火相。」《白虎通》的木王、火相、土死、金囚、水休就是《淮南子》的
木壯、火生、土死、金囚、水老，兩者的名稱不同在於「相」——「生」、「休」
——「老」；「相」是木行相生的火行，同於「生」，木行旺，則火行處於次旺
狀態；「休」是相生木行的水行，水行既相生木行之後，則終老告退，休然無
事。蕭吉《五行大義》的〈論四時休王〉云：「五行體休王者，春則木王，火
相，水休，金囚，土死。夏則火王，土相，木休，水囚，金死。六月則土王，
金相，火休，木囚，水死。秋則金王，水相，土休，火囚，木死。冬則水王，
木相，金休，土囚，火死。」〔註90〕其道理同於《淮南子》和《白虎通》，說
明一切事物都有一定的周期輪迴，如行住壞空、生老病死、少壯老滅、生長
收藏、新陳代謝之規律。

所謂的「三合原理」就是根據生、壯、死而定，〔註91〕土行因為居中，
沒有所謂的三合原理。而木、火、金、水行的三合如下：〔註92〕

〔註88〕（清）惠棟，《易漢學》五〈五行〉（《惠氏易學》下，臺北：廣文書局，民國
　　　　60.1（1971.1）），頁1167。

〔註89〕同註88。

〔註90〕《五行大義校註》卷二，同註32，頁53。

〔註91〕「三合原理」參考（日）吉野裕子著、雷群明等譯，《陰陽五行與日本民俗》
　　　　（上海：學林出版社，1991.10），頁28。

〔註92〕參考同註91而稍作修正。

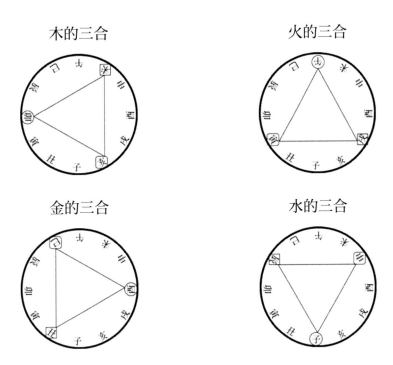

註：「生」支爲圓角矩形，「壯」支爲圓形，「死」支爲矩形。

木行以季節而言，當爲春季，時值二、三、四月，但從五行生旺墓之理來說，木氣的萌芽，早在亥（10）月即有，至卯（2）月壯大，到未（6）月才衰退結束。

《說文》的五行生旺墓說法，尚可見於未、臘二字，「未」是本章第四節的地支字例，〔註93〕「臘」是第五章天文曆律「歲時祭祀」的字例，〔註94〕茲合併簡要附述之。

1. 𣎳味也。六月滋味也。五行木老於未，象木重枝葉也。

按：以木而言，亥屬水，水生木，故木生於亥；卯爲木，二月卯「萬物冒地而出」，木氣最盛，故木壯於卯；未屬土，土勝木，故木死（老）於未。《說文》不作「死」、「墓」，而作「老」。

2. 臘冬至後三戌，臘祭百神。从肉𤋮聲。

按：《淮南子・天文》：「火生于寅，壯于午，死于戌，三辰皆火也。」《風

〔註93〕請參見本章第四節「干支部首字義闡釋」，頁311。

〔註94〕請參見第五章《說文》天文律曆思想〉第三節「時令物候說」，頁398-399。

俗通義》曰：「臘者，接也。新故交接，大祭以報功也。漢家火行，火衰於戌，故曰臘也。」魏臺訪議召問，高堂隆對曰：「帝王各以其行之盛而祖，以其終而臘，……火始生於寅，盛於午，終於戌，故火行之君以午祖，以戌臘。」漢家為火德，火盛於午，衰於戌，故五行之盛日（午）為祖祭，其衰廢日（戌）為臘。是以，《說文》云，在冬至後第三個戌日行臘祭。

第三節　《說文》災祥說

　　兩漢的天人感應與陰陽五行同調，說之以必然律，其起源可上溯至殷商時期至神上帝的崇拜信仰。至上神主宰著大自然的風雨雲雷，水澇旱災，穀物生長，降人間福祥災疾，殷王的祭祀政令，必須揣測著天帝的意志而為之，就是原始、素樸的天人感應。周人「天」及「天命」思想也是天人關係學說，如《詩‧大雅‧召旻》：「天降罪罟，蟊賊內訌。昏椓靡共，潰潰日遒，實靖夷我邦。」《尚書‧洪範》九疇的「庶徵說」具有五行化的休咎感應，即指風、雨、暘、燠、寒五種自然現象，隨人君行為之善惡而有「休徵」與「咎徵」：

> 曰休徵：曰肅，時雨若；曰乂，時暘若；曰哲，時燠若；曰謀，時寒若；曰聖，時風若。

> 曰咎徵：曰狂，恆雨若；曰僭，恆暘若；曰豫，恆燠若；曰急，恆寒若；曰蒙，恆風若。

人君貌恭、言從、視明、聽聰、思睿遵循道德規範——肅、乂、哲、謀、聖，五種自然天候各適其時。相反地，若有失規範而狂、僭、豫、急、蒙，則出現自然反常。《左傳‧昭公二十三年》：「周之亡，其三川震。今西王之大臣亦震，天棄之矣。」是天出災異譴告人君。《公羊傳》宣公十五和僖公十五年也說災異是「天災」或「天戒之」。《論語‧子罕》載孔子曰：「鳳鳥不至，河不出圖，吾已矣夫。」《易‧繫辭傳上》：「河出圖，洛出書，聖人則之。」《禮記‧禮運》有所謂「天降膏露，地出醴泉，山出器車，河出馬圖，鳳鳥麒麟皆在郊棷……」鳳鳥、河圖、洛書、膏露、醴泉等等，均為聖人致太平之徵兆，稱為祥瑞。

　　上述的庶徵災祥思想，在漢代有所繼承和發揚。政治祥瑞說如漢武帝元狩元年，行幸雍地，祠五時，獲白麟，作〈白麟之歌〉；元鼎元年，得鼎汾水上，元鼎四年夏，得寶鼎后土祠旁，武帝作〈寶鼎之歌〉。司馬相如勸武帝封禪，歷

舉所謂「股股之獸」、「濯濯之麟」、「宛宛黃龍」以爲瑞應，所作〈子虛賦〉言祥瑞如神龜、瑇瑁、桂椒、木蘭、白虎、玄豹、豫羊等。神爵元年，宣帝詔歷奉祥瑞如：「嘉谷玄稷降於郡國，神爵仍集，金芝九莖產於函德殿銅池中，九眞獻奇獸，南郡獲白虎威風爲寶……」甘露二年又詔曰：「鳳凰甘露降集京師，祥瑞並見。」及「黃龍登興，醴泉滂流，枯槁榮茂……」等等。〔註95〕新莽之朝，所謂祥瑞之物凡數千百種，〔註96〕尤之更甚，茲不贅述。

　　至於言災異說者，《漢書》記載，武帝朝有董仲舒、夏侯始昌；昭帝時有眭孟（弘）、夏侯勝；元成時期有京房、翼奉、劉向、谷永；哀平時期有李尋、田終術等。其中董、眭治《公羊春秋》，兩夏侯治《尚書》，劉向治《穀梁春秋》，劉歆治《左氏春秋》，孟、京治《易》明卦氣說。可知漢儒治五經莫不明天人災異之學。董仲舒《天人三策》云：「孔子作《春秋》，上揆之天道，下質諸人情……故《春秋》之所譏，災害之所加也。《春秋》之所惡，怪異之所施也。書邦家之過，兼災異之變，以此見人之所爲，其善惡之極，乃與天地流通而往來相應，此亦言天之一端也。」以《春秋》言災異譴告，詳加發明者爲漢代公羊家董仲舒，〔註97〕《漢書·五行志》云：「漢興，承秦滅學之後，景武之世，董仲舒治《公羊春秋》，始推陰陽，爲儒者宗。」《春秋繁露·五行五事》言木金火水土五行與貌言視聽思五事的政事關聯。而在董仲舒之後的夏侯始昌作《洪範五行傳》，亦是《尚書·洪範》五行化庶徵思想的發揮。劉向的《洪範五行傳論》也是就「箕子爲武王陳五行、陰陽、休咎之應」，「集合上古以來春秋六國至秦漢符瑞、災異之記，推迹行事，連傳禍福，著其占驗，比類相從。」（《漢書·劉向傳》）《漢書·五行志》是班固根據董氏、劉氏父子之說，雜取眭孟、夏侯氏、京房等篇章綜合而成。即便神學體系的緯書也有這類災異、譴告、符瑞的記載。〔註98〕借鑒漢代此思想特性，以檢視《說文》相關字例來應證。

〔註95〕均見《漢書·宣帝紀》。

〔註96〕見《漢書·王莽傳》。

〔註97〕《漢書·董仲舒傳》：「《春秋》之中，視前是已行之事，以觀天人相與之際，甚可畏也。國家將有失道之敗，而天乃先出災害以譴告之。不知自省，又出怪異以警懼之。尚不知變，而傷敗乃至。以此見天心之仁愛人君，而欲止其亂也。」

〔註98〕《詩緯推度災》：「撓弱不立，邪臣蔽主，則白虹刺日；爲政無常。天下懷疑，則蜺逆行。」《春秋運斗樞》：「人主自恣，不循古，逆天暴物，禍起，則日蝕。」《春秋感精符》：「王者上感皇天，則鸞鳳至，景星見。德下洽於地，則嘉禾興，醴泉出。朱草生，食之令人不老，德化旁流四表，則麒麟游其囿。」

一、祥　瑞

　　古人認爲吉祥之物有瑞應之兆，必應天地之理、賢人之德，王充《論衡·指瑞》：「王者受富貴之命，故其動出見吉祥異物，見則謂之瑞。」《西京雜記》卷三：「瑞者，寶也，信也。天以寶爲信，應人之德，故曰瑞應。」《齊東野語·祥瑞》：「草木鳥獸之珍不可一二數，一時群臣稱頌，祥瑞蓋無虛月。」《說文》韶下曰：「䪫虞舜樂也。書曰：簫韶九成，鳳皇來儀，从音召聲。」《尙書·益稷》：「簫韶九成，鳳皇來儀。」孔傳曰：「儀，有容儀。備樂九奏而致鳳皇，則餘鳥獸不待九而率舞。」舜能繼紹堯之德，故其制樂，鳳皇來儀，相爲感應。祥瑞之物特殊的瑞異之象，有其陰陽感應的數術意涵，故立本類《說文》字例，分爲 1. 瑞玉 2. 神鳥祥獸 3. 瑞草嘉穀三類討論之。

（一）瑞　玉

　　本類以《說文》玉部屬字爲主，探討其璧制契應天地之理，計有璧、璜、琥、璋、圭諸字，分述如下。

字　例	璧	璜	琥	璋	圭
篇　卷	1上23	1上23	1上23	1上24	13下39

（1）璧瑞玉圜也，從玉辟聲。（一篇上　二十三）

　　按：《爾雅·釋器》：「肉倍好謂之璧。」肉謂外邊之質，好謂孔，邊大孔小居一倍。《周禮·大宗伯》鄭注：「璧圜象天。」《白虎通·瑞贄》：「璧以聘問，何璧者？方中圓外象地，地道安寧而出財物，故以璧聘問也。方中，陰德方也；圓外，陰繫於陽也，陰德盛於內，故見象於內，位在中央，璧之爲言積也，中央故有天地之象，所以據用也。內方象地，外圓象天也。」圓璧象徵天，陽德盛。

（2）璜半璧也，从王黃聲。（一篇上　二十三）

　　按：《周禮·大宗伯》：「以玄璜禮北方。」注云：「半璧曰璜，象冬閉藏，地上無物，惟天半見。」疏云：「半璧曰璜。」《白虎通·瑞贄》：「璜所以徵召何？璜者，半璧，位在北方，北陰極而陽始起，故象半陰陽氣，始施徵召萬物，故以徵召也。不象陽何？陽始物微未可見也。璜者，橫也，質尊之命也。陽氣橫于黃泉，故曰璜，黃之爲言光也，陽光所及莫不動也，象君之威命所加，莫敢不從，陽之所施，無不節也。」《大戴禮·保傅》：「佩玉下有雙璜，皆半規似璜而小，古者天子辟廱築土廱，水之外環如璧，諸侯泮宮泮之

言半也，蓋東西門以南通水北無也。」鄭箋詩云：「爾然則辟癰似璧，泮宮似璜，此蠁之所由製歟？」半璧爲璜，爲禮北方之玉，北陰極而陽始起，象半陰陽氣，是冬陰閉藏之象，也是始召萬物之象。

（3）琥發兵瑞玉，爲虎文，从王虎聲。春秋傳曰：賜子家子雙琥。（一篇上　二十三）

　　按：《左傳・昭公卅二年》：「賜子家子雙琥。」《周禮・春官・大宗伯》：「以白琥禮西方。」注云：「琥猛象秋嚴者，謂以玉爲虎形，猛屬西方，是象秋嚴也。」徐鍇《說文繫傳・通釋》：「按《周禮》曰：白琥禮西方，西方兵也，故以發兵象虎形也。」〔註99〕漢興郡國，守相爲銅虎符，銅虎符從第一至第五，國家當發兵遣使者至，郡國合符，符合，乃聽受之，但是《周禮・考工記・玉人》：「牙璋……以起軍旅，以治兵守。」不以琥，而改以牙璋代替，與前文所引諸說不同。琥作爲發兵瑞玉，以虎屬西方，五行爲金，爲武器之象。

（4）璋剡上爲圭，半圭爲璋，从王章聲。禮六幣：圭以馬，璋以皮，璧以帛，琮以錦，琥以繡，璜以黼。（一篇上　二十四）

　　按：《說文》「剡上爲圭」，《禮記・雜記》曰：「圭剡上，左右各半寸。」圭剡上寸半，《周禮・考工記・玉人》有云：「大圭長三尺，杼上終葵首。」鄭注：「終葵，椎也。」徐灝《說文解字注箋》：「杼上即剡上，蓋於剡上半寸之外爲椎首也。又大璋中璋九寸，邊璋七寸，皆不曰半圭，諸言半圭爲璋者，疑因牙璋而誤，牙璋以起軍旅，故用兩半相合，漢銅虎符即其遺制也。」〔註100〕《周禮・大宗伯》云：「以赤璋禮南方。」注云：「半圭曰璋，象夏物半死者，夏時薺麥死，是半死。」《白虎通・瑞贄》：「璋以發兵何？璋半珪位在南方，南方陽極而陰始，起兵亦陰也，故以發兵也。不象其陰何？陰始起物尚凝，未可象也。璋之爲言明也，賞罰之道、使臣之禮當章明也，南方之時，萬物莫不章，故謂之璋。」半圭爲璋，當是牙璋兩半相合，以爲發兵軍符用。以璋禮南方，陽極而陰始，起兵爲陰象，故起軍旅象。同時，南方之時，萬物莫不章，故章明賞罰之道、使臣之禮。

　　「禮六幣」云云，見《周禮・秋官・小行人》文，注云：「六幣所以享也，五等諸侯享天子用璧，享后用琮，其大各如其瑞，皆有庭實，以馬若皮，皮，虎豹皮也。用圭璋者，二王之後也。二王後尊，故享用圭璋而特之。……其

〔註99〕徐鍇，《說文繫傳・通釋》卷第一（北京：中華書局，1998.12），頁6。
〔註100〕楊家駱主編，《說文解字詁林正補合編》第二冊，頁2-283。

於諸矦亦用璧琮耳。子男於諸矦則享用琥璜，下其瑞也。」

（5）圭瑞玉也，上圓下方。公執桓圭九寸；矦執信圭，伯執躬圭，皆七寸；子執穀璧，男執蒲璧皆五寸，以封諸矦，从重土。楚爵有執圭。珪，古文圭从王。（十三篇下　三十九）

　　按：段玉裁注：「圭之制，上不正圓以對下方言之，故曰上圓。上圓下方，法天地也。」應劭曰：「圭，自然之形，陰陽之始也。以圭爲陰陽之始，故六十四黍爲圭，四圭爲撮，十圭爲一合，量於此起焉。」圭上圓下方是法天地之形，應劭以爲也是陰陽之始的象徵，並且是容量單位的起源。

　　《周禮・考工記・玉人》：「桓圭九寸，公守之。」《周禮・春官・大宗伯》：「公執桓圭」鄭玄注：「桓，宮室之象，所以安其上也。桓圭，蓋亦以桓爲瑑飾，圭長九寸。」《周禮・春官・大宗伯》：「矦執信圭，伯執躬圭。」鄭玄注：「信當爲身，聲之誤也。身圭、躬圭，蓋皆象以人形爲瑑飾者，文有粗縟耳。欲其慎行以保身。圭皆長七寸。」《周禮・春官・大宗伯》：「子執穀璧，男執蒲璧。」鄭玄注：「穀所以養人；蒲爲席，所以安人。二玉蓋或以穀爲飾，或以蒲爲瑑飾。璧皆徑五寸。不執圭者，未成國也。」圭本身的形狀不僅法天地，而公矦伯執圭的形狀也各不同，所象徵的意義也自有分別。公執桓圭，長九寸，宮室之象，所以安其上；矦執信圭，伯執躬圭，長七寸，象人形，欲其慎行以保身。

（二）神鳥瑞獸

字例	鳳	鸞	鷟	鶹	虞	鷹	（鷹）	（疊）	麒	龍
篇卷	4上38	4上39	4上39	4上40	5上41	10上19	10上20	7上23	10上21	11下31

　　鷹、疊二字打上括號，是因與「鷹」有關，附屬於其下，一併解說。

（1）鳳神鳥也。天老曰：鳳之像也，麐前鹿後，蛇頸魚尾，龍文龜背，燕頷雞喙，五色備舉。出於東方君子之國，翱翔四海之外，過崑崙，飲砥柱，濯羽弱水，莫宿風穴，見則天下大安寧。从鳥凡聲。朋古文鳳，象形。鳳飛群鳥從以萬數，故以爲朋黨字。鵬亦古文鳳。（四篇上　三十八）

　　按：「天老者」，舊說以爲黃帝時仙人，《韓詩外傳》八「黃帝即位」條：「乃召天老而問」；《後漢書・張衡傳》引張衡《應問》：「方將師天老而有地典」；《論語摘輔象》：「天老受天籙」；《周禮・春官・占夢》疏引「堪輿，黃帝問天老事」；《列子・黃帝》：「召天老、力牧、太山稽告之」。又或作「天母」，漢鏡〈漢千秋鑑四〉：「延年益壽袪不祥，□天母□如日之光。」（《寧壽鑑古》

卷十五、三五）；又〈漢千秋鑑五〉「……其天母□如日光。」（同上卷十五、三七）；〔註101〕或作「天姆」，張衡〈同聲歌〉：「天姆教軒皇。」《山海經・西山經》：「西王母蓬髮戴勝。」畢沅校注：「《淮南子》云：『西老折勝。』老、母聲近，即西王母也。」是可證天老、天母、天姆皆同。馬宗霍云：「據《後漢書・張衡傳》章懷太子注引《帝王世紀》所俌，蓋黃帝之臣，與風后五聖合俌三台，其書見於《漢書・藝文志》者『方技略』房中家有《天老雜子陰道》二十五卷，然《說文》引天老說在鳥部鳳下，似不出於房中書，『數術略』五行家又有《黃帝諸子論陰陽》二十五卷，雖不系之天老，而《尚書》僞孔序孔穎達正義引陰陽書俌天老對黃帝論鳳皇之象，語與《說文》雖異，而為鳳事正同，則《說文》所引，疑亦出於五行家之陰陽書。」〔註102〕

　　《左傳・昭公十七年》：「鳳鳥氏歷正也。」注云：「鳳知天時，故以名歷正之官。」《山海經・海內經》：「有鸞鳥自歌，鳳鳥自舞，鳳鳥首文曰德，翼文曰順，膺文曰仁，背文曰義，見則天下和。」梁・孫柔之《瑞應圖記》：「鳳負信、戴仁、挾義、膺文、苞智，不啄生蟲，不折生草，不群居，不侶行，不經羅墜網，上通天維，下集河洛，明治亂見存亡也。」《論語摘衰聖》：「鳳有六像九包，六像者：一曰頭像天，二曰目像日，三曰背像月，四曰翼像風，五曰足像地，六曰尾像緯。九包者，一曰口包命，二曰心合度，三曰耳聽達，四曰舌詘伸，五曰彩色光，六曰冠短州，七曰句銳鈎，八曰音激揚，九曰腹文戶，行鳴曰歸嬉，止鳴曰提扶，夜鳴曰善哉，晨鳴曰賀世，飛鳴曰郎都，知我唯黃持竹實來，故子欲居九夷從鳳嬉。」《韓詩外傳》也有一段很詳細的描寫：

　　　　黃帝即位，施惠承天，一道修德，惟仁是行，宇內和平，未見鳳皇，
　　　　惟思其象，夙寐晨興，乃召天老而問之，曰：「鳳皇何如？」天老對
　　　　曰：「夫鳳，鴻前麟後，蛇頸而魚尾，龍文而龜身，燕頷而雞喙，戴
　　　　德負仁，抱忠挾義，小音金，大音鼓，延頸奮翼，五彩備舉，鳴動
　　　　八風，氣應時雨，食有質，飲有儀，往即文始，來即嘉成。惟鳳為
　　　　能通天祉，應地靈，律五音，覽九德，天下有道，得鳳象之一則鳳
　　　　過之，得鳳象之二則鳳翔之，得鳳象之三則鳳集之，得鳳象之四則

〔註101〕清高宗敕編，《寧壽鑑古》《金文文獻集成》第七冊（香港：香港明石文化國際出版有限公司，2004.12），頁362，363。

〔註102〕馬宗霍，《說文引群書考》卷一（臺北：臺灣學生書局，民國62.2（1973.2）），頁9。

鳳春秋下之，得鳳象之五則鳳没身居之。」黃帝曰：「於戲允哉！朕何敢與焉！」於是黃帝乃服黃衣，戴黃晃，致齋於宮，鳳乃蔽日而致，黃帝降於東階，西面再拜稽首曰：「皇天降祉，不敢不承命。」

鳳乃止帝東園，集帝梧桐，食帝竹實，没身不去。

鳳暮宿「風穴」，《初學記》作「丹穴」，《廣韻》：「丹穴，山名，鳳皇所出。」《山海經·南山經》：「丹穴之山有鳥焉，其狀如雞，五采而文，名曰鳳皇，在天爲朱雀。」

高誘注《淮南子·時則訓》：「羽蟲，鳳爲之長。」《詩·大雅·卷阿》：「鳳凰于飛，翽翽其羽，亦即爰止。」箋云：「亦與眾鳥也，鳳皇往飛翽翽然，亦與眾鳥集于所止，眾鳥慕鳳皇而來。」《漢書·宣帝紀第八》：「二年春二月詔曰：迺者正月乙丑，鳳皇甘露降集京師，群鳥從以萬數。」鳳凰爲群鳥之長，故群鳥從以萬數。

《莊子·逍遙遊》：「化而爲鳥，其名爲鵬」《經典釋文》崔音鳳云鵬，即古鳳字。《說文》云朋即鵬，皆古文之鳳字也。

（2）𪈲赤神靈之精也，赤色五采，雞形，鳴中五音，頌聲作則至，從鳥䌂聲，周成王時氐羌獻𪈲鳥。（四篇上　三十九）

按：孫柔之《瑞應圖記·𪈲鳥》曰：「𪈲，赤神之精也。」〔註103〕《藝文類聚》卷99引云：「𪈲鳥，鳳皇之佐，鳴中五音，肅肅雍雍，喜則鳴舞。人君行步有容，進退有度，祭祀有禮，親疏有序。」《春秋元命包》曰：「火離爲𪈲。」

周成王云云，見《逸周書·王會篇》，注云：「𪈲文於鳳亦歸於仁義者也。」

（3）𪇱鵁𪇱，鳳屬，神鳥也，從鳥獄聲。《春秋》《國語》曰：周之興也，𪇱鵁鳴於岐山。江中有𪇱鵁，侶鳧而大，赤目。（四篇上　三十九）

按：《國語·周語》：「周之興也，𪇱鵁鳴于岐山。」韋昭注：「三君云：𪇱鵁，鳳之別名也。」段玉裁「𪇱」下注曰：「按三君者，侍中賈逵，侍御史虞翻，尚書僕射唐固也。」《河圖括地象》：「周之興也，鳳鳴於岐山。時人亦謂岐山爲鳳皇堆。」此處作「鳳鳴於岐山」，可見《國語》的「𪇱鵁」爲鳳屬。

〈吳都賦〉：「𪇱鵁食其實」，五臣注曰：「𪇱鵁，鳳類也，非竹實不食。」

「江中有𪇱鵁，侶鳧而大，赤目」云云，是指鸀鳿，狀如鴨而大，長頸、赤目，斑觜毛角，紺色，一名𪇱鵁，與鳳屬的𪇱鵁同名而實異。《說文》收錄

〔註103〕（梁）孫柔之，《瑞應圖記》（「珍本術數叢書」第71本，臺北：新文豐出版股份有限公司，民國84.7（1995.7）），頁545。

辨之也。

（4）蠲 鷫鴰也，从鳥肅聲。五方神鳥也，東方發明，南方焦明，西方鷫鴰，
　　　北方幽昌，中央鳳皇。鵋司馬相如說从宊聲。（四篇上　四十）

　　按：《樂圖徵》曰：「五鳳皆五色爲瑞，一爲孼者四，似鳳有四，竝爲妖，
一曰鷫鶵，鳩喙圓目，身義、載信、嬰禮、膺仁、負智，至則疫之感也。二曰
發明，鳥喙，大頸、大翼、大脛、身仁、戴智、嬰義、膺信、負禮，至則喪之
感也。三曰焦明，長喙、疏翼、圓尾、身義、戴信、嬰仁、膺智，負禮，至則
水之感也。四曰幽昌，銳目、小頭、大身、細足、脛若鱗葉，身智、戴信、負
禮、嬰義、膺仁，至則旱之感也。」《樂稽耀嘉》：「角致發明，身仁；徵致焦明，
身禮；商致鷫鶵，身義；羽致幽昌，身智；宮致鳳皇，身信。」五音配五方，
角──東，徵──南，商──西，羽──北，宮──中，與許說相合。

　　以上《說文》這些鳳、鸞、鷟、鷫等神鳥字例，不是五色備舉、鳴中五
音，就是五方鳥，祥瑞之應帶有五行特色。

（5）虘 騶虞也，白虎黑文，尾長於身，仁獸，食自死之肉，从虍吳聲。詩曰
　　　于嗟乎騶虞。（五篇上　四十一）

　　按：《山海經·海內北經》《墨子》作「騶吾」，《漢書·東方朔傳》作騶
牙，《尚書大傳》但謂之虞。《詩·召南·騶虞》文，《五經異義》云：「今《詩》
韓魯說：騶虞，天子掌鳥獸官。古《毛詩》說：騶虞，義獸，白虎黑文，食
自死之肉，不食生物，人君有至信之德則應之。〈周南〉「終麟趾」，〈召南〉「終
騶虞」，俱稱嗟歎之，士林與騶虞皆獸名。謹案：古《山海經》鄒子書云騶虞
獸說，與毛詩同。」案《魯詩》說古有梁騶，梁騶，天子獵之田曲也。賈誼
〈書禮篇〉：「《詩》云：『一發五豝，吁嗟乎騶虞。』」騶者，天子之囿也；虞
者，囿之司獸者也。」賈誼治《魯詩》，與《魯詩》同。《山海經》、《毛詩》
皆謂騶虞爲義獸，《說文》說是仁獸，《淮南子·道應》：「得騶虞雞斯之乘。」
高誘注：「騶虞，白虎黑文而仁，食自死之獸，日行千里。」白居易〈騶虞畫
贊〉：「騶虞者，仁瑞之獸，外猛而威內，仁而信。贊曰：蓋山有獸，仁心毛
質，不踐生芻，不食生物。」對於騶虞爲仁獸的描寫大致相同。

（6）廌 解廌獸也，似牛一角，古者決訟者令觸不直者，象形，从豸省。（十
　　　篇上　十九）

　　《漢書·司馬相如傳》：「弄解廌。」引張揖曰：「解廌似鹿而一角，人君
刑罰得中則生於朝廷，主觸不直者。」《述異記》：「獬豸者，一角之羊也。性

知人有罪。皋陶治獄，其罪疑者，令羊觸之。」楊孚《異物誌》：「北荒之中有獸，名獬豸，一角，性忠。見人鬥，觸不直者。聞人論，則咋不正者。」獬豸的特異之處是其生性非常忠直，能鑑別是非曲直。有人產生矛盾，發生爭鬥了，它要用它的獨角去抵那個壞人，並咬住那個壞人不放。皋陶處理獄訟案件時，有時原告和被告兩造爭執不休，連皋陶也很難斷定是非，就常常請獬豸來幫忙。它用它的獨角去牴觸誰，用口去咬住誰，誰的官司就輸了，那個人就被判定為有罪。《說文》灋下云：「刑也，平之如水，从水，廌所以觸不直者去之，从廌去，佱 今文省。𨤛古文。」「灋」是判斷善惡好壞、是非曲直的標準。水至平，治獄之法，「法」應該像水一樣絕對公平，對所有的人都是沒有任何偏袒和厚薄，俗話說要「端平一碗水」，所以從「水」。

古代法官決罪的時間，《說文》云：「曡，楊雄說：目為古理官決罪三日得其宜乃行之，从晶宜。王新目从三日大盛，改為三田。」鄭文焯《說文引群說故》：「古者先王之制度，凡一二所不能盡者，則以三為之節，《禮》言三，推《樂》言三，終《周官》三容三物之屬是也，因而生人之措辭，亦約之三，以見其多。《易》《詩》之言三，三倍，《論語》之言三思、三嗅，《史記》之言三仕、三見、三戰、三走，皆不必果為三也。以文字言之，人三為眾，女三為姦，三心訓心疑，三立訓同力，皆以形兼意也。此說曡字而言理官決皋，何也？則以从宜之義難明，姑舉仁所易知者而擬議之，非謂曡之本義也。《周禮》三訊萬民，此故約舉之為三日也。又〈司刺〉掌三刺、三宥、三赦之法，以求民情斷民中情之中，斯得其所安，此故曰三日得其宜乃行之，言必積日而后成也。亡新改為三田者，蓋不知三為數之成，決皋者舉成數而言，非必三日為斷也。」〔註104〕漢為火德，新莽為土德，日為火，田為土，故王莽改三日為三田，疑圖讖漢有再受之象，惡「曡」字有三日太盛，故改為三田，則失六書之義。

廌獸能鑑別是非曲直，牴觸壞人，並去除他，所以從「廌」和從「去」。後來的「法」字省掉了「廌」，就只剩下「水」和「去」，就成了現在這個「法」字了。古文中還有另一個「法」字是「𨤛」，這裡的「正」字是「二」字和「止」字構成的。「法」字從「正」，佛家有佛法，道家有道法，人類有法律。人走正道，就是合於佛法（或道法），在常人社會也就是合於法律。所以，人正就合法，搞邪門歪道，就是不合佛法（或道法），且觸犯常人社會的法律。

中國古代的執法者戴的帽子，叫「法冠」，又叫「柱後」、「惠文冠」、「獬

〔註104〕楊家駱主編，《說文解字詁林正補合編》第六冊，頁6-208。

豸冠」，繡著獬豸的圖案，清朝的御史及按察使補服前後也都繡著獬豸的圖案。「法冠」和補服繡上獬豸的意思這就是說，執法者都應該像法獸獬豸一樣，執法如山，其平如水，沒有任何偏袒和私心，要善別曲直，要敢於「觸不直者」，要敢於「咋不正者」，為民除害，無所畏懼。

（7）麟仁獸也，〔註105〕麋身牛尾一角，从鹿其聲。（十篇上　二十一）

　　按：《公羊傳·哀公十四年》曰「麟者仁獸也。」何休注：「狀如麕一角而戴肉，設武備而不為害，所以為仁也。麟者，木精。」毛傳曰：「麟信而應禮。」《左傳》服虔注：「麟，中央土，獸土為信，信禮之子，修其母，致其子，視明禮修而麟至，思睿信立而白虎擾，言從又成而神龜在沼，聽聰知正而名川出龍，貌恭性仁則鳳皇來儀。」毛傳、服虔均認為麟是中央土信獸，何休則說是仁獸。《五經異義》：「《公羊》說麟木精，《左氏》說麟中央軒轅大角之獸，陳欽說麟是西方毛蟲。許慎謹案：〈禮運〉麟鳳龜龍謂之四靈，龍，東方也；虎，西方也；鳳，南方也；龜，北方也；麟，中央也。」是《五經異義》同於毛、服二說，謂麟為中央土，信獸矣。《說文》云仁獸，當是從《公羊》今學說。

　　鄭玄根據許慎《五經異義》的說法而云：「〈洪範〉五事二曰言，言曰從，從作乂，乂，治也。言於五行屬金，孔子時周道衰亡，已有聖德無所施用，作《春秋》以見志，其言少，從以為天下法，故應以金獸性仁之瑞。……說《左氏》者云：麟生於火，而遊於土中央，軒轅大角之獸，孔子作《春秋》有立言西方兌為口，故麟來。許慎稱劉向尹始等，皆以為吉凶不竝，瑞災不兼，今麟為周異不得復為漢瑞，知麟應孔子而至。」又云：「金九，以木八為妻，金性義，木性仁，得陽氣，性似父，得陰氣，性似母，麟毛蟲得木八之氣而性仁。」〔註106〕鄭云麟為木獸性仁，《說文》之說與鄭玄之說相同，故知鄭玄亦採今學說。

　　由上述可知，仁義禮智信五性與五行、五數的配置如下：

五　行	木	火	土	金	水
五　性	仁	禮	信	義	智
五　數	八	七	五	九	六

〔註105〕段注本依《初學記》補作「麒麟仁獸也。」
〔註106〕（清）陳壽祺，《五經異義疏證》卷下（《續修四庫全書》171·經部·群經總義類，上海：上海古籍出版社，2002），頁132。

此配置與《易緯》四正四維圖的內容差別在「智」與「信」的對調,《易緯》中央土為智,北方水為信。此等差異在於今古文學派之別,古學許慎兼採今學,今學《易緯》亦收古學。是證許、鄭之說為今學,《易緯》之說為古學。

(8) 鱻鱗蟲之長,能幽能朙,能細能巨,能短能長,春分而登天,秋分而潛淵。从肉肉飛之形,童省聲。(十一篇下 三十一)

按:《淮南子・時則》:「其蟲鱗。」高誘注:「鱗蟲,龍為之長。」《管子・水地篇》:「龍生於水,被五色而遊故神,欲小則化如蠶蠋,欲大則藏於天下,欲上則凌於雲氣,欲下則入於深泉,變化無日,上下無時謂之神。」《說苑・辨物篇》:「神龍能為高,能為下,能為大,能為小,能為幽,能為明,能為短,能為長,昭乎其高也,淵乎其下也,薄乎天光,高乎其著也,一有一亡忽微哉,斐然成章,虛無則精以和,動作則靈以化。」《後漢書・張衡傳》:「夫玄龍迎夏則陵雲而奮鱗,樂時也;涉冬則涸泥而潛蟠,避害也。」《說文》說龍「春分而登天,秋分而潛淵」,是因《易・說卦》云:「帝出乎震,……萬物出乎震,震,東方也。」又云:「震為龍」,龍春分登天,象徵春天陽氣生發,萬物出生;到了秋天,陰盛陽衰,萬物生機退減,象龍潛淵而休藏。

張衡有「骨騰肉飛」之語,與《說文》「肉飛之形」同,「皀」象其體蜿蜒飛動,上橫出一,象其角,旁彡象鳥飛之差池,龍無羽而能飛,無以象之,故取於鳥羽。

(三)瑞草嘉穀

字 例	蓂	來	禾	秠
篇 卷	1下3	5下32	7上37	7上46

(1) 蓂蓂莆瑞艸也。堯時生於庖廚,扇暑而涼。从艸冥聲。(一篇下 三)

按:《孝經援神契》:「王者德至,山陵則澤阜出蓂莆。」《春秋潛潭巴》:「君臣和得道度,叶中則蓂莆生於庖廚。」《白虎通・封禪》:「蓂莆者,樹名也,其葉大於門扇,不搖自扇,於飲食清涼,助供養也。」梁・孫柔之《瑞應圖記》:「蓂莆,王者不徵滋味,庖廚不踰,粢盛則生於廚,一名倚扇,一名實閭,一名倚蓂,生如蓮枝多葉少,根如絲轉而風生,主於飲食清涼,驅殺蟲蠅,舜時生於廚,又堯時冬死夏生,又舜時生於廚右階左。」〔註107〕記

〔註107〕同註103,頁538-539。

載蓮莆的外形與功用非常詳細。

（2）米周所受瑞麥來麰也，一來二縫，象其芒束之形，天所來也，故爲行來
之來。詩曰：詒我來麰。（五篇下 三十二）

按：《詩·周頌·思文》：「詒我來牟。」箋云：「武王渡孟津，白魚躍入
王舟，出涘以燎，後五日火流爲烏五至，以穀俱來，此謂遺我來牟。」《詩·
周頌·臣工》：「於皇來牟，將受厥明，明昭上帝，迄用康年。」箋云：「於美
乎！赤烏以牟麥俱來，故我周家大受其光明，謂爲珍瑞，天下所休慶也，此
瑞乃明見於天，至今用之有樂，歲五穀豐熟。」《說文》「來麰」在《詩》皆
作「來牟」。《詩·大雅·生民》：「誕降嘉種。」傳云：「天降嘉穀。」《說文》
秜下引此詩而說之云：「天賜后稷之嘉穀也。」天所來即此意。

《說文》各本作「一來二縫」，段注本以爲不可通，改作「二麥一夆」，《詩·
周頌·思文》正義引作「一麥二夆」，桂馥《說文義證》則作「一來二麰」，
其云：「許君特立此部，以來爲小麥之專名，所以正《毛傳》毛傳之誤也。〈思
文〉傳云：『牟，麥。』釋牟而不釋來。〈臣工〉：『於皇來牟』，箋云：『於美
乎！赤烏以牟麥俱來。』於是傳意曉然，爲經言來牟者，乃牟自天而來也，
許君則曰：來，小麥也；牟，大麥也。故曰：『周所受瑞麥來牟』，然又恐人
謂來牟二字爲一名也，乃區別之曰：一來二牟，於是較然爲兩物矣。麥部麰
字，乃後人增也。……《廣雅》『大麥，麰也。小麥，麳也。』蓋宗《說文》。」
〔註108〕小麥、大麥的本字即作來、牟，在來、牟轉作他義使用時，麳與麰加
上麥部，更明來、牟的本義是麥。

（3）米嘉穀也。二月始生，八月而孰，得之中和，故謂之禾。禾，木也；木
王而生，金王而死。从木从米省，米象其穗。（七篇上 三十七）

按：《淮南子·墜形》：「木勝土，土勝水，水勝火，火勝金，金勝木，故
禾春生秋死。」高誘注：「禾者木，春木王而生，秋金王而死。」《呂氏春秋·
任地篇》：「五時見生而樹生，見死而穫死。」注云：「五時，五行生殺之時也。
見生謂春夏種稼而生也，見死謂秋冬穫刈收死者也。」《齊民要術·雜陰陽書》
曰：「禾生於寅，壯於丁午，長於丙，老於戊，死於申，惡於壬癸，忌於乙丑。
氾勝之書：小豆忌卯，稻麻忌辰，禾忌丑，秫忌未，小麥忌戌，大麥忌子。」

「二月始生」云云，徐鍇《說文繫傳·通論》：「十一月一陽始生，故陰
陽爭；正月二陽生，陽气勝；二月陽气雖盛，尤有陰气存焉，微陰輔陽生長

〔註108〕楊家駱主編，《說文解字詁林正補合編》第五冊，頁 5-295。

萬物，陰陽適和。……至三月三陽生，陰气盡；至五月而陽六極，陽極則陰生，故五月夏至一陰生，陰陽爭；七月二陰生，陰气勝；八月陰气雖壯，猶有陽气存焉，微陽助陰以熟萬物，陰陽亦適和。……至九月三陰生，無復陽气；至十一月而陰气盈溢，陰極而陽生，故十一月多至一陽生，周而復始，違則爲沴，故傳曰陰不孤立，陽不獨存，故曰禾二月生，八月熟，得時之中和。」〔註109〕禾二月始生，春屬木，故「木王而生」；至八月而熟，秋屬金，故「金王而死」。而二月春分「陽气雖盛，尤有陰气存焉，微陰輔陽生長萬物，陰陽適和」；八月秋分「八月陰气雖壯，猶有陽气存焉，微陽助陰以熟萬物，陰陽亦適和。」皆得陰陽中和之氣。《淮南子‧天文》云：「德南則生，刑南則殺。故曰二月會而萬物生，八月會而萬物死。」二月至七月，陽氣不斷增長、旺盛，萬物生長繁茂。至八月，陰陽氣均，日夜平分。八月至次年二月，陰氣逐漸增長，居於優勢，萬物日益蕭殺、死亡。待蓄勢充足，又起新生機。

（4）秜一稃二米，从禾丕聲。詩曰：誕降嘉穀，惟秬惟秠，天賜后稷之嘉穀也。（七篇上　四十六）

　　按：詩曰云云語出《詩‧大雅‧生民》，《箋》云：「天應堯之顯后稷，故爲之下嘉種。」《詩‧魯頌‧閟宮》箋云：「堯時洪水爲災，民不粒食，天神多予后稷以五穀也，禹平水土，乃教民播種之，於是天下大有。」正義云：「〈生民〉云：『誕降嘉穀』者，從上而下之辭，是天神多與后稷以五穀也，言天神與者以種之，必長歸功於天，非天實與之也。」秠是天賜后稷的嘉穀。

二、災　異

　　天要示災異於人，除了透過天象的變化來警戒人們，還藉著大地生物的怪異現象感應來體現，有時也以讖語作預言。《說文》的災異字例，示是天垂吉凶象，祆是大地群物失性後所反映出來的災異現象，氛是吉凶之氣，雈是鳥鳴災異，螟、蟘、蠱是蟲害災異。另外，還有厭劾妖祥之祈禳，如祟、禳、禬、禓、瓏（䰩）、雩（𩁹、𩃡）、戴。其中「瓏」雖爲「禱旱玉」，但因用之於旱祭，故歸爲本類，與解旱的祈禳有關。茲分述如下。

〔註109〕徐鍇，《說文繫傳‧通論》中卷第三十四，（北京：中華書局，1998.12），頁313。

（一）災驗之象

字　例	示	祆	祲	氛	雈	螟	蟘	蠱
篇　卷	1上4	1上16	1上16	1上39	4上30	13上43	13上43	13下4

（1）示　天示象見吉凶，所以示人也，从二，三示日月星也，觀乎天文目察時
　　　變，示神事也。示古文示。（一篇上　四）

　　按：《說文》「天示象見吉凶」語出《易・繫辭上》，「觀乎天文目察時變」
語出《易・賁》象傳，宋衷《易注》解曰：「天垂陰陽之象以見吉凶，謂日月薄
蝕，五星亂行，聖人象之亦著九六爻位得失示人，所以有吉凶之占也。」〔註110〕
《左傳・昭公十七年》：「天事恆象」杜注：「天道恆以象類告示人。」天象變化
所以警示吉凶於人，故要觀天文以知時變，虞翻曰：「日月星辰爲天文也，歷象
在天成變，故以察時變矣。」。

　　徐鍇《說文繫傳・通釋》：「二，上字也，左畫爲日，右畫爲月，中爲星
也。畫縱者，但取其光下垂示人也。」〔註111〕《周禮・春官・保章氏》：「掌
天星以志星辰日月之變動，以觀天下之遷，辨其吉凶。」鄭注云：「星謂五星
辰，日月所會，五星有贏縮圓角，日有薄蝕暈珥，月有盈虧朓側匿之變，七
者右行，列舍天下禍福，變宜所在皆見焉。」吉凶無從可見，凡有禍福來，
必形於日月五星之變化，示以迹象，《周禮・春官・視祲》有所謂十煇之法以
觀妖祥辨吉凶，一曰祲，二曰象，三曰鑴，四曰監，五曰暗，六曰瞢，七曰
彌，八曰敘，九曰隮，十曰想。鄭司農云：「祲，陰陽氣相侵也。象者，如赤
鳥也。鑴，謂日旁氣四面反鄉，如煇狀也。監，雲氣臨日也。暗，日月食也。
瞢，日月瞢瞢無光也。彌者，白虹彌天也。敘者，雲有次序，如山在日上也。
隮，升氣也。想，煇光也。」這些具體天象，可作爲「示」天所垂象的註腳。

　　示，古文作示，甲文亦有作示者，疑本作示，小變爲示，復變爲示，從天
地之本字作一者，小以指日月星爲天之垂象見吉凶者也。

（2）祆　地反物爲祆也，从示芺聲。（一篇上　十六）

　　按：《左傳・宣公十五年》：「天反時爲災，地反物爲妖，民反德爲亂，亂
則妖災生。」杜注：「群物失性。」段玉裁祆下注：「按：虫部云：衣服歌謠

〔註110〕 （漢）宋衷，《易注》（《叢書集成三編》《黃氏逸書考》第一函，嚴一萍輯，
　　　　　臺北：藝文印書館，民國61（1972）），頁8。
〔註111〕 徐鍇，《說文繫傳・通釋》第一卷，同註109，頁2。

艸木之怪謂之祆，禽獸蟲蝗之怪謂之蠥，此蓋統言皆謂之祆，析言則祆蠥異也。祆省作祅，經傳通作妖。」大地群物失其性者爲祆。

（3）禳精气感祥，从示㥄省聲。春秋曰見赤黑之禳是。（一篇上　十六）

　　按：《詩·靈臺》箋云：「天子有靈臺者，所以觀禳象，察氣之妖祥也。」《左傳·昭公十五年》：「彼云吾見赤黑之禳。」杜注：「禳，妖氛也。」服虔注：「水黑火赤，水火相遇。」《周禮·春官·眡祲》掌十煇之法，以觀妖祥，辨吉凶，一曰祲，鄭司農云：「祲，陰陽氣相侵也。」《周禮·春官·保章氏》：「以五雲之物辨吉凶、水旱降豐荒之祲象。」注云：「視日旁雲氣之色，青爲蟲，白爲喪，赤爲兵荒，黑爲水，黃爲豐。」《漢書·匡衡傳》：「臣聞天人之際，精禳有以相盪，善惡有以相推，事作乎下者，象動乎上，陰陽之理，各應其感。」李奇曰：「禳，氣也，言天人精氣相動也。」顏師古曰：「禳謂陰陽氣相浸，漸以成災祥也。」妖祥之氣主由太陽之氣爲之，《論衡·訂鬼》：「凡世間所謂妖祥，所謂鬼神者，皆太陽之氣爲之也，太陽之氣盛而無陰，故徒能爲象，不能爲形，無骨肉有精氣，故一見恍惚，輒復滅亡也。」禳之妖祥象，並非具體之形，故一恍惚即消失。

（4）氛祥气也，从气分聲。雰，氛或从雨。（一篇上　三十九）

　　按：《左傳·昭公十五年》曰：「非祭祥也，喪氛也。」杜注：「氛，惡氣也。」《國語》卷七〈晉語下〉曰：「獻公田，見翟柤之氛。」注：「氛，祲氛，凶象也。凶曰氛，吉曰祥。」氛在典籍作凶象或惡氣，段玉裁《說文解字注》：「統言則祥氛二字皆兼吉凶，析言則祥吉氛凶耳。許意是統言。」許慎謂「氛」爲祥氣，是兼含吉凶先見之氣。

（5）雈鴟屬，从隹从芇，有毛角，所鳴其民有既。讀若和。（四篇上　三十）

　　《爾雅·釋鳥》：「萑老鵵。」郭注：「木兔也，似鴟鵂頭而小，頭有角毛，夜飛，好食雉。」《博物志》云：「夜至人家，取人所棄爪甲分別視之，則知吉凶，凶者輒鳴，鳴則其家有禍，所以人棄爪甲於門內也。」萑是夜行鳥，取人所棄爪甲而辨吉凶，凶鳴以示該家戶有禍。

（6）螟蟲食穀心者，吏冥冥犯法即生螟。从虫冥，冥亦聲。（十三篇上　四十三）

　　按：《呂氏春秋·仲春紀》：「蟲螟爲害。」高誘注：「蟲食稼心謂之螟。」〈仲冬紀〉：「行春令則蟲螟爲敗。」高誘注：「食穀心曰螟。」螟蟲食苗心的情形爲：禾始發，有蟲生苗心，如蠶而細，仍能吐絲包纏其心，使不生穗。

心是莖之末生穗處，正其生意所聚，凡草未華時，莖未生，無數啐葉其滋長。

《說文》云：「吏冥冥犯法即生螟。」是天人感應的災異之說，《淮南子・天文》：「枉法令則多蟲螟。」高誘注：「蟲食苗心曰螟。」《春秋漢含孳》：「螟應苛剋。」《易林》：「上政搖擾，蟲鳴竝起，害我嘉穀，季歲无穰。」又曰：「苛政日作，螟食華葉，割下啖上，民被其賊，秋無所得。」螟食華葉與苛政日作有關。

（7）𧒒蟲食苗葉者，吏乞貸則生蟘。〔註112〕从虫貸，貸亦聲。詩曰：去其螟蟘。（十三篇上　四十三）

按：《方言》卷十一：「蟒，宋魏之間謂之蟊，南楚之外謂之蟅蟒，或謂之蟒，或謂之螣。」《呂氏春秋・仲夏紀》：「百螣時起。」注云：「百螣動股之屬也。螣讀近殆，兗州人謂蝗為螣。」《呂氏春秋・不屈篇》：「蝗螟農夫得而殺之，奚故為其害稼也。」高誘注：「蝗蟊也，食心曰螟，食葉曰螣，今兗州謂蝗為螣。」蟘又作螣，蝗蟲也。

《說文》云：「吏气貸則生蟘。」也是天人感應的災異之說，災異的發生往往與社會政治傾擾相關，《鹽鐵論・疾貪篇》：「繇吏相遣官庭，攝追小計，權吏行施乞貸，長吏侵漁上府，下求之縣，縣求之鄉，鄉安取之哉？」又〈執務篇〉：「上不苛擾，下不煩勞，各修其業，安其性，則螟蟘不生，而水旱不起。吏不奉法以存撫，倍公私任，各以其權，充其嗜欲，人愁苦而怨，思上不恤理，則惡政行而邪氣作，邪氣作則螟蟘生兒水旱起。」

（8）𧕅蟲食艸根者。从蟲象形。吏抵冒取民財則生。蠹或从秋。蛑古文蠹从虫从牟。（十三篇下　四）

按：《左傳・昭公三十二年》：「蟊賊遠屏。」杜注：「食根曰蟊，食節曰賊。」《爾雅・釋蟲》：「食苗心螟，食葉蟘，食節賊，食根蟊。」李巡注曰：「食禾根者，言其稅取萬民財貨。」是說政惡為吏貪所致，《說文》云：「吏抵冒取民財則生」也是天人感應的災異之說。

（二）禳祭除災

字例	禬	禜	禳	禂	禱	（𧚌）	雩	（望）	（𩂉）	載
篇卷	1上7	1上12	1上13	1上14	1上24	(11下31)	11下15	(4上22)	(4上23)	14上51

上表打上括弧的𧚌、望、𩂉三個字，不列在正式的字例中，但會各在禱、雩的說解內文會附帶提及，故括弧列表以示。

〔註112〕「乞貸」段注本作「气貸」。《說文》貸下曰：「從人求物也。」

（1）禷目事類祭天神，从示類聲。（一篇上　七）

《五經異義》曰：「今《尚書》夏矦歐陽說，禷，祭天名也，以事類祭之，奈何？天位在南方，就南郊祭之是也。古尚書說：非時祭天謂之類，言以事類告也。肆類于上帝，時舜告攝非常祭也。許慎謹案：周禮郊天無言類者，知類非常祭，從古尚書說。」就類祭以事類而祭言，今古兩說固不相牾，然許君《異義》不從今說，實因季地之故，《說文》禷下未言祭地，不得謂《說文》從今《尚書》說，孫星衍曰：「《說文》引此經文類作禷者，俱孔壁古文。」段玉裁曰：「《說文》亦從古《尚書》說。」《異義》與《說文》的禷說皆從古《尚書》。邵晉涵曰：「〈肆師〉類造上帝，是祭上帝爲類也。〈小宗伯〉云：四類亦如之，是祭日月星辰亦爲類也。又云：凡天地之大裁，類社稷宗廟，則爲位，是祭社稷宗廟亦爲類也。」錢大昭曰：「類祭之事見於精典者有五：〈小宗伯〉凡天地之大裁，類社稷宗廟，則爲位，禱祈之類也。〈王制〉天子將出，類乎上帝，巡守之類也。又云：天子將出征，類于上帝；〈大雅・皇矣〉：是類是禡；〈釋天〉禷，師祭也，行師之類也。肆師類造上帝，戰勝之類也。〈舜典〉肆類于上帝，攝位之類也。皆非常祭，依正禮而爲之，故云以事類祭。」

（2）禜設縣蕝爲營，目禳風雨雪霜水旱厲疫于日月星辰山川也，从示从營省聲。一曰禜衛使災不生。（一篇上　十二）

按：《左傳・昭公元年》：「子產曰：『山川之神，則水旱厲疫之災，於是乎禜之；日月星辰之神，則雪霜風雨之不時，於是乎禜之。』」韋昭云：「引繩爲縣，立表爲蕝。蕝即蕝也。」《說文》：「蕝，朝會束茅表位曰蕝。」但祭祀之位亦用束茅，《左傳・昭公十八年》：「使子寬子上巡群屏攝。」注云：「屏攝祭祀之位。」鄭眾云：「攝束茅以爲屏蔽。」孔穎達曰：「日月山川之神，其祭非有常處，故臨時營其地，立攢表，用幣告之，以祈福祥也。攢，聚也，聚草木爲祭處。」《周禮・春官・大祝》掌六祈以同鬼神示，四曰禜，鄭注：「如日食以朱絲縈社。」

「禜衛使災不生」禜當爲營，《倉頡篇》作「營衛」，《史記・五帝本紀》：「以師兵爲營衛。」，《老子》第十章：「載營魄抱一，能無離乎？」汪光緒《道德經纂注》：「營，氣血也。魄，形骸也。一者，神也。《素問》云：『血爲營，氣爲衛。』曰載曰抱，以形載神，神常自守，形神不離，始爲抱載。載以體言，抱以用言。」〔註 113〕楊增新《補過齋讀老子日記》云：「載如乘載之載，營如營

〔註113〕（清）汪光緒，《道德經纂注》卷一（《老列莊三子集成補編》四，嚴靈峯編

衛之營，血爲營，氣爲衛，陰爲魄，陽爲魂，載營魄者衛，載營魂載魄也，營無衛不行，魄無魂不靈。惟能載之，故能抱之，惟能抱之，故能一之。……氣血相抱，氣與血一矣；營與衛相抱則營衛一；魄與魂相抱則魂魄一。」〔註114〕這裡的「營衛」指氣血，氣血、魂魄一也，形神不離，自然不生災。

（3）檜磔禳，祀除癘殃也。古者燧人禜子所造，从示襄聲。（一篇上 十三）

按：《呂氏春秋・季春紀》：「九門磔禳以畢春氣。」注云：「九門，三方九門也，嫌非王氣所在，故磔犬羊以禳。木氣盡之，故曰以畢春氣也。」〈季冬紀〉：「有大儺旁磔。」注云：「旁磔犬羊於四方，以禳其畢冬之氣也。」《淮南子・時則》：「九門磔禳以畢春氣。」注云：「裂牲謂之磔，除禍謂之禳。春者陰氣之終，故磔禳以終畢癘氣也。」《禮記・月令》三月：「命國難九門磔禳，以畢春氣。」注云：「此月之中，日行歷昴，昴有大陵積尸，氣佚則癘鬼隨而出行，命方相氏毆疫，又磔牲以禳於四方之神，所以畢止其災。」又十二月「命有斯大難旁磔」，注：「此月之中，日歷虛危，虛危有墳墓，四司之氣爲癘鬼，將隨強陰出害人也，旁磔於四方之門。磔，禳也。癘鬼亦爲蠱，將出害人，旁磔於四方之門，故此亦磔狗邑四門也。」《史記・秦本紀》：「以狗禦蠱。」正義曰：「熱毒惡氣爲傷害人，故磔狗以禦之。」禳除癘殃「九門磔禳，以畢春氣」與磔狗之原因，桂馥《説文義證》禳下云：「蓋天子之城十有二門，東方三門，生氣之門也，不欲使死物見於生門，故獨於九門殺犬磔禳。犬者，金畜。禳者，卻也，抑金使不害春之時所生，令萬物遂成其性，火當受而長之，故曰：以畢春氣，功成而退，木行終也。」〔註115〕東方屬木爲春，故爲生氣之門，而犬爲金畜，金剋木，爲了讓萬物順利生長，所以必須磔犬抑金。又云：「磔禳也，狗，陽畜也，以狗張磔於郭四門，禳卻熱毒氣也。」〔註116〕磔狗可以禳卻熱毒氣。

「古者燧人」云云，宋均注《孝經援神契》以燧人、伏羲、神農爲三皇，《禮記・內則》：「左佩金燧，右佩木燧。」注云：「金燧取火於日，木燧鑽火也。」《周禮・秋官・司烜氏》：「掌以夫燧取明火於日。」注云：「夫燧，陽燧也。」燧人懂得取火生熱。

輯，臺北：成文出版社有限公司，民國71（1982）），頁26-27。

〔註114〕楊增新，《補過齋讀老子日記》卷一（《老列莊三子集成補編》五，同註113），頁133。

〔註115〕楊家駱主編，《説文解字詁林正補合編》第二冊，頁2-157。

〔註116〕同註115。

（4）禡　師行所止，恐有慢其神，下而祀之曰禡，从示馬聲。《周禮》禡於所征之地。（一篇上　十四）

　　按：《爾雅·釋天》曰：「是禷是禡，師祭也。」郭注：「師出征伐，類於上帝，禡於所征之地。」軍隊舉行禡祭的日子，《孔叢子·問軍禮篇》：「凡類禡皆用甲丙戊庚壬之剛日。」至於師祭所祭禱的內容，有禱祝軍勢的，如：《周禮》〈肆師〉〈甸祝〉皆作貉，〈肆師〉：「凡四時之大甸獵，祭表貉，則爲位。」注云：「貉，師祭也，貉讀爲十百之百，於所立表之處爲師祭，祭造軍法者，禱氣勢之增倍也。其神蓋蚩尤或曰黃帝。」〈甸祝〉：「掌四時之田，表貉之祝號。」注云：「杜子春讀貉爲百爾所思之百，書亦或爲禡，貉，兵祭也，甸以講武治兵，故有兵祭。……玄謂田者習兵之禮，故亦爲禡祭，禱氣勢之十百而多獲。」也有因馬力而禱馬之祖，如：《詩·小雅·吉日》：「吉日維戊，既伯既禱。」毛傳：「伯，馬祖也，重物慎微，將用馬力，必先爲之禱其祖。」《漢書》序傳：「類禡厥宗。」應劭曰：「詩云：『是禷是禡』，至所征伐之地，表而祭之謂之禡，禡，馬祖也。馬者兵之首，故祭其先神也。」以上所引述的禡祭內容，可能就是《說文》所云：「師行所止，恐有慢其神，下而祀之」的內容，但是《說文》沒明說，不詳其所本。《說文》的《周禮》云云，實爲《禮記·王制》文。

（5）瓏　禱旱玉也，爲龍文。从王龍聲。（一篇上　二十四）

　　按：瓏字不見經典。《左傳·昭公二十九年》：「昭公使公衍獻龍，甫於齊侯。」正義引《說文》爲說。《國語·楚語》：「王孫圉對趙簡子言國之寶六，其一曰玉足以庇蔭嘉穀，使無水旱之災，則寶之。」韋注：「玉，王祭祀之玉。」韋意是遍指用玉於祭祀，如蒼璧禮天，黃琮禮地等，用玉祀神，各得其宜，神人以和，自強殃咎，不生水旱之災，並無特定說明瓏水旱之災的用玉。《山海經·大荒東經》：「應龍處南極，殺蚩尤與夸父，不得復上。故下數旱，旱而爲應龍狀，乃得大雨。」《說文》瓏字「禱旱之玉爲龍文者」當根據此而來。龍爲水，旱爲火，水剋火，以龍制旱，故瓏玉作爲禱旱玉。

　　而《說文》的「龗，龍也，从龍靈聲。」也是因禱旱求雨而特有的專門字。《山海經·大荒東經》：「大荒東北隅中有山名曰凶犁坵，應龍處南極，殺蚩尤與夸父，不得復上，故下數旱，旱而爲應龍之狀，乃得大雨。」郭璞注：「今之土龍本此。」《淮南子·墬形》：「土龍致雨」高誘注：「湯遭旱，作土龍以象龍，雲從龍，故致雨也。」《淮南子·說林》：「澇則具擢對，旱則修土

龍。」高誘注：「土龍，致雨物也。」《論衡・死僞篇》：「董仲舒請雨之法，
設土龍以感氣也。」《論衡・龍虛篇》：「董仲舒雩祭之法，設土龍以爲感也。
夫盛夏太陽用事，雲雨干之。太陽火也，雲雨水也，水火激薄則鳴而爲雷，
龍亦起雲而升天。」《論衡・感類篇》：「大旱，《春秋》雩祭，又董仲舒設土
龍以類招氣。如天應雩龍，必爲雷雨。」董仲舒的土龍求雨是漢代求雨之法。
董氏精通《春秋》，他在春秋雩禮基礎上又融入當時流行的陰陽五行學說和方
術，創造發揮了祭龍求雨古禮。《春秋繁露・求雨篇》對於四季求雨過程之禁
忌、參與人數、服色、祭祀日期、祭場方位、各類道具數量、規則、色澤均
同陰陽五行相應，茲掇要如下：

> 春旱求雨，令縣邑以水日禱社稷山川，家人祀户。無伐名木，無斬山
> 林，暴巫聚尪。八日，于邑東門之外，爲四通之壇，方八尺，植蒼繒
> 八……擇巫枝潔清辯利者以爲祝。祝齋三日，服蒼衣……。祝曰：「昊
> 天生五穀以養人，今五穀病旱，恐不成實，敬請清酒脯脯，再拜請雨，
> 雨幸大澍。」即奉牲禱。以甲乙日爲大蒼龍一，長八丈，居中央；爲
> 小龍七，各長四丈，于東方，皆東向，其間相去八尺。小童八人皆齋
> 三日，服青衣而舞之；田嗇夫亦齋三日，服青衣而立之。
> 夏求雨，……以丙丁日爲大赤龍一，長七丈，居中央；又爲小龍六，
> 各長三丈五尺，于南方，皆南向，其間相去七尺。壯者七人皆齋三
> 日，服赤衣而舞之；司空嗇夫亦齋三日，服赤衣而立之。
> 季夏禱山林以祝之。……以戊己日爲大黃龍一，長五丈，居中央；
> 又爲小龍四，各長二丈五尺，于南方，皆南向，其間相去五尺。丈
> 夫五人皆齋三日，服黃衣而立之。
> 秋暴巫尪至九日，……以庚辛日爲大白龍一，長九丈，居中央；爲
> 小龍八，各長四丈五尺，于西方，皆西向，相去九尺。鰥者九人皆
> 齋三日，服白衣而舞之；司馬亦齋三日，衣白衣而立之。
> 冬舞龍六日，禱于名川以助之。……以壬癸日爲大黑龍一，長六丈，
> 居中央；又爲小龍五，各長三丈，于北方，皆北向，其間相去六尺。
> 老者六人皆齋三日，衣黑衣而舞之；尉亦齋三日，服黑衣而立之。

繼董仲舒之後，西漢末劉歆也掌管過土龍求雨職官。〔註117〕直到東漢，土龍

〔註117〕《後漢書・禮儀志》引《新論》云：「劉歆致雨，具作土龍，吹律及諸方術無
　　　　不備設」。

求雨儀式盛行不衰。《說文》的「靇」字,「从龍霝聲」(《說文》:「霝,雨雾（落）也」),或許就是以此字作為土龍求雨的專字,和《說文》以「霸」作為五行水音專字同例。

(6) 雩 夏祭樂于赤帝,以祈甘雨也,从雨亏聲,䨬或从羽。雩,舞羽也。(十一篇下 十五)

按:《春秋經‧桓公五年》:「大雩」,范甯曰:「雩者,旱祭請雨之名。」《左傳‧桓公五年》:「啓蟄而郊,龍見而雩。」服虔注:「龍,角亢也,謂四月昏,龍星體見,萬物始盛,待雨而大,故雩祭以求雨也。」又曰:「一說郊祀天祈農事,雩祭山川而祈雨也。」《禮記‧月令》:「仲夏之月大雩,帝用盛業,乃命百縣雩祀,百辟卿士有益於民者以祈穀實。」注曰:「雩,吁嗟求雨之祭。雩帝謂為壇南郊之旁,雩五精之帝,配以先帝也。」桂馥《說文義證》:「祈穀,春祭,祭上帝啓蟄而郊;雩,夏祭,祭赤帝龍見而雩也。」〔註118〕《禮記‧月令》說「仲夏大雩」,但雩以龍見為之,當在孟夏之月,《月令》錯置於仲夏,失正雩之月。

雩祭祭舞,《爾雅‧釋訓》:「舞號雩也。」郭璞注:「雩之祭,舞者吁嗟而請雨。」孫炎云:「雩之祭有舞有號。」《周禮‧鼓師》:「女巫旱暵則舞雩。」注云:「使女巫旱祭從陰也。」《周禮‧舞師》云:「教皇舞,帥而舞旱暵之事。」注云:「皇舞,象羽舞旱暵之事,謂雩也,暵,熱氣也。」《周禮‧樂師》:「有羽舞有皇舞。」鄭司農云:「羽舞者,析羽皇舞者,以羽覆冒頭,上衣飾翡翠之羽。」皇舞亦羽舞也,故字或作䍃,而雩或作䨬。《說文》云:「䍃,樂舞以羽䍃,自翳其首,目祀星辰也,从羽王聲,讀若皇。」以羽毛翳首舞蹈,即謂之翿,《說文》云:「翿,翳也,所目舞也。詩曰左執翿。」《詩‧王風‧君子陽陽》:「君子陶陶,左執翿」傳云:「翿,纛也,翳也。」箋云:「翳舞者所持謂羽舞也。」《詩‧陳風‧宛丘》:「值其鷺翿。」傳云:「值,持也。翿,翳也。鷺鳥之羽,可以為翳。」《呂氏春秋‧仲夏紀》:「執干戚戈羽。」注云:「羽以為翿舞者,執之以指麾也。」《周禮‧舞師》云:「教皇舞,帥而舞旱暵之事。」注鄭司農云:「皇舞,蒙羽舞,書或為䍃,或為義。」《周禮‧樂師》云:「有皇舞。」注:「故書皇作䍃。鄭司農云:『䍃,舞者以羽冒覆頭上,衣飾翡翠之羽,䍃讀為皇,書亦或為皇。』」大鄭從故書作䍃,後鄭則從今書作皇,云:「襐五采羽如鳳皇色,持以舞。」許同大鄭,惟不云衣飾翡翠

<hr>

〔註118〕楊家駱主編,《說文解字詁林正補合編》第九冊,頁9-796。

羽，又不同經文「舞旱暵之事」，而云祀星辰耳，蓋本賈侍中《周官解故》。

雩、䨄都是必須以羽毛爲舞具的祭祀舞蹈。雩，祀於赤帝，祈甘雨，蓋赤帝爲火，雨爲水，水克火，故祈雨用；䨄在經文作「舞旱暵之事」，但許愼從賈逵之說，以爲祀星辰。至於瓏、霾都是以龍制旱求雨的相關字，瓏是禱旱儀式所用的龍紋玉，霾則是特別強調能夠致雨落水的龍，應該是漢代土龍致雨祭祀習俗的專造字。

（7）軷出將有事，於道必先告其神，立壇四通，尌茅以依神爲軷，既祭犯軷，
　　　轢牲而行爲範軷，从車犮聲。詩曰取羝以軷。（十四篇上　五十一）

按：《周禮‧大馭》「掌馭玉路以祀及犯軷。」注曰：「行山曰軷，犯之者封土爲山，象以菩芻棘柏爲神主，既祭之，以車轢之而去，喻無險難也。杜子春云：『軷謂祖道轢軷磔犬也』。」《詩‧大雅‧生民》云：「載謀載惟，取蕭祭脂，取羝以軷。」傳云：「軷，道祭也。」箋云：「至其時取蕭草與祭牲之脂，爇之於行神之位，馨香既聞，取羝羊之體以祭神。」與道路行軷祭時，要封土爲山，尌茅爲神主，以犬或羊爲牲，求出無險難。

《書‧洪範》五行的庶徵「雨、暘、燠、寒、風」，是自然氣象的符應變化，不脫「氣」的觀念。《史記‧孟子荀卿列傳》云：「五德轉移，治各有宜，而符應若茲。」五氣「相次轉用事」，會出現相應的徵兆，即「符應若茲」。《呂氏春秋‧應同》云：「類故相召，氣同則合，聲比則應。」說的就是氣的機祥感召。

以氣爲內核的陰陽五行宇宙論，陰陽五行的運轉跟著「氣」起變動，也象徵著天象的機祥對人間的譴告。《國語‧周語下》：「夫天地之氣，不失其序，若過其序，民亂之也，陽伏而不能出，陰迫而不能烝，於是有地震。今三川實震，是陽失其所而鎮陰也。陽失而在陰，川源必塞，源塞，國必亡。」《淮南子‧泰族》云：「天之與人，有以相通也，故國危亡而天文變，世惑亂而虹蜺見。萬物有以相連，精祲有以相蕩也。」高誘注：「精祲，氣之侵入者也。」

漢代人所重視的祥瑞災異，起因於氣類相感，《天人三策》云：「天有陰陽，人亦有陰陽。天地之陰氣起，而人之陰氣亦應之起；人之陰氣起，而天地之陰氣亦宜應之而起。」「廢德教而任刑罰，刑罰不中，則生邪氣。邪氣積於下，怨惡畜於上，上下不和，則陰陽繆盭，而妖孽生矣。」人間秩序如果失禮失德，則氣變應災異，「王者與臣無禮，貌不素敬，則木不曲直，而夏多暴風。風者，木之氣也，其音角也，故應之以暴風。王者言不從，則金不從革，而秋多霹靂。……王者心不能容，則稼穡不成而秋多雷。雷者，土之氣

也，其音宮也，故應之以雷。」(《春秋繁露・五行五事》)因此，漢代的天人之學可謂是氣感世界。

第四節　《說文》干支說

干支是週期的循環，十干古稱十日，《左傳・昭公五年》：「日之數十」，《左傳・昭公七年》：「天有十日」；十二支古稱十二辰，《周禮・秋官・司寇》：「馮相氏掌十有二歲，十有二月，十有二辰，十日，二十有八星之位。」又「哲蔟氏掌覆夭鳥之巢，以方書十日之號，十有二辰之號，十有二月之號，十有二歲之號，二十有八星之號。」在西漢前期的著作中，十干和十二支通常又稱爲「十母」和「十二子」。《淮南子・天文》：「數從甲子始，子母相求。」《史記・律書》：「二月也，律中夾鐘，夾鐘者，言陰陽相夾廁也。其於十二子爲卯，卯之爲言茂也，言萬物茂也；其於十母爲甲乙，甲者，言萬物剖符甲而出也，乙者，言萬物生軋軋也。」十和十二的最小公倍數爲六十，陽干配陽支，陰干配陰支，遂得六十甲子干支，在漢之前用以紀日，甲骨卜辭已有排整有序的干支表，大抵作十日一行爲單位的刻款方式。東漢光武帝時才用以紀年，唐五代之時才用以紀月、時。

《說文》部末取干支，依照許愼「據形系聯」的編次原則，二十二個干支字全部集中一起，安排在部首之末，並因之至亥以終，是深具特殊意義。當二十二個干支字形成部首群中的子集合，代表許愼不依部首之間的形似做爲排列，而是依干支順序爲考量。《說文》五百四十個部首因這個特殊的子集合，自成一個場域，並且也因之作了結束。是以，二十二干支字對《說文》的部首排序起了不同的作用意義。歷來古文字學者多從初形本義的角度，對《說文》二十二個干支字的解形釋義多所論說，例如《甲骨文字詁林》收錄「甲」的說法有魚鱗說、神秘的信仰符號說、皮開裂說、鎧甲說。〔註119〕「己」有綸索說、紀識之形、隹射之繳說、人腹說、繅絲之工具說。〔註120〕「卯」有劉（殺）說、開門形說、兜鍪說、用牲之法說、雙刀對植之形說、窖藏之所說、剖開牲體說。〔註121〕「午」有有束餘之緒說、束絲說、馬策說、祭名

〔註119〕于省吾主編，《甲骨文字詁林》（北京：中華書局，1996.5），頁 3582-3586，3579，3513。
〔註120〕同註119，頁 3586-3587。
〔註121〕同註119，頁 3438-3442。

說、杵形說。〔註122〕雖然學者各述己見，然而卻都忽略了《說文》爲何要如此說的理由。《說文》看似穿鑿附會的解釋，其實與漢代陰陽數術的思想有著密切的牽連。茲將一一分析《說文》干支字例，以瞭解其思想底蘊。

一、干支部首字義闡釋

文字的部首是以類分排比來體現統整性、秩序性與區別性，有類聚效能，也有別異作用。《說文》部首類聚群分的思想源自《易・繫辭上》云：「方以類聚，物以群分，吉凶生矣。」正義曰：「方有類，物有群，則有同有異，有聚有分也。……方，謂法術性行，以類共聚，固方者則同聚也。物，謂物色群黨，共在一處，而與他物相分別。」干支部首形成《說文》部首特殊的子集合，居於五百四十部首之末，是許愼最明顯的類聚安排。其系聯示意圖如下：〔註123〕

以文字的初形本義而言，干支部首之釋義皆爲假借義，這對做爲一本字書的《說文》來說，彷彿若有瑕疵，但是以筆畫構成的文字，經過時間的流傳，文化因素的洗禮與載承，其內涵必在累加吸收中而有所轉化。許愼以陰陽數術觀釋干支字義，是一種文化思想的反芻，站在當代同理心的角度來看，是一本字書該擔負的文化功能，絕非穿鑿附會。文字本當求初形本義的眞實性，那麼，干支部首的陰陽數術色彩無非就落入了謬誤性；但此一謬誤性如果是基於思潮的浸濡所呈現的普遍觀，不也是一種眞實的體現。剝離了許愼

〔註122〕同註 119，頁 3179-3181。
〔註123〕黃德寬、常森，《漢字闡釋與文化傳統》（合肥：中國科學技術大學出版社，1995.10），頁 128。

的思想操作系統，便無以理解許慎對這些漢字的解釋。《說文》對干支部首的
闡釋認知，游離了初形本義的層面，而進入文化傳統爲之預先設定的知識領
域。不僅干支字如此，數字也如此，因此「始一終亥」，都是以當時的知識領
域闡釋來作爲開端，作爲收尾，前後呼應，同出一轍。

對文字點畫的功能作出明晰、合理的界定是相當困難的。爲人詬病的解
釋並非毫無意義，它們的存在起碼可以說明：文字具有闡釋或認知方面的多
種可能性。文字很難用其形體向闡釋主體完整地傾訴其固有的意義，闡釋者
無論如何也無法避免文化傳統對文字闡釋的影響或導向，因爲這些深刻又普
遍的文化傳統，已成了闡釋者思想深處難以洗除的意識或指令。〔註124〕所以，
許慎將干支部首作如此特殊的類聚展現，或許是其思想玄機的透露。

（一）天　干

字例	甲	乙	丙	丁	戊	己	庚	辛	壬	癸
篇卷	14下19	14下19	14下20	14下20	14下21	14下21	14下22	14下22	14下23	14下24

（1）甲東方之孟，陽气萌動。从木戴孚甲之象。《大一經》曰：人頭空爲甲。
　　命古文甲。始於一，見於十，歲成於木之象。（十四篇下　十九）

　　按：《禮記‧月令》曰：「孟春之月，天氣下降，地氣上騰，天地和同，
艸木萌動。」注曰：「日之行春東，從青道發生，月爲之佐時，萬物皆解孚甲。」
《史記‧律書》曰：「甲者，言萬物剖符甲而出也。」《漢書‧律曆志上》曰：
「出甲於甲。」孚甲猶今言殼也，凡艸木初生或戴種於顚，上象孚甲覆蓋，
意謂草木破種子殼而生，殼附其上的樣子。甲小篆字形，上象孚甲下覆，下
象木之有莖。宋育仁《說文部首箋正》云：

> 十干歲雄也，分位於天，甲乙在東方，甲居首，故位東方之孟。東
> 方者青，日行青道，主發生萬物，是爲孟春，孟猶長也，《禮記》：「孟
> 春之月，天氣下降，地氣上騰，天地和同，艸木萌動。」五行，東
> 方春爲木，故制甲字，取木戴孚甲之形。司馬遷說：「甲者，言萬物
> 剖符甲而出也。」班固說：「出甲於甲。」孚者，卵也，如今言殼。
> 孟春艸木萌芽未折，故象木戴孚出，「本」下說：「丁象根在丅」，甲
> 从丅，象根萌在下，⌒象孚甲萌冒於上也。《爾雅》：太歲在甲曰閼

〔註124〕參考同註123，頁89。

逢，月在甲日曰畢，甲爲東方之首，故訓爲首，亦訓爲長，《國策》
以萬乘之術，甲於秦楚。《書》甲於內亂。漢制，令之首爲令甲，科
之首爲科甲。……黃帝命大撓作甲子，與倉頡造字同時。十干與十
二支必有專字，甲象人頭，乙象人頸，以下蓋制字之初，近取諸身，
遠取諸物，兼有其義。〔註125〕

《說文》「从木戴孚甲之象」，然從小篆字形中不見木形，是以其木當因於東
方木之義，而以「丁」形表之，宋氏言「丁」象根在下，實亦取象於木，而
其義是象徵孟春艸木根萌於下。《說文》木下云：「从屮，下象其根。」本下
云：「木下曰本，从木从丁。」木與本皆拆解成上下二體，雖不合象形、指事
字的構字原則，然許慎此一說解，反而才是最符合字義的核心意義，木因坼
甲冒生，枝芽上長，根亦下札，「丁」正象下札之根，所以，許慎對「木」與
「本」的釋形其實仍有其合理性。甲从丁，象根在下，⌒象孚甲萌冒於上，
春天萬物發生，植物上下生長的動能，彷若躍然紙上。

　　《呂氏春秋‧孟春紀》：「孟春之月……其日甲乙。……是月也，以立春，……
太史謁之天子曰：『某日立春，盛德在木。』天子親率三公九卿諸侯太夫以迎春
於東郊。……是月也，天氣下降，地氣上騰，天地和同，草木繁動。」《白虎通‧
五行》：「木在東方者，陽氣始動，萬物始生。」甲五行屬木，木方位爲東，季
節爲春。太初曆立春爲歲始，春天陽氣萌動，相當十二消息卦正月泰卦（䷊），
泰卦上坤（地）下乾（天），陽氣處下，陰氣居上，陽氣有上升之勢，陰氣有下
降之性，陰陽交通，天地和同，觸動草木萌發生機，萬物皆解孚甲而出。

　　許慎說十干之形引《大一經》，《漢書‧藝文志》陰陽家有《大壹兵法》
一篇，五行家有《泰一陰陽》二十三卷，《泰一》二十九卷。又天文家、雜占
家、方技家以泰壹名者凡五，然則許偁《大一經》者蓋此類。《大一經》說十
干之形，全取人形一一象之，次第不可亂，陳邦福認爲《大一經》這樣特殊
的說法，源於「取六國以來之篆勢，推演《易‧說卦》：『乾爲首，坤爲腹，
震爲足。』及《爾雅‧釋魚》：『魚枕謂之丁，魚腸謂之乙，魚尾謂之丙。』
而參以陰陽五行也。」〔註126〕意指《易‧說卦》以八卦比況爲人體，〔註127〕

〔註125〕楊家駱主編，《說文解字詁林正補合編》第十一冊，頁11-613。
〔註126〕陳邦福，《說文十幹形誼箋》，同註125，頁11-615。
〔註127〕《易‧說卦》云：「乾爲首，坤爲腹，震爲足，巽爲股，坎爲耳，離爲目，艮
　　　　爲手，兌爲口。」

和《爾雅・釋魚》以三個篆形干支字比附魚體，〔註 128〕其比附之理同於《大一經》以天干比附人體，而《大一經》之說有其陰陽數術之跡。甲爲頭象，《內經》有之，故曰：「人頭空爲甲」。現今的出土文物，雖未有取十干之形象人形，不過，睡虎地秦簡《日書》甲種和馬王堆《胎產書》的「人字圖」，則是在人形周圍的不同部位標注十二地支，以此隱喻來預測嬰兒出生之吉凶。

自甲至癸必舉全人之形一一象之，不啻合十字之形以成一字之形。許慎以干支爲全書之末，蓋干支爲治曆之本，「萬物人爲貴，可參天地，善言天者，必有驗於人，故十二枝中子既訓十一月陽動，而必謂人以爲偁象形，象其首與手足之形也。丑既訓紐云云，而必謂象手之形。申訓神云云，而必謂體自申束，从臼自持。亥訓荄云云，而必謂从乚，象裹子咳咳之形，且引二首六身之說，可見以人爲主也。」〔註 129〕十干篆形比附人體，十二支篆形也作如此釋形，蓋萬物人爲貴，可參天地，天地人三才之道於焉見矣。

「始於一，見於十，歲成於木之象」，歷來許多《說文》家多不解，然陳衍自有一番詮釋：

> 竊謂始於一者，始於丨上之一，凡生植之物方種未生，只有核中之仁，即丨上之一也。由仁發萌下有芽成根爲丅，上戴種而孚爲⌒，上復有芽爲◠，故一不居下而居中。其訓見於十者，見於◠上之丨，丅下之丨爲十，豎畫之首尾，見於居中爲十，橫畫之屈而未申者，蓋甲篆本近十形，故早戎下甲字隸變皆作十，本書（按：《說文》）十「數之具，其一爲東西，丨爲南北，大抵四方中央之數備。」即可謂十如天，屈西北爲無物，丅言天地之數起於牽牛，皆言其大恉也。其訓成於木者，木未生爲一，下生爲丨，旁生爲∩，上生爲丨，致有兩歧之葉爲人，而木成矣。〔註 130〕

陳衍認爲「始於一」即是甲中之「丅」的「一」橫畫，意指方種未生的核中之仁。「見於十」則是指戴孚上冒出的芽（小豎畫）和下生的根（丅之豎畫），近似十的古文字形。「成於木之象」是說甲的古文字形作命，有未生的仁「一」，戴孚的殼「∩」，冒生的芽「丨」，下生的根「丨」，還有如人形兩歧的葉，是

〔註 128〕陳邦福認爲《爾雅・釋魚》：「魚枕謂之丁」，「丁當爲甲字之誤，蓋甲般契作十、个，丁小篆作个，古籀文丁皆作○、▼，與十不類。《雅》文二形相誤，疑在秦有小篆以後矣。」同註 126。

〔註 129〕陳衍，《說文解字辨證》，同註 125，頁 11-614。

〔註 130〕同註 129。

一株完整樹木的形象。

　　鄒曉麗倒是有一個較爲簡扼的看法，沒有像陳衍在字形上如此費筆曲解，鄒氏說：

> 其實許愼的意思是說植物只有在天時適宜時才能發芽，所以是「始於一」即從「一」（天數）開始。「十」有完備的意思。「見於十」是指植物能夠成長，只有在天時、地利等一切條件都具備的時候。換句話說，即當一切條件具備時才能有收成，所以他說「歲成於木之象」，這「之象」二字是最後畫龍點睛，一是把「甲」的字形歸入「六書」中的「象形」這一類；二是表明「甲」與「木」配，這正是陰陽五行家把日辰與五行相配的哲學思想的反映。〔註131〕

此一說法，清楚明白地闡釋了「甲」與「始於一，見於十，歲成於木之象」之間的義蘊關連，實有草木始一終十生長完備具成之意。

（2）〔象春艸木冤屈而出。会气尙彊，其出乙乙也，與丨同意。乙承甲，象人頸。（十四篇下　十九）

　　按：《禮記・月令》：「孟春之月，其日甲乙。」鄭注云：「乙之言軋也，物之出地艱屯，如車碾地澁滯。」《史記・律書》曰：「乙者，言萬物生軋軋也。」《漢書・律曆志上》：「奮軋於乙。」《白虎通・五行》：「甲者，萬物孚甲也。乙者，物蓄屈而有節欲出。時爲春。」乙次於甲，位東方之仲，象艸木離孚甲，乘陽欲出見，自正月泰卦之後，大壯卦（☳）、夬卦（☱）的陽爻由下往上漸增，陽氣漸強，然大壯卦尙有二陰，夬卦尙有一陰，故曰：「会气尙彊」，剛柔始交而難生，其形乙乙然，陰陽之氣相交，「萬物剖符甲而出」，萬物萌芽，衝破種子的殼而出，萌發的新芽呈屈軋的形狀，《釋名・釋天》：「乙，軋也，自抽軋而出也。」《說文》乾下云：「上出也，从乙乙物之達也。」也符合乙之義。乾陽出，初震始亨之義，六十四卦乾坤之後，即次之以屯，剛柔始交而難生，萬物遏而蒙甲以出，故《爾雅》曰「旃蒙」。

　　《爾雅・釋魚》：「魚腸謂之乙。」邢昺疏引《禮記・內則》鄭玄注：「乙，魚體中害人者名也，今東海鮧魚有骨名乙，在目旁，狀如篆乙，食之鯁人不可出。」《爾雅》之說或邢昺之疏，非謂乙取象於魚腸或魚骨，而是指魚腸或魚骨形似乙之篆形。《說文》引《大一經》說乙象人頸，是指人頸似乙之篆形。

〔註131〕鄒曉麗，〈論許愼的哲學思想及其在《說文》中的表現〉《北京師範大學學報》1989年第4期，頁33。

同一篆形可比附不同的事物，許慎獨採《大一經》的說法，乃因篆文甲至癸，如人之從頭到腳，各象人體某部位之形，串疊起來爲全人之象。

（3）丙位南方，萬物成炳然，会气初起，易气將虧。从一入门，一者易也。丙承乙，象人肩。（十四篇下　二十）

　　按：《禮記·月令》：「夏三月，皆曰其日丙丁。」鄭注云：「日之行夏，南從赤道，丙之言炳也，萬物皆炳然箸見。」《史記·律書》曰：「丙者，言陽道著明。」《漢書·律曆志上》曰：「明炳於丙。」《說文》：「萬物成炳然，会气初起，易气將虧。从一入门，一者易也」，丙五行爲火，方位爲南，季節爲夏，陽氣強盛，爲十二消息卦乾卦（䷀），陽極則必反，一陰初出，爲十二消息卦的五月姤卦（䷫），故曰：「易气將虧」，一陰遇五陽，律中蕤賓，言陰氣葳蕤於下，陽喜其乍至而賓之也。徐鍇《說文繫傳·通釋》：「陽功就，萬物皆成，炳然彰著。夫物極則衰，功成則去，明盛而晦，陽極而陰，物非陰不定，夏之有秋，所以擊斂焦殺萬物使成也。门猶門也，《易》曰：『乾坤，其易之門邪，天地陰陽之門戶。』陽功成將去门也。」〔註132〕徐鍇說「陽功成將去门也」，應作「陽功成將入於门也」爲妥，入此門，陰陽之氣將有所轉換，陰氣初起，全盛之陽將虧。

　　《爾雅·釋魚》：「魚尾謂之丙。」邢昺疏：「尾似篆書丙字。」《大一經》謂丙象人肩，篆形丙字象兩肩相駢之象，同一篆形，《爾雅》與《大一經》所象不同。

（4）↑夏時萬物皆丁實。象形。丁承丙，象人心。（十四篇下　二十）

　　按：丁，五行屬火，季節爲夏，《淮南子·天文》：「巳在丁曰強圉。」高誘注：「在丁，言萬物剛盛。」鄭注《禮記·月令》曰：「時萬物皆強大。」《史記·律書》：「（五月）……丙者，言萬物陽道著名，故曰丙。丁者，言萬物之丁壯也，故曰丁。」《白虎通·五行》：「丙者，其物炳明也。丁者，強也。時爲夏。」「丁次於丙，爲盛夏，花落跗見將成實，故說萬物皆丁實。」〔註133〕徐鍇《說文繫傳》：「物挺然成立之皃。夫萬物方茂，非成之謂衰殺，乃見其成之也，方剛之謂守柔，乃見其剛。陰气盛於外，陽气營於內，故萬物炳然，非所謂成，得一陰之贊擊斂之乃爲成，故盛於丙，成於丁，其形正中，故象心。」〔註134〕五月

〔註132〕徐鍇，《說文繫傳·通釋》卷二十八（北京：中華書局，1998.12），頁279。
〔註133〕宋育仁，《說文部首箋正》，見同註125，頁11-634。
〔註134〕同註132。

姤卦（☰）五陽一陰、六月遯卦（☷）四陽二陰，蓋指「非成之謂衰殺，乃見其成之也，方剛之謂守柔，乃見其剛。」生物剛盛成實之際，也有摯斂之陰隱藏其中，生物最茂盛、剛強之刻，正意謂由盛入衰、轉剛守柔之始，也因爲衰柔乃見，才反襯方盛方剛。《大一經》因爲「丁」篆形豎勾位置居正，故象心。

（5）戊中宮也。象六甲五龍相拘絞也。戊承丁，象人脅。（十四篇下 二十一）

按：許慎所說的「中宮」，源於「明堂月令」的中宮太室。詳見於第三章「九宮說闡微」，茲不覆述。

「戊」象六甲五龍相拘絞，清代《說文》學者多有不同見解，嚴章福《說文校議議》云：

> 六甲謂甲子、甲戌、甲申、甲午、甲辰、甲寅也。五龍即五辰，謂戊辰、庚辰、壬辰、甲辰、丙辰也。甲子至癸亥凡六甲五辰，此但言辰者，辰爲龍，戊字五筆，象五龍相絞。六甲五龍爲六甲中之五龍，非謂六甲與五龍也。相拘絞者，謂龍與龍相絞，非謂甲與龍相絞也。〔註135〕

嚴氏所說的六甲，是指甲子旬、甲戌旬、甲申旬、甲午旬、甲辰旬、甲寅旬。辰在十二生肖中爲龍，五龍即五辰。在甲子等六旬中，惟獨甲午旬無辰，因此，六旬或六十甲子中只有五辰，所謂甲辰（甲辰旬）、丙辰（甲寅旬）、戊辰（甲子旬）、庚辰（甲戌旬）、壬辰（甲申旬）。〔註136〕又戊字有五畫，故象五龍相拘絞。惠棟《惠氏讀說文記》：「五六天地之中，五龍當是五子，龍，辰也，辰有五子，故云五龍。天六地五，故云六甲五龍，戊爲中宮，五六天地之中，故云六甲五龍相拘絞。」〔註137〕惠棟以六甲的六作天六，五辰的五作地五，雖謂五龍即五辰，但又說「辰有五子」，《漢書·律曆志上》：「日有六甲，辰有五子。」孟康曰：「六甲之中，唯甲寅無子，故有五子。」從孟康的訓解可知：辰不能當龍解，而應當地支解，「辰有五子」即是：甲子（甲子

〔註135〕同註125，頁 11-635。

〔註136〕

1甲子	2乙丑	3丙寅	4丁卯	5戊辰	6己巳	7庚午	8辛未	9壬申	10癸酉
11甲戌	12乙亥	13丙子	14丁丑	15戊寅	16己卯	17庚辰	18辛巳	19壬午	20癸未
21甲申	22乙酉	23丙戌	24丁亥	25戊子	26己丑	27庚寅	28辛卯	29壬辰	30癸巳
31甲午	32乙未	33丙申	34丁酉	35戊戌	36己亥	37庚子	38辛丑	39壬寅	40癸卯
41甲辰	42乙巳	43丙午	44丁未	45戊申	46己酉	47庚戌	48辛亥	49壬子	50癸丑
51甲寅	52乙卯	53丙辰	54丁巳	55戊午	56己未	57庚申	58辛酉	59壬戌	60癸亥

〔註137〕同註125，頁 11-635。

旬）、丙子（甲戌旬）、戊子（甲申旬）、庚子（甲午旬）、壬子（甲辰旬），唯獨甲寅旬無子。《鬼谷子·本經陰符七術》：「盛神法五龍。」陶弘景注：「五龍，五行之龍也。」段玉裁《說文》注云：「《水經注》引《遁甲開山圖》曰：『五龍見教，天皇被迹。』榮氏注云：『五龍治在五方，爲五行神。』」五辰既然可謂五龍，五龍治在五方，爲五行神。所以，《說文》所說的五龍，除了指五辰之外，也應與五子、五行、五方有關。

高涵和、張壽榮皆認爲「六甲五龍」必漢代當時的習用常語，〔註138〕吳楚則認爲此說本於緯書。〔註139〕「六甲」一詞，《禮記·內則》：「教之數日。」注云：「朔望與六甲也。」《史記·食貨志》：「里胥令餘子在序室，未任役使者，八歲入小學，學六甲五方書計之事，使知室家長幼之節。」這裡的「六甲」泛指六十甲子，不單指甲子、甲戌、甲申、甲午、甲辰、甲寅而已。至於，「五龍」配之五行、五方與五色，《墨子·貴義篇》有云：「帝以甲乙殺青龍於東方，以丙丁殺赤龍於南方，以庚辛殺白龍於西方，以壬癸殺黑龍於北方。」畢沅注本據《太平御覽》增入「以戊己殺黃龍於中央」一語，其說可從。雖然，《墨子》沒明言五行，然由五方、五色即可推知：甲乙青龍東方→木，丙丁赤龍南方→火，戊己黃龍中央→土，庚辛白龍西方→金，壬癸黑龍北方→水。可見「六甲五龍」遠有本源，非出於許慎個人的穿鑿附會。

六和五是數術思想中常用的兩個數字。《左傳·昭公二十五年》：「則天之明，因地之性，生其六氣，用其五行。」以天氣有六，地行有五來概括天體運行、氣候變化，故有《國語·周語》：「天六地五，數之常也。」之說。在《禮記·禮運》篇裡有諸多五與六相配之事物，如：「五聲六律十二管，還相爲宮也」、「五味六和十二食，還相爲質也」、「五色六章十二衣，還相爲質也」。根據《淮南子·天文》記載，「五音」是由「二陰一陽，成氣二，二陽一陰，成氣三，合氣而爲音。」而來，「六律」是由「合陰而爲陽，合陽而爲律。」而來，〔註140〕「音自倍而爲日，律自倍而爲辰」，五音自乘一倍爲十天干，六

〔註138〕高涵和，〈說文戊象六甲五龍相拘絞說〉：「六甲五龍亦當時常語」，張壽榮，〈六甲五龍相拘絞說〉：「其曰六甲五龍者，吾意漢人必習於是語」，見同註125，頁 11-641、643。

〔註139〕吳楚，《說文染指》〈釋戊〉，見同註125，頁 11-643。

〔註140〕俞樾，《群經平議》：「陽之數以三爲奇，陰之數以二而偶，所謂參天兩地也。《周書·武順篇》：『男生而成三，女生而成兩。』是其義也。二陰一陽，則二二如四，一三如三，其數七，除五生數，則得成數二，所謂二陰一陽，成氣二也。二陽一陰，則二三如六，一二如二，其數八，除五生數，則得成數

律自乘一倍爲十二地支,《漢書‧律曆志上》:「六律六呂而十二辰立矣,五聲清濁而十日行矣。傳曰:天六地五,數之常也,天有六氣,降生五味。夫五六者,天地之中合,而民所受以生也,故日有六甲,辰有五子。」天陽奇數一、三、五、七、九,五居中;地陰偶數二、四、六、八、十,六居中。十天干因倍五音而來,十二地支因倍六律而來,十天干循環六次,十二地支循環五次,皆合六十甲子之大數,故干曰六甲,支曰五龍,因此「六甲五龍」的「天六地五」,源自於「五六者,天地之中合」推演,「六甲五龍相拘絞」不僅是「六甲」與「五龍」之間的表層關係,更是「六甲」本身與陽數五,「五龍」本身與陰數六的內層關係,張壽榮〈六甲五龍相拘絞說〉云:「自甲子至甲寅六旬中,而有戊辰、庚辰、壬辰、甲辰、丙辰之五辰,辰之所屬爲龍,是五龍也。」〔註141〕即是「六甲」與「五龍」之間的表層關係;又云:「甲爲榦,下統夫枝數適盡於六,辰爲枝,上繫於榦數適盡於五。」〔註142〕即是「六甲」本身與陽數五,「五龍」本身與陰數六的內層關係;「甲爲榦,下統夫枝數適盡於六」意謂:$60 \div 10 = 6$(5 音 $\times 2 = 10$ 天干),「辰爲枝,上繫於榦數適盡於五」意謂:$60 \div 12 = 5$(6 律 $\times 2 = 12$ 地支)。

綜上所論,「六甲五龍相拘絞」其實包括六甲、五辰、五子、五行、五方、五色、五龍、干支、陰陽等一連串與五、六兩數錯綜複雜關係的數術思想,本節的第三單元〈「六甲五龍相拘繳」新解〉有進一步的詳細推理論證。

戊、己雖同爲中宮,但許慎對兩者的釋義仍有區別,戊爲「象六甲五龍相拘絞」,己爲「象萬物辟藏詘形」,高涵和〈說文戊象六甲五龍相拘絞說〉云:

> 然土王用事,即在四時之季,如木火之交,火金之交,金水之交,彼德漸盛,此德寖衰,土寄王焉,四時中無土德專王之月,故許於己下云象辟藏詘形;物非土不生,人非土不成,四時中各有土德寄王之月,故許於戊下云象六甲五龍相拘絞。〔註143〕

三,所謂二陽一陰,成氣三也。」以數學計算式表示之:陽數=3,陰數=2,二陰一陽:$2 \times 2 = 4$,$1 \times 3 = 3$,$4 + 3 = 7$,$7 - 5 = 2$(成氣二);二陽一陰:$2 \times 3 = 6$,$1 \times 2 = 2$,$6 + 2 = 8$,$8 - 5 = 3$(成氣三)。「五音」是「合氣而爲音」,$3 + 2 = 5$。「六律」是由「合陰而爲陽,合陽而爲律」而來,「合陰而爲陽」指合「二陰一陽」之二陰與「二陽一陰」之一陰而爲三,恰爲陽數 3;「合陽而爲律」指合二陽之數:$2 \times 3 = 6$,恰爲六律之數。

〔註141〕同註 125,頁 11-643、644。
〔註142〕同註 125,頁 11-644。
〔註143〕同註 125,頁 11-641。

「土」對四時之間的變化起平衡作用，故四時之交，土寄王焉，而無專王之月，故己「象萬物辟藏詘形」；然而也因為「土」是其他四行的平衡與緩衝區，四時中又有土德寄王之月，故戊「象六甲五龍相拘絞」，表示與十二地支的辰戌丑未有表層關係。

（6）㠯 中宮也。象萬物辟藏詘形也。己承戊，象人腹。𢀳古文己。（十四篇下 二十一）

　　按：《淮南子・天文》：「未在己曰屠維。」高誘注：「在己，言萬物各成其性，故曰屠維，屠，別；維，離也。」《禮記・月令》：「其日戊己。」鄭玄注：「戊之言茂也，己之言起也。日之行，從黃道。月為之佐，至此萬物皆枝葉茂盛，其含秀者抑屈而起也。」《白虎通・五行》：「土為中宮，其日戊己。戊者，茂也。己者，抑屈起。」《春秋元命包》：「己者，抑詘而起。」己，五行屬土，方位配中央，故己為中央土，與戊同處於中宮，然「戊」象六甲五龍相拘繞，而「己」以萬物盤辟收斂詰詘之形象之。《易・說卦傳》：「坤為地」，故坤為土，又曰：「坤為腹」，大地含藏萬物，故《說文》曰己「象人腹」，徐鍇《說文繫傳・通釋》：「萬物與陰陽之气藏則歸土，屈曲包含，象人腹圓曲也。人腹中央也。」〔註144〕小徐也是從《易・說卦傳》的說法來解釋《說文》「象人腹」之意。

　　既然戊己同為中宮土，自土而出當謂生生不息，但《說文》卻謂己為「象萬物辟藏詘形」，吳楚以為：「當萬物由土而生，不假乎外也，己受天地之中以生萬理，由己而備，不假乎人也。此以土喻己之義。」〔註145〕萬物辟藏詘形與生生不息並不相違背，己既象人腹，大地含藏萬物猶如腹姙懷胎，孕育辟藏萬物，生生不息，大地之土有此自辟自生的功能，不假外求，己在中，人在外，言己以別於人者。己在中，故以收斂辟藏為要。

（7）㾕位西方，象秋時萬物庚庚有實也。庚承己，象人臍。（十四篇下 二十二）

　　按：《禮記・月令》：「孟秋之月，其日庚辛。」鄭玄注曰：「庚之言更也，萬物皆肅然更改，秀實新成。」《史記・律書》曰：「庚者，言陰氣更萬物。」《漢書・律曆志上》：「斂更於庚。」宋育仁《說文部首箋正》云：「西方者秋，日行白道，主成熟萬物，秋，揫也；揫，斂也。秋風肅斂而萬物成。五行生金，

〔註144〕徐鍇，《說文繫傳・通釋》卷二十八，同註132，頁279。
〔註145〕吳楚，〈釋己〉《說文染指》，見同註125，頁11-650。

金曰從革，革，更也，故說萬物庚庚有實，……萬物皆肅然改更。」〔註146〕十二消息卦七月否卦（☰）、八月觀卦（☶），秋時萬物成熟、收穫之季，天地不交，陽氣伏藏，由此遞減，萬物的生長機制將因陰氣遞增，而肅然變更，所謂春仁而秋剛，即此之謂也。

（8）辛秋時萬物成而孰。金剛味辛，辛痛即泣出。从一从辛。辛，皋也。辛承庚，象人股。（十四篇下　二十二）

　　按：辛，五行配金，季節爲秋。《史記・律書》：「（八月）……庚者，言陰氣庚萬物，故日庚。辛者，言萬物之辛生也，故日辛。」《白虎通・五行》：「庚者，物庚也。辛者，陰始也。」陳立疏證：「《禮・月令》注：辛之言新也。《釋名・釋天》：辛，新也。物初新，皆收成也。《說文》辛部：辛秋時萬物成也。九月時於消息卦爲剝，剝五陰一陽，故陰道始成，至十月則純陰用事也。」秋時萬物成熟、收穫之季，也是陰氣更萬物之時，由八月觀卦（☶）到九月剝卦（☶），「五陰一陽，故陰道始成」，一陽以象萬物收成，而後漸更轉爲由陰氣主導，「十月則純陰用事也」。

　　《尚書・洪範》日：「從革作辛」，〔註147〕傳云：「金之氣味。」正義云：「金之在火，別有腥氣，非苦非酸，其味近辛，故辛爲金之氣味。」金五味配辛，故《說文》日：「金剛味辛」。

　　由成熟而得金剛味辛之義，是因辛所當之秋季配五行、五味而得，然辛痛泣出和罪皋之義，則是遞相引伸之故，蓋「秋氣常肅殺，故人感秋氣而悲，辛酸泣出。辛，皋也，人入於皋則辛酸泣出，正如秋氣中人，天之四時，春生秋殺，聖人象以行刑。」〔註148〕

（9）壬位北方也。会極易生，故《易》日：龍戰於野。戰者，接也。象人裹妊之形。承亥壬以子，生之敘也。壬與巫同意。壬承辛，象人脛。脛，任體也。（十四篇下　二十三）

　　按：茲先援二十四向圖與四正四維圖於下，以方便對照下文解說。

〔註146〕宋育仁，《說文部首箋正》，見同註125，頁11-660。
〔註147〕《尚書・洪範》日：「五行：一曰水，二曰火，三曰木，四曰金，五曰土。水曰潤下，火曰炎上，木曰曲直，金曰從革，土爰稼穡。潤下作鹹，炎上作苦，曲直作酸，從革作辛，稼穡作甘。」木──酸，火──苦，土──甘，金──辛，水──鹹。
〔註148〕宋育仁，《說文部首箋正》，見同註125，頁11-663。

二十四向圖　　　　　四正四維圖

　　壬，五行爲水，方位爲北，季節爲冬。許慎爲說明壬「盒極易生」之理，引《易·坤》上六爻辭「龍戰於野」說之。《易·說卦傳》：「戰乎乾」，言陰陽相薄，與《說文》言「戰者，接也」同義，皆指陰陽交接，「承亥壬以子，生之敘也」是陰陽交接的結果。壬象人裹妊之形，《說文》亥下云：「十月微易起，接盛盒。……從二，……一人男，一人女也；從ㄥ，象裹子咳咳之形。」十月（亥）消息卦爲坤卦（䷁），六爻皆爲陰爻，陰極陽生，微陽起接盛陰，是爲十一月（子）消息卦復卦（䷗），一陽初生，所以《說文》亥下云：「亥而生子，復從一起。」段玉裁壬下注云：「許君以亥壬合德，亥壬包孕陽气，至子則滋生矣。」亥壬合德，言壬以見亥，《易緯·乾鑿度》曰：「陽始於亥，乾位在亥。」（請看四正四維圖）《文言》曰：「爲其兼於陽，故稱龍。」以消息之位言之，坤爲十月消息卦，其辟在亥；以卦位言之，乾處西北，亥爲乾之地。龍戰於野，陰極生陽，從十月（亥）到十一月（子）爲陰陽交接之際，壬承亥啓子，壬介於亥與子之間（請看二十四向圖最外圈）。而壬之裹妊，正象陽孕於陰之內，故象人裹妊之形以孕育，是壬承亥以生子。《禮記·月令》：「冬三月，皆曰其日壬癸。」鄭注：「壬之言任也，……時萬物懷任於下。」《史記·律書》曰：「壬之爲言任也，言陽气任養萬物於下也。」《漢書·律歷志》曰：「懷任於壬。」《釋名》曰：「壬，妊也，陰陽交物懷妊至子而萌也。」

　　壬與巫同意，饒炯《說文部首訂》：「壬爲妊之本字，借工爲壬，一象陽氣位於其中，即所以裹之，如巫借工爲人，左右歧象其舞袞，故與巫同意。」

〔註149〕壬與巫的篆形皆有形似「工」的形體，壬的中間橫畫象懷中孕生的陽氣，巫的左右歧畫象舞褎。壬、巫二字都是在「工」形上，各自有表現字義特徵的筆畫，其運用的道理相同，故《說文》曰：「壬與巫同意」，而非謂二字的釋義相同。

（10）※ 冬時水土平，可揆度也，象水從四方流入地中之形。癸承壬，象人
　　　足。癸籀文从癶从矢。（十四篇下　二十四）

　　按：癸，五行爲水，方位爲北，季節配冬，《史記・律書》：「（十一月）……壬之爲言任也，言陽氣養萬物於下也。癸之爲言揆也，言萬物可揆度，故曰癸。」是說萬物此時斂其陽氣活力，蘊藏於中，如十一月（子）消息卦復卦（䷗），陽爻居下，《淮南子・天文》：「子在癸曰昭陽。」高誘注：「陽氣始萌，萬物食生。」《釋名・釋天》：「癸，揆也。揆度而生，乃出之也。」隋・蕭吉《五行大義》曰：「癸者，揆也，陰任於陽，揆然萌芽於物也。」指種子陰懷陽胎，陰陽之氣交雜而顯活力，於是「揆然萌芽於物」，十二月（丑）消息卦臨卦（䷒）居下兩個陽爻，象徵陰懷陽胎的種子，揆然萌芽。雖然冬天大地嚴寒，但冬至過後，陰中微陽生，大地之中又孕育新的生機，復、臨二卦正說明此理。

　　冬時大地萬物凋殘，不相親附，惟水得陽之餘氣，生於地中，流於地上，《說文》云：「冬時水土平，……象水從四方流入地中之形。」借水之分流，象徵大地之中蘊藏揆度而生的動能活力。

　　《說文》的天干字釋義，部分取象於植物，描述萬物生、長、盛、衰的活動週期，就是以陰陽之氣消長與五行配以方位、季節來一起呈現。另外，以《大一經》人體部位比附天干先後相承的關係，也是極爲特殊。茲列表對照如下：

天干	方位與四時	陰　陽　之　气	物　　　象	大一經
甲	東方之孟	陽氣萌動	從木戴孚甲之象	頭
乙	春	陰气尚彊	象春艸木冤曲而出……其出乙乙也	頸
丙	位南方	陰气初起，陽气將虧	萬物成炳然	肩
丁	夏		夏時萬物皆丁實	心
戊	中宮也		象六甲五龍相拘絞	脅
己	中宮也		象萬物辟藏詘形也	腹
庚	位西方		象秋時萬物庚庚有實也	齎

〔註149〕見同註125，頁11-680。

辛	秋		秋時萬物成而熟，金剛味辛	股
壬	位北方	陰極陽生	象人褢妊之形	脛
癸	冬		冬時水土平可揆度也，象水從四方流入地中之形	足

十干依五行與方位劃分，每兩個爲一組，分爲五組，除戊己之外，在「方位與四時」的欄位中，每組第一個字皆言方位，第二個字皆言季節；在「物象」的欄位中，每組的第一個字皆言物象，第二個字兼言季節與物象，其中乙、辛、癸言物象也說及所屬的五行，如：乙「象春艸木冤曲而出」，乙屬木；辛「金剛味辛」，辛屬金；癸「冬時水土平，可揆度也」，癸屬水。

十個干支字皆有兩種釋形之說，一個是物象的部分，一個是《大一經》比附人體。其中，最特殊的莫過於引《大一經》來解析十干字，按照人體部位依序排列下來，這反映了許慎是有數術思想的傾向。隋・蕭吉《五行大義・配支幹》、明・張介賓《類經圖翼・十干人神所在》也有類似的說法：

其配人身，甲乙爲頭，丙丁爲胸脅，戊己爲心腹，庚辛爲股，壬癸爲手足。則子爲頭，丑亥爲胸脅，寅戌爲手，卯酉爲要脅，辰申爲尻肱，巳未爲脛，午爲足。此皆初爲首，末爲足。〔註 150〕

甲日在頭，乙日在項，丙日在肩臂，丁日在胸脇，戊日在腹，己日在背，庚日在膝，辛日在脾，壬日在腎，癸日在足。〔註 151〕

張介賓分別論述了三十天、十二月、十干、十二支、十二辰人之神氣所在部位，其云：「上皆人神所在，並不宜針灸，慎之慎之。」提示治療之際當慎用針，以防傷神增病。因此，《大一經》以十干指稱身體部位，可能也與針灸治療有關。

徐鍇《說文繫傳・類聚》將十天干相比爲義，其言曰：

十日者，治曆之本也。甲象東北十三月之時，陽始欲出正其體，然上有所冒。乙者，二月之後軋然已出矣，冒險而出，其出難，故乙然詰屈也。丙爲四月已出，而內外皆照炳然而正，冂內外之分也。丁爲五月其體丁壯，象其正身無所屈撓。戊己爲六月，戊象居中，五方句絞相成也，己正身在中，四顧望也。庚爲七月萬物成實，故

〔註 150〕（隋）蕭吉，《五行大義》卷二（臺北：新文豐出版公司，民國 76.6（1987.6）），頁 30。

〔註 151〕（明）張介賓，《類經圖翼》四卷（王玉生主編，《類經圖翼・類經附翼評注》，西安：陝西科學技術出版社，1996.8），頁 164。

象實之著乎枝幹也。辛為八月物已成而未熟，陰氣未極，陽氣未萌
無復，象似萬物將收縮，白露制物，故取辛，萬物之見焦殺，若獲
辜然也。壬者十月、十一月之交也，陰陽初交，壬象物之上下相交
受也。癸者十二月之時也，土反其宅，水歸其壑，土縮其壤，水收
其潦，故象水自四方流入內也，此十幹之類也。〔註152〕

徐鍇類聚十天干與十二月相配（按：徐氏以十三月為新年之正月），說解之理
大致與《說文》符合，也與前文所說的十二消息卦相去不遠。徐鍇類聚串連
說理，十干簡明之道於斯可知。

（二）地　支

子	丑	寅	卯	辰	巳
14 下 24	14 下 28	14 下 29	14 下 29	14 下 30	14 下 30
午	未	申	酉	戌	亥
14 下 31	14 下 32	14 下 32	14 下 33	14 下 43	14 下 44

（1）♀十一月昜气動，萬物滋。人以爲偁，象形。李古文子，从巛，象髮也。
　　鼎籀文子，囟有髮臂脛在几上也。（十四篇下　二十四）

　　按：子在正北方，配仲冬十一月，十二消息卦配復卦（☷☳），一陽在下，
陽氣萌動。《史記・律書》：「（十一月）……子者，滋也。滋者，言萬物滋於
下也。」《漢書・律曆志上》：「宮以九唱六，變動不居，周流六虛，始於子，
在十一月。」又云：「孳萌於子。」《白虎通・五行》：「子者，孳也。」《易緯・
乾鑿度》：「坎藏之於北方，位在十一月。」《釋名・釋天》：「子，孳也，陽氣
始萌孳生於下。」《五行大義》云：「子者，孳也。陽氣既動，萬物孳葫。」
子既為陽氣動、萬物滋生的十一月，又象人首與手足之形，人以爲稱，徐鍇
《說文繫傳・通釋》云：「十一月夜半陽氣所起，人承陽，本其初，故以爲稱。」
〔註153〕因爲十一月夜半子時，陽氣初起，人承陽，本其初，《說文》包下云：
「元气起於子，子人所生也。」宋育仁《說文部首箋正》：「人爲萬物之靈，
天地之性最貴者，人之初生猶物之始萌也，故象人初生之形，以爲十二支之
首，上相首，兩旁象手，下象足併，猶大字取象人形，以爲天大、地大、人

〔註152〕徐鍇，《說文繫傳・類聚》卷第三十七，同註132，頁326-327。
〔註153〕徐鍇，《說文繫傳・通釋》卷第二十八，同註132，頁280。

亦大也，人以爲稱。」〔註154〕「子」作襁褓幼兒頭手足之形，以往都認爲「子」作地支義爲假借，但從許愼、徐鍇、宋育仁的解說可知，以人之初的「子」象徵陽氣初起的十一月，是有特定的數術思想在其中。如此一來，反而更明白揭示「子」假借爲地支義所以然的原因。

（2）丑紐也。十二月萬物動用事。象手之形，時加丑，〔註155〕亦舉手時也。

（十四篇下　二十八）

按：《史記・律書》只以丑配十二月，未釋丑義。《史記》正義：「丑者，紐也。言陽氣在上未降，萬物厄紐未敢出也。」《白虎通・五行》、《淮南子・天文》皆把丑釋爲紐。《釋名・釋天》：「丑，紐也。寒氣自屈紐也。」《五行大義》云：「丑者，紐也，紐者，繫也，續萌而繫長也。」《說文》釋紐爲系，亦釋爲「結而可解」，紐既可解亦可繫，一方面指十二月陰氣之固結已漸解，一方面指寒氣屈紐，萬物未敢出，宋育仁《說文部首箋正》云：「月在丑位，陽气已動，陰气漸解，是陰陽之交系樞紐也。」〔註156〕丑（十二月）是陰解陽動的樞紐。

十二月，植物雖有萌芽生機，但大地仍寒冷，尚未回暖（「陽氣在上未降」），所以還未能冒地而出，紐屈於泥土之下（「寒氣自屈紐」、「萬物厄紐未敢出」），不過大寒氣過，農事將起也，故《說文》云：「十二月萬物動用事」。《後漢書・陳寵傳》曰：「十二月陽氣上通，雉雊雞乳，地以爲正，殷以爲春。」十二月陽氣上通，爲十二消息臨卦（䷒），「雉雊雞乳」指十二月物候，「地以爲正，殷以爲春」謂殷正建丑，以十二月爲春正月。

「時加丑」是漢代人常語，申部曰：『吏以晡時申旦政也。』餔字下云：「日加申時食也。从食甫聲。」「日加某者」或「時加某者」爲當時常用習語，詳見餔字下所論。《說文》晨下云：「早昧爽也，从臼辰。」桂馥《說文義證》云：「臼亦手也，早昧爽即丑也。」〔註157〕徐鍇《說文繫傳・通釋》：「昧爽爲丑，人皆起有爲也。」〔註158〕宋育仁，《說文部首箋正》：「夜半子也，雞鳴丑

〔註154〕同註125，頁11-694。

〔註155〕段注本作「日加丑」，並云：「上言月，此言日，每日太陽加丑，亦是人舉手思奮之時，各本譌作時加丑，今改正。」王筠《說文釋例》：「段氏改時爲日，非也，此漢人語，說已見餔字下。」

〔註156〕同註125，頁11-741。

〔註157〕楊家駱主編，《說文解字詁林正補合編》第三冊，頁3-841。

〔註158〕同註153，頁281。

也，過半夜至雞鳴，群動將作，故丑爲舉手時，制字取此爲形，近取諸身也。」
〔註159〕故《說文》云：「象手之形，時加丑，亦舉手時也。」昧爽雞鳴丑時，
起身準備農作。

（3）窫髕也。正月陽气動，去黃泉，欲上出，陰尚彊。象宀不達，髕寅於下
　　　也。靈古文寅。（十四篇下　二十九）

　　按：正月之時，陰氣尚強，陽氣不能徑，徐鍇《說文繫傳・通釋》：「髕，
擯斥之意，从陽气上銳而出，閡於宀也，曰所擯也。」〔註160〕故寅字上覆宀，
有所阻礙，更象陽氣離黃泉欲上出，卻受擯斥。《淮南子・天文》曰：「斗指
寅則萬物螾螾也。」高誘注：「螾，動生皃。」《史記・律書》：「寅言萬物始
生螾然也，故曰寅。」指初苗生機發動，向上生長，有如蚯蚓之鑽動。《白虎
通・五行》：「少陽見於寅，寅者，演也。」《獨斷》云：「春爲少陽，其氣始
生出養也。」《易緯・乾鑿度》：「泰者，正月之卦也，陽氣使通，陰道執順。」
《易緯・稽覽圖》：「少陽時並而聲微。」注：「少陽謂泰卦用事於正月。」正
月寅，立春，三陽開泰，配十二消息卦泰卦（䷊）。

　　古文靈，《說文繫傳・通釋》：「重易相次，出於土也。」〔註161〕表正月
陽氣去黃泉上出。

（4）甲冒也。二月萬物冒地而出，象開門之形。故二月爲天門。兆古文卯。
　　　（十四篇下　二十九）

　　按：二月仲春卯，《史記・律書》：「卯之爲言茂也，言萬物茂也。」《淮
南子・天文》：「卯則茂茂然。」《白虎通・五行》：「卯者，茂也。」《釋名・
釋天》：「卯，冒也，載冒土而出也。」二月，植物生機繁茂，從土裡冒出來，
十二消息大壯卦（䷡），陽氣漸壯，施生萬物，陰氣漸微，不能障閉陽氣，徐
鍇《說文繫傳・通釋》：「二月陰不能制陽，陽冒而出也。」〔註162〕

　　《說文》云：「二月爲天門」應在卯東方，但惠棟《惠氏讀說文記》曰：
「緯書以天門爲乾之位，在戌亥之閒。」〔註163〕天門在西北方，兩者說法有
所出入，然《史記・天官書》：「蒼帝行德，天門爲之開。」正義云：「蒼帝東
方，靈威仰之帝也，春萬物開發東作起，則天發其德化，夫門爲之開也。」《說

〔註159〕宋育仁，《說文部首箋正》，同註156。
〔註160〕同註158，頁282。
〔註161〕同註160。
〔註162〕同註160。
〔註163〕同註125，頁11-748。

文》酉下云：「卯為春門，萬物已出」，是證《說文》的「二月為天門」還是指春門，與緯書西北方的天門不同。

（5）辰 震也。三月易气動，靁電振，民農時也，物皆生。从乙匕，象芒達。厂聲也。辰，房星，天時也。从二。二，古文上字。𣂪古文辰。（十四篇下 三十）

按：三月季春，《史記・律書》：「辰者，言萬物之蜄也。」《淮南子・天文》：「辰則振之也。」《白虎通・五行》：「辰者，震也。」《五行大義》云：「辰，震也。震動奮訊也。」晨下云：「辰，時也。」辱下云：「辰者，農之時也，故房星為辰，田候也。」農下云：「房星為民田食者。」《爾雅・釋天》：「大辰，房心尾也，大火謂之大辰。」郭璞注：「龍星明者以為時候，故曰大辰大火心也。」韋昭注《國語・周語》曰：「農祥房星也。」房星正為農事所瞻仰，故曰天時。三月消息卦夬卦（☱），陽氣震動，萬物生機振發，進行農事之佳時。

（6）巳 巳也，四月易气巳出，陰气巳藏。萬物見，成彣章。故巳為它，象形。（十四篇下 三十）

按：四月消息卦配乾卦（☰），陽氣大盛而出。《禮記・月令》：「四月為乾，是月也，萬物已成，天地化生。」《釋名・釋天》：「巳，巳也，陽氣畢布巳也。」四月陽氣盡出，陰氣已藏，萬物已盛實盡見。陽氣生於子（十一月），終於巳（四月），巳者，終巳也，象陽氣既極回復之形，有為終巳之義，故《史記・律書》云：「巳者，言陽氣已盡也。」巳不可象也，故以蛇象之，蛇長而冤曲垂尾，巳字象蛇，十二屬中巳為蛇，象陽巳出，陰巳藏矣，蓋「凡蟄物驚蟄而起，蛇蟄最久，陽盛始出，故取而象之……巳象蛇，亥象古文豕，此即十二屬之說，蓋自古傳之。王充書寅，木也，其禽虎也。戌，土也，其禽犬也。丑禽牛，未禽羊也。亥，水也，其禽豕也。巳，火也，其禽蛇也。子，其禽鼠也。午亦火也，其禽馬也。」〔註164〕《說文》曰：「巳為它，象形。」剛好與十二屬巳為蛇同說。

（7）午 牾也。五月含气牾屰易，冒地而出。象形，此與矢同意。（十四篇下 三十一）

按：四月配乾卦（☰），「五月含气牾屰易，冒地而出」，指姤卦（☰）初爻之陰，上與陽相午逆，冒地而出。《史記・律書》：「午者，陰陽交，故曰午。」《淮南子・天文》：「午者，忤也。」《白虎通・五行》：「午，物滿長。」《釋

〔註164〕宋育仁，《說文部首箋正》，同註125，頁 11-767。

名・釋天》：「午，仵也。陰氣從下，上與陽相仵逆也。」五月，物長滿遍布，陽氣看似旺盛，但已有陰氣要從地裡干擾。《漢書・律曆志上》：「咢布於午」是說花萼滿布。一縱一橫曰午，故午字為人下一十字也。

（8）米 味也。六月滋味也。五行木老於未，象木重枝葉也。（十四篇下　三十二）

　　按：《史記・律書》：「未者，言萬物皆成，有滋味也。」《淮南子・天文》：「未，昧也。」昧通味。《白虎通・五行》：「未，味也。」六月，萬物果實生成而有滋味。六月消息卦遯卦（☶）。

　　「五行木老於未」，《淮南子・天文》：「木生於亥，壯於卯，死於未，三辰皆木也。火生于寅，壯于午，死于戌，三辰皆火也。土生于午，壯于戌，死于寅，三辰皆土也。金生于巳，壯于酉，死于丑，三辰皆金也。水生于申，壯于子，死于辰，三辰皆水也。故五勝：生一壯五終九，五九四十五，故神四十五日而一徙，以三應五，故八徙而歲終。」《說文》云：「老於未」，《淮南子・天文》作「死於未」。《淮南子・天文》這段文字提到五行生、壯、死（老）的月份，以圖表簡示之如下：

	木	火	土	金	水
生	亥（10月）	寅（1月）	午（5月）	巳（4月）	申（7月）
壯	卯（2月）	午（5月）	戌（9月）	酉（8月）	子（11月）
死（老）	未（6月）	戌（9月）	寅（1月）	丑（12月）	辰（3月）

　　以木行而言，亥屬水，水生木，故木生於亥；卯為木，二月卯「萬物冒地而出」，木氣最盛，故木壯於卯；未屬土，土勝木，故木死（老）於未。[註165]又《淮南子・天文》：「故五勝：生一壯五終九」，是指五行的相勝乃生於十二支的一辰，壯於所生辰次前數的第五辰，老於所生辰次前數的第九辰。如木生於亥，壯於卯，死於未，卯為亥前數的第五辰，未為亥前數的第九辰。1×5×9＝45，故「四十五日而一徙」；而「以三應五」是指生壯死之三，五行之五，三加五為八，「故八徙而歲終」，45×8＝360，應一歲當期之日。

（9）申 神也。七月侌气成，體自申束。从臼自持也。吏以餔時聽事，申旦政也。𦥔古文申。𦥑籀文申。（十四篇下　三十二）

〔註165〕關於五行的生壯死可參考互見本章第二節之二「五行生剋休王說」之（二）「五行生壯死」，頁 267-270。

按：《史記·律書》：「申者，言陰用事，申賊萬物，故日申。」《白虎通·五行》：「申者，身也。」《釋名·釋天》：「申者，身也，物皆成其身體，各申束之，使備成也。」申，即身也，陰氣至申而成體，從此陰氣日盛一日。《易緯·稽覽圖》注云：「少陰謂否卦也，七月否用事於辰為申。」七月消息卦否卦（䷋），三陰已成，陽氣日下，陰氣日上，萬物肅殺之時也。

《說文》又說：「吏以餔時聽事，申旦政也」，古者朝以聽政，復以日餔時聽事，是申修旦所行之政。「餔時」申時為下午三時到五時。

（10）酉，就也。八月黍成，可為酎酒。象古文酉之形。丣古文酉从丣。丣為春門，萬物已出；丣為秋門，萬物已入。一閉門象也。（十四篇下　三十三）

按：卯為仲春二月，故日：「卯為春門」，《說文》卯下日：「二月萬物冒地而出，象開門之形，故二月為天門。」許慎的「天門」就是「春門」，同《史記·天官書》說法。酉為仲秋八月，萬物搖落，西方也。古文酉字為丣字加一，為閉門之象，象徵元一陽內收，故日：「丣為秋門，萬物已入。一閉門象也」《釋名·釋天》日：「酉，秀也。秀者物皆成也。」陽內收則物成，果熟蒂落。八月消息卦為觀卦（䷓）。

《史記·律書》：「酉者，萬物之老也，故日酉。」《淮南子·時則》：「仲春始出，仲秋始內。」注云：「出，二月播植也；內，八月收斂也。」萬物老即而成熟，萬物發育完全成熟，就可以收割。

（11）戌威也。九月易气微，萬物畢成，易下入地也。五行土生於戊，盛於戌。从戊一，一亦聲。（十四篇下　四十三）

按：照《淮南子·天文》五行生壯死表，火「生于寅，壯于午，死于戌」，土「生于午，壯于戌，死于寅」，午屬火，火生土，火為土母，戌屬土，故土生于午，壯于戌，戌九月是火之死月，也是土的壯月。《說文》：「五行土生於戊，盛於戌。」或以為當從《淮南子·天文》作「五行土生于午，盛于戌。」其實《說文》此說不誤，段玉裁注云：「戊午合德」，在十干化運中，戊癸化火，戊合午之火德，故土生于戊。且戊為中宮，土居中央運四方，故生于戊。換言之，《說文》「五行土生於戊，盛於戌。」是採《淮南子·天文》五行生壯死說法，但是《說文》不按照《淮南子·天文》「五行土生于午」為說，是因十干化運中「戊癸化火」，故「戊午合德」——「五行土生於戊」；再者，《說文》戊下云「中宮」，戊為中宮土，故「土生于戊」。

戌从戊一，戊爲土，一指陽也，戊中含一，陽在其中，是指「易下入地也」。《史記・律書》：「戌，言萬物盡滅，故曰戌。」《漢書・律曆志上》：「畢入於戌。」火死於戌，陽氣至戌而盡，故威从火。九月消息卦爲剝卦（䷖），五陰方盛，一陽將盡，陽下入地，指九月萬物的成長即將滅絕，剩一陽碩果僅存。戌位處土盛，而義主乎滅，「與亥借荄義取剝極而復相類，事相反而實相成，即《易》所謂窮則變，變則通，通則有始之道，如土之生物，土气極而物滅矣。」〔註166〕

（12）䷀荄也。十月微易起，接盛会。从二，二古文上字。一人男，一人女也。从乁，象裏子咳咳之形。《春秋傳》曰：亥有二首六身。布古文亥。亥爲豕，與豕同。亥而生子，復從一起。（十四篇下 四十四）

按：《史記・律書》：「亥者，該也，言陽氣藏於下，故該也。」《釋名・釋天》：「亥，核也。收藏萬物，核取其好惡眞僞也。」收藏百物，亦言物成，皆堅核也。《說文》云亥爲荄也者，荄，艸根也，謂十月陽氣根於下也，指萬物的生機活力已復歸於地，期待十一月（䷗）的展現。因此，《說文》在地支所值之月或已預言次月之氣。

亥十月消息卦是坤卦（䷁），陰極生陽，故《說文》云：「十月微易起，接盛会」，微陽從地中起接盛陰，即壬下所云：「陰極陽生，故《易》曰：龍戰於野。戰者，接也。」陰窮於亥，但《易緯・乾鑿度》曰：「陽始於亥，乾位在亥。」以消息之位言之，坤爲十月消息卦，其辟在亥；以卦位言之，乾處西北，亥爲乾之地。龍戰於野，窮陰薄陽，陰極生陽，爲陰陽交接之際，壬之裏妊，正陽孕於陰之內，故象人裏妊之形以孕育，是壬承亥，段玉裁壬下注云：「許君以亥壬合德，亥壬包孕陽气，至子則滋生矣。」亥壬合德，言壬以見亥，故《說文》亥下云：「一人男，一人女也。从乁，象裏子咳咳之形。」其下从二人，一人男一人女，乾道成男，坤道成女，男女構精，萬物化成，乁象抱於裏子，在裏中咳咳然笑。

《左傳・襄公三十年》：「亥有二首六身」，孔穎達《左傳正義》曰：「二畫爲首，六畫爲身。」今篆法身祇有五畫，蓋周時首二畫，下作六畫，與今篆法不同也。豕之古文見九篇豕部作布，與亥古文無二字，故《呂氏春秋・察傳》曰：「子夏之晉，過衛，有讀史記者曰：『晉師三豕涉河。』子夏曰：『非也，是己亥也。夫己與三相近，豕與亥相似。』至於晉而問之，則曰：『晉師

〔註166〕饒炯，《說文部首訂》，同註125，頁11-883。

己亥渡河也。』」

《說文・敘》:「畢終於亥,知窮化冥。」寄終於亥,亥而生子,託始於一,亥終則復始一,《春秋元命包》:「陰陽之性以一起,人副天道,故一生子。」始一終亥,亥返於一,循環無端。

「亥」作爲部首字,本是不夠格的,因爲漢字裡從意義上說並沒有從亥的字,所以亥部下只有孤零零的一個「亥」字。但是許慎認爲「亥」是地支的末尾,代表著一個周期的結束,從宏觀上講,這個字應著重發揮作用,因而就立爲部首字。《說文解字》正是從一部開始,到亥部結束,此即所謂「其建首也,立一爲耑」,「畢終於亥,知化窮冥」。其理論根據是來自《易》學和《易緯》。按照《易緯・乾鑿度》的說法,「天本一,而立一爲數源」。天在《易》卦中屬乾位,故曰:「乾者,天也,終而爲萬爲始,北方萬物所始也,故乾位在於十月。」又托孔子之言,以乾坤爲「陰陽之主」,「陽始於亥」。古時的陰陽術數家們就是這樣把《周易》的八卦與四時、十二月、十二地支等糅合了起來,界定了一個活動的宇宙架構,而這個宇宙架構的周延就想像成了「一」和「亥」的循環。許慎借助《易》學上生生不息,終而復始的理論來綱系《說文解字》全書,具體又由從一到亥 540 個部首,盡收所有漢字。在他看來,有了這麼一個體系,不僅解決了體例問題,還囊括了世間的萬事萬物。用許慎自己的話說,就是「萬物咸睹,莫不畢載」了,從而充分地利用文字服務於王政。〔註167〕

《說文》的十二地支解說,皆配之以月份,按照夏正建寅,以正月(寅)爲歲首。地支描述生物一年中的週期變化,正是取象於植物的生長而來。寅月植物嫩芽向上生引;卯月冒土而出;辰月從初芽到振發;巳月萬物已完全成長;午月花開滿布;未月果實有滋味;申月果實發育完全;戌月因果實成熟掉落,萬物生機滅絕;亥月萬物的生機已復藏於地,不再外發;子月生機重新活動;丑月嫩芽已藏於種子殼當中,等待破殼而出。而這種變化也是取決於陰陽之氣的消長,從所配合的十二消息卦卦象之陰陽爻數與爻位,正可說明其理。徐鍇《說文繫傳・類聚》將十二支相比爲義,其言曰:

> 又十二也。人舍陽以生,丿者人之初也,象陽之初起,於歲十一月,丿嬰兒之象也。丑爲十二月陽气彌長有爲之時也,天造早昧建侯而不宜,象人之手有爲,陽用力爲之,陰用力以制之,皆象用手也。寅爲十三陽謀成而出,陰惡甚而力擯之,西伯戡黎之時耶,故象陽

衝陰而出，上有冒也。𤰔爲二月陽逾強，陰不能制，故象陽開出也。
辰爲三月陽气長而未盛，無可以象，故從乙乙物出也，人人加功之
時也，二上也，星在上也，二古上字，上畫短，下畫長，厂爲聲，
此形聲字也。𢀳爲四月，巳爲蛇，蛇之變化成文章，正陽之月，文
明之時，故象蛇形也。午爲五月陰之初生迕逆陽气，一地也，人陽
也，丨象陰出衝午之也。未爲六月草木盛於五月，故畜聚百藥木气
之盛也，味主在和，五月木雖盛，純陽而已，味一而未和，至六月
得陰气委殺，乃盛成而有味，故象之。申爲七月，陰生三月矣，三
月一時，陰體成矣，成則自申，固而收束，故象之。丣爲八月，萬
物負陰而抱陽，陽气將潛，萬物隨之以入，故象門之閉也，與𤰔同
意。戌爲九月陽气將滅，土生於戊，盛於戌，言陽將入於土也，故
從戊一亦象之也。亥爲十月盛陰接陽，絪縕搆精，化育之象，十一
月而子生矣，故象之也。此十二支也，故以配日曰榦也。〔註168〕

徐鍇類聚十二地支與十二月相配（按：徐氏以十三月爲新年之正月，取「酉」
之古文丣爲八月說），說解之理大致與《說文》符合，也與前文所說的十二消
息卦相去不遠。徐鍇類聚串連說理，十二支簡明之道於斯可知。

　　睡虎地秦簡《日書》甲種和馬王堆《胎產書》的「人字圖」在人形圖的
不同部位標示十二支，右人形爲春夏，左人形爲秋冬，本是以此預測嬰兒的
吉凶傾向。〔註169〕但是，「人字圖」的左右二圖的地支次第仍蘊含陰陽消長的
變化。春季由「卯」到「酉」，即是從「頭」到「奎」，爲陽升陰降的變化。
夏季由「酉」到「卯」，即是從「奎」到「頭」，爲陰降陽升的變化。秋季由
「巳」到「亥」爲陽消陰長，冬季由「亥」到「巳」爲陰消陽長。一個人的

〔註168〕徐鍇，《說文繫傳・類聚》卷第三十七，同註152，頁327。
〔註169〕劉樂賢找到兩種與「人字圖」有關的資料，也是談及人出生命格的吉凶，一
　　　　是在香港找到的《廣經堂丁巳年曆書》的一幅圖，該圖題爲〈軒轅黃帝四季
　　　　詩〉，分春夏秋冬四幅圖，其占卜方式如「生在黃帝頭，一生永無憂。小人多
　　　　富貴，衣食自然周。處世多高位，君子好籌謀。女人平穩好，嫁得俊儒流。」
　　　　另有生在黃帝手、肩、腹、腰下跟、膝、足等詩。二是《爨文叢刻》收錄的
　　　　彝族擇日的《玄通大書》所收〈春夏秋冬實楚〉、〈春夏秋冬耿紀〉，共春、夏、
　　　　秋、冬四幅，其占卜方式如「耿紀頭頂生者，一生不愁窮，尊師好學之命，
　　　　是女嫁良婚。」其他還有耿紀手、肩、肚子、胯下、膝上、腳上生等詩。兩
　　　　種圖都是以十二支標注於人體各部位。劉樂賢，《睡虎地秦簡日書研究》（臺
　　　　北：文津出版社，民國83.7（1994.7）），頁189-196。

命運受出生的四時陰陽二氣消長所影響，[註170] 藉由十二地支的標示來呈現。

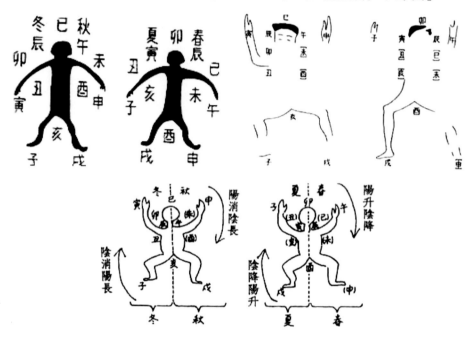

睡虎地秦簡《日書》甲種「人字圖」　　馬王堆《胎產書》「人字圖」

陳衍《說文解字辨證》云：「萬物人爲貴，可參天地，善言天者，必有驗於人，故十二枝中子既訓十一月陽動，而必謂人以爲俪象形，象其首與手足之形也。丑既訓紐云云，而必謂象手之形。申訓神云云，而必謂體自申束，从臼自持。亥訓荄云云，而必謂从乙，象裹子咳咳之形，且引二首六身之說，可見以人爲主也。」[註171] 許慎說地支之形，取象於人體，也是三才思想所起的作用。

黃永武《許慎之經學》探頤索隱許慎的學術背景，洋洋可觀，[註172] 而今僅以二十二個干支字作爲探析許慎思想的楔子，便可以知道其思想觸及的範疇之廣：「十干，多本《史記・律書》及《太乙經》爲說；十二支，則多本

〔註170〕李建民，《方術醫學歷史》輯一《方術的身體》〈「人字」圖考〉（臺北：南天書局有限公司，2000.6），頁 91-92。

〔註171〕同註 125，頁 11-614。

〔註172〕黃永武《許慎之經學》（上下）一書分別從《易》學、《書》學、《詩》學、《禮》學、《春秋》學，詳實探討許慎的經學背景。（臺北：臺灣中華書局，民國 61.9（1972.9））。

《史記・律書》及《淮南子・天文篇》」，〔註173〕其他諸如《易經》、《易緯・乾鑿度》、《呂氏春秋》、《禮記・月令》等亦有關。經過以上逐字分析《說文》干支字，許慎詮釋干支字的意義，出於穿鑿附會的流言，則不攻自破。許慎對於干支字的說解，是以陰陽消長包圍卦氣說，卦氣是陰陽變化的象數形式，陰陽升降是卦氣的能量內涵，《說文》干支釋義因而成爲《易》學與陰陽五行的共修論域，並存而不悖。

二、從干支到二十四向

　　《說文》以十二消息卦原理釋干支的陰陽消長，其中「壬」的釋義作「承亥壬以子」提到亥、子，代表壬與子、亥干支合德，須配以二十四向圖，才能進一步了解干支合德的原理。茲先說明二十四向，再運用二十四向圖解析《說文》的干支合德說。

　　辨視八方九野方位，實人類社會生活共同需要使然。東西南北方位的辨識以太陽爲準，日出初現於林木之中爲東；黃昏鳥歸宿巢，日落方向爲西；甲骨文南字作 $\lozenge$，爲定日中之指向；北則意指日中背對方向爲正北。卜辭多有四方風與禘祀的四方祭禮，中商與四方並貞，足證殷代已有五方觀念。「四方」稱謂習見於古代文獻，《尚書》、《詩經》、《左傳》、《國語》均能見到，藉由方位的不同，代表不同的節氣，例如《尚書・堯典》有「日中星鳥」（春分晝夜平均）、「日永星火」（夏至日長夜短）、「宵中星虛」（秋分晝夜平均）、「日短星昴」（冬至夜長日短），「鳥」、「火」、「虛」、「昴」是二十八宿之四仲星，標誌著二至、二分的確立。《呂氏春秋・十二紀》實就二十八星宿各表十二個月的對應方位，比《尚書・堯典》的四仲星完整。再者，《逸周書・時訓解》、《呂氏春秋・十二紀》、《淮南子・天文》均有各月的天象物候：《呂氏春秋・十二紀》的二十四節氣尙不完整；出土戰國楚墓發現的《逸周書・時訓解》，已有完整的二十四節氣之說；《淮南子・天文》以八干（中央戊己不計）、十二支加上四維（東北：報德之維、東南：常羊之維、西南：背陽之維、西北：蹂通之維），遂成二十四方位，可與二十四節氣配置，其二十四節氣的名稱與次序，與今日所言完全相同。〔註174〕嗣因四維位當四隅，於後天八卦則值乾、

〔註173〕高明，《高明小學論叢》（台北：黎明文化事業有限公司，民國 77.10（1988.10）），頁 99。

〔註174〕《淮南子・天文》：「日行一度，十五日爲一節，以生二十四時之變，斗指子則

坤、艮、巽，漢代製作栻盤，遂取乾（西北天門）、坤（西南人門）、艮（東北鬼門）、巽（東南地戶）四卦取代四維，二十四向方位之名遂定矣。茲將二十四向與二十四節氣配置表列之如下：〔註175〕

子	癸	丑	艮	寅	甲	卯	乙	辰	巽	巳	丙	午	丁	未	坤	申	庚	酉	辛	戌	乾	亥	壬
冬至	小寒	大寒	立春	雨水	驚蟄	春分	清明	穀雨	立夏	小滿	芒種	夏至	小暑	大暑	立秋	處暑	白露	秋分	寒露	霜降	立冬	小雪	大雪

　　李道平《周易集解纂疏》云：「二十四方位即陰陽家二十四山也。其實漢人言《易》多用此法，其義最古。故錄之以備參考。八卦惟用四隅，而不用四正者，以四正卦正當地支子午卯酉之位，故不用卦而用支，用支即用卦也。八卦既定四正，則以八干輔之。甲乙夾震，丙丁夾離，庚辛夾兌，壬癸夾坎。四隅則以八支輔之，戌亥夾乾，丑寅夾艮，辰巳夾巽，未申夾坤。合四維、八干、十二支，共二十四，天干不用戊己者，戊己為中央土，無定位也。」〔註176〕「天干不用戊己者」，蓋月體納甲說的坎離納戊己，坎納戊為月，離納己為日，《經法‧立命篇》云：「日歸於西，起明於東；月歸於東，起明於西。」日月升降出入以度，從而形成了春夏秋冬四時。

冬至：加十五日指癸則小寒；加十五日指丑則大寒；距日冬至四十六日而立春；加十五日指寅則雨水；加十五日指甲則驚蟄；加十五日指卯，中繩，故曰春分；加十五日指乙則清明；加十五日指辰則穀雨；加十五日則春分盡，故曰有四十六日而立夏；加十五日指巳則小滿；加十五日指丙則芒種；加十五日指午則陽氣極，故曰有四十六日而夏至；加十五日指丁則小暑；加十五日指未則大暑；加十五日而夏分盡，故曰有四十六日而立秋；加十五日指申則處暑；加十五日指庚則白露；加十五日指酉，中繩，故曰秋分；加十五日指辛則寒露；加十五日指戌則霜降；加十五日則秋分盡，故曰有四十六日而立冬；加十五日指亥則小雪；加十五日指壬則大雪；加十五日指子，故十一月曰冬至。」斗柄所指之處即節氣所在，斗柄所指方位以干支表示，其中立春、立夏、立秋、立冬位在四維，分別為東北的報德之維、東南的常羊之維、西南的背陽之維、西北的蹏通之維，也就是後天八卦的艮、巽、坤、乾的位置。

〔註175〕　《逸周書‧時訓解》、《漢書‧律曆志下》所載二十四節氣的次序和《淮南子‧天文》略有不同：驚蟄在雨水之前，穀雨在清明之前。《漢書‧律曆志》所載根據劉歆《三統曆譜》，而劉歆又根據《禮記‧月令》的記載而改。揚雄《太玄》卦氣、蔡邕《月令章句》、李淳風的麟德曆也按驚蟄、雨水的次序。蔡邕《月令問答》：「問者曰：『即不用三統，以驚蟄為孟春中，雨水為二月節，皆三統法，獨用之何？』曰：『孟春《月令》曰：蟄蟲始振，在正月也；中春始雨水，則雨水二月也。以其合故用之。』」東漢四分曆始改雨水於驚蟄之前，又改穀雨於清明之後，與《淮南子‧天文》相同，而沿用至今。

〔註176〕　李道平，《周易集解纂疏》凡例（濟南：山東友誼書社，1992.10），頁56-57。

　　漢代人言《易》多用二十四向，江永認爲：二十四向源於河圖，河圖中已含藏八干、四維、十二支之理，《河洛精蘊》有云：「先以《河圖》四象之數，應八干之陰陽，然後推出四維，推出十二支與二十四向，使人知《河圖》有體中藏用之妙，八位中有分二十四位之理。」〔註177〕他並列二十四向的方圓二圖，〔註178〕推論二十四向的河圖原理如下：

八干四維十二支二十四向方圖

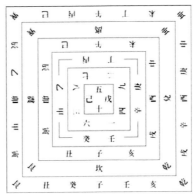

　　河圖無八干，而有八干之理。一即壬水，六即癸水，三即甲木，八即乙木，七即丙火，二即丁火，九即庚金，四即辛金。陽得奇數，陰得偶數，分居四方。而五爲戊土，十爲己土，居中央以爲不用也。河圖以先天之體，而藏後天之用。壬癸皆爲坎水，丙丁皆爲離火，甲乙皆爲震木，庚辛皆爲兌金。四正卦居四方之正位，則必有四隅焉。乾、巽、坤、艮居之，是河圖無四維，而有四維之理也。八干四維，得十二位矣。地支有十二位焉。隱藏於河圖之中。然則河圖雖無十二地支，而十二地支之理，不已在其中乎？合干維與地支，而分其位子、午、卯、酉，即坎、離、震、兌也。壬癸夾子，則庚之前有申，辛之後有戌。戌亥夾乾者，丑寅夾艮者也，辰巳夾巽者，未申夾坤者也，是爲二十四向。如天之有二十四氣，人之有二十四經脈，自然之理也。壬子癸共一坎，丑艮寅共一艮，甲卯乙共一震，辰巽巳共一巽，丙午丁共一離，未坤申共一坤，庚酉辛共一兌，戌乾亥共一乾，是爲一卦統三向。以洛

〔註177〕（清）江永，《河洛精蘊》卷八（孫國中點校，北京：學苑出版社，1990.4），頁366。

〔註178〕同註177，頁363-364。二十四向圓圖同本章第四節「干支部首闡釋」「壬」所援引的「二十四向圖」，茲不贅引，見頁304。

書八方之數配之,是洛書有二十四向之理也。出洛書者易見,出河圖者難知。故今分方圓二圖,先以河圖四象之數,應八干之陰陽,然後推出四維,推出十二支與二十四向,使人知河圖有體中藏用之妙,八位中有分二十四位之理,以補地理家羅經之缺。方圖第三層四隅各一曲何也?以明干之氣通也。〔註179〕

　　江永以宋代河圖數字的位置配合八干的五行屬性,推出四正卦和四維卦,八干四維得十二位,合干維地支為二十四向,且分別說明二十四向的相屬排列。至於二十四向方圖第三層四隅各有一曲,以明干之通氣,則是從五行生旺墓立說。以陽天干——甲、丙、庚、壬的生旺墓而言,蓋甲五行為木,丙五行為火,庚五行為金,壬五行為水,故其生壯死說法與《淮南子·天文》相同。〔註180〕而陰天干——乙、辛、癸的生壯死,與五行相生關係的陽干的生壯死,相差在生壯二支的次序相反,例如:辛陰金生壬陽水,壬水的生壯死支為申、子、辰,辛金的生壯死支為子、申、辰,生壯支序相反交融,代表西北隅的辛壬之氣通。其他曲隅依此類推則為,癸陰水生甲陽木,甲木的生壯死為亥、卯、未,癸水的生壯死為卯、亥、未,東北曲隅的癸甲之氣相通。乙陰木生丙陽火,丙火的生壯死支為寅、午、戌,乙木的生壯死為午、寅、戌,東南隅的乙丙之氣通。至於,丁陰火與庚陽金是相剋的關係,蓋火生土、土生金,火金間相勝,庚金的生壯死為巳、酉、丑,丁火的生壯死為酉、巳、丑,西南隅的丁庚之氣相通。

　　《說文》「壬」字的「承亥壬以子,生之敘也。」段玉裁注云:「許君以亥壬合德,亥壬包孕陽气,至子則滋生矣。」亥壬合德,言壬以見亥,是干支合德的原理。以二十四向圓圖來看,亥、壬、子從西北至北,前後相承為次。《說文》亥下云:「十月微昜起,接盛侌。」十月(亥)消息卦為坤卦(☷),六爻皆為陰爻,陰極陽生,故「陽始於亥」又云:「亥而生子,復從一起。」《易緯·乾鑿度》曰:「陽始於亥,乾位在亥。」乾處西北,亥為乾之地,微陽起,接盛陰(按:十月坤卦),是為十一月(子)消息卦復卦(☷),一陽初生。在亥、子之間的壬,許慎引《易·坤》上六爻辭「龍戰於野」,說明壬「會極昜生」之理。陽氣始於亥,陰陽交接於壬,一陽初生於子,壬是陰陽極變與交接的關鍵。又壬「象人裹妊之形」,正象陽孕於陰之內,亥「象裹子咳咳之形」,人承陽,本其初,陽生於子。故「承亥壬以子,生之敘也。」是

〔註179〕同註177,頁365-367。
〔註180〕參見本章第二節之二的〈五行生剋休王說〉,頁267-270;第四節〈干支部首字義闡釋〉之「未」字,頁311。

謂十月（亥）到十一月（子），爲陰極生陽，陰陽交接，壬承亥啓子，裹妊孕育生子。其干支合德之理可從二十四向推知。〔註181〕

三、「六甲五龍相拘繳」新解

　　上文討論《說文》「戊」的釋義，偏重在「六甲」、「五龍」的各家辨析。本單元除了綜述「戊」與數字、陰陽、五行的錯綜複雜關係之外，還要進一步說明「戊」與「六甲五龍相拘繳」的圖像義理關連。高涵和、張壽榮二說俱以爲：「六甲五龍」是漢代的習用常語。〔註182〕茲援李錦的戊篆圖與《五天五運圖》相對照，得到兩圖式之間存有若干程度的雷同。筆者因是推想：《說文》戊篆之形與「六甲五龍相拘繳」配合在一起，在漢代可能作爲《五天五運圖》的象徵符號與術語。易言之，當戊篆五畫代表《五天五運圖》時，戊只是一個標誌（Logo），不能視爲一般文字，藉由「戊」這個標誌表示「六甲五龍相拘繳」的內涵。茲分點陳述如下：

　　（1）天陽奇數一、三、五、七、九，五居中；地陰偶數二、四、六、八、十，六居中。據《淮南子》記載：十天干因倍五音而來，十二地支因倍六律而來。十天干循環六次，十二地支循環五次，皆合六十甲子之大數，故干曰六甲，支曰五龍，因此「六甲五龍」的「天六地五」（《漢書・律曆志上》），源自於「五六者，天地之中合」（《漢書・律曆志上》）推演，「六甲五龍相拘絞」不僅是「六甲」與「五龍」之間的表層關係，更是「六甲」本身與陽數五，「五龍」本身與陰數六的內層關係。

　　（2）五爲天數，陽也；六爲地，陰也。天陽統陰地，陰不能統陽，制字者以戊屬陽，意重在陽，故但取五畫，五龍以形見，六甲以意見也。「六甲五龍」甲爲十干之首，正東屬陽。辰屬春，與蒼龍合德，所以辰之禽星爲龍，辰，陽支；龍，陽氣也。甲有六，甲子、甲寅、甲辰、甲午，甲申、甲戌，第言六甲，凡地支之屬陽者備矣。辰有五，甲辰木龍（青），丙辰火龍（赤），戊辰土龍（黃），庚辰金龍（白），壬辰水龍（黑）。，第言五龍，凡天干之屬陽者備矣。

　　（3）戊於五行屬陽土，位在中宮，爲四方之樞紐，而土又分王四季，即其位亦分配四方，辰戌丑未是也，辰，春之季月；未，夏之季月；戌，秋之

〔註181〕本說二十四向可配合四正四維圖參看，詳見本章第四節〈干支部首字義闡釋〉
　　　　　「壬」字之援引，頁304；「子」、「亥」之說詳見頁307-308，313-314。
〔註182〕參考本章第四節之「干支部首釋義闡釋」「戊」字，頁299-301。

－321－

季月；丑，冬之季月，但丑未爲陰土，屬中宮之己，辰戌爲陽土，與戌相合。

中宮	天干	戊	己
	陰陽	陽	陰
	地支	辰戌	丑未

（4）從戊之篆形五畫，只見五龍之形，不見六甲之意，蓋「五爲天數陽也，六爲地數陰也，天陽統陰地，陰不能統陽，制字者以戊屬陽，意重在陽，故但取五畫，五龍以形見，六甲以意見也，若作六畫，將見六，反不見五矣。」〔註183〕李錦細玩戊之篆畫，以圖說附見（見下圖），說明戊之五篆畫猶如斗柄，可指出五龍之行、六甲之意與其方位、五行屬性。〔註184〕茲援其圖並列表整理其說如次：

項目 / 五畫	六甲	五龍（五辰）
中畫	中宮	1. 戊位 2. 戊辰 3. 土
左畫	1. 起辰止寅 2. 甲辰、甲寅 3. 東	1. 近甲位 2. 甲辰 3. 木
右畫	1. 由午交戌 2. 甲午、甲戌 3. 南	1. 近丙位（午）→丙庫（戌） 2. 丙辰 3. 火 4. 火旺於午墓於戌
下畫	1. 由戌交子 2. 甲子 3. 北	1. 近壬位（子） 2. 壬辰 3. 水
上畫	1. 由午交申 2. 甲申 3. 西	1. 近庚位（申） 2. 庚辰 3. 金

對照左表右圖可知：戊的中畫主中，左畫主東，右畫主南，下畫主北，上畫主西。右畫六甲中的甲戌當在西方，不能因爲右畫由午交戌，而和甲午

〔註183〕李錦，〈説文戊象六甲五龍相拘絞説〉，見楊家駱主編，《説文解字詁林正補合編》第十一冊，頁11-639、640。

〔註184〕同註183。

同在南方，這是唯一美中不足之處。

（5）李錦分析的戊篆五畫圖，仿似《五天五運圖》，《素問·五運行大論》云：

> 土主甲己，金主乙庚，水主丙辛，木主丁壬，火主戊癸。
>
> 《太始天元冊文》：丹天之氣，經於牛女戊分；黅天之氣，經於心尾己分；蒼天之氣，經於危室柳鬼；素天之氣，經於亢氐昴畢；玄天之氣，經於張翼婁胃。所謂戊己分者，奎壁角軫，則天地之門戶也。
>
> 夫候之所始，道之所生，不可不通也。

「土主甲己，金主乙庚，水主丙辛，木主丁壬，火主戊癸。」即為十干化運：甲己化土，乙庚化金，丙辛化水，丁壬化木，戊癸化火。〔註185〕「所謂戊己分者，奎壁角軫，則天地之門戶也」，戊為天門，在奎壁，位於戌亥之間的西北乾；己為地戶，在角軫，位於辰巳之間的東南巽。〔註186〕丹天之氣，火，「經於牛女戊分」，牛女位癸，火主戊癸；黅天之氣，土，「經於心尾己分」，心尾位甲，土主甲己；蒼天之氣，木，「經於危室柳鬼」，危室位壬，鬼柳位丁，木主丁壬；素天之氣，金，「經於亢氐昴畢」，亢氐位乙，昴畢位庚，金主乙庚；玄天之氣，水，「經於張翼婁胃」，張翼位丙，婁胃位辛，水主丙辛。素天之畫如戊之中橫畫，黅天之畫如戊之左畫，蒼天之畫如戊之右畫，丹天之畫如戊之下畫，玄天之畫如戊之上畫。茲將《素問·五運行大論》所言內容，圖示與表列如下：

〔註185〕古代占卜觀測天之運氣，必以觀五天、五氣而確定五運之氣的變化，五運就是木、火、土、金、水五行五方之氣的運動變化。它分十干化運、主運、客運三種。十干化運又稱中運、大運、歲運，統主整年的五運之氣。主運是主治一年五時常令的五運之氣，即春、夏、長夏、秋、冬五階段的運行，從木運開始，依五行相生順序，至水運而止，年年如此。客運主治一年五時特殊變化的五運之氣，因其往來如客，年年有變，故稱為客運。

〔註186〕劉心源，《奇觚室吉金文述》卷十五所載「漢四門方鏡」（劉慶柱、段志洪、馮時主編《金文文獻集成》第十三冊，香港明石文化國際出版有限公司，2004.12，頁399），實栻地盤之誤，地盤四隅列有「戊天門」（西北隅）、「己鬼門」（東北隅）、「戊出門」（東南隅）、「己人門」（西南隅）四門。晚近出土之六朝銅栻天盤地盤，四隅則為「西北天門乾☰」、「東北鬼門艮☶」、「東南地戶巽☴」、「西南人門坤☷」。《詩緯·推度災》：「神在天門，出入候聽。」《詩緯·汎歷樞》：「卯酉之際為革政，午亥之際為革命，神在天門，出入候聽。」宋均注：「神，陽氣，君象也，天門，戊亥之間，乾所據者。」《太始天元冊文》所云的「己地戶」，在栻盤中實為「戊出門」，栻盤的己位於東北隅與西南隅，不在東南隅。

丹天	黅天	蒼天	素天	玄天
牛女壁奎	心尾角軫	危室柳鬼	亢氐昴畢	張翼婁胃
火	土	木	金	水
戊癸	甲己	丁壬	乙庚	丙辛

　　雖然，李錦的戊篆圖五畫所對應的干支乃一己之見，不同於五天對應的干支，但他的戊篆圖形制外圍也同《五天五運圖》有二十四向，只差沒有二十八宿的標示。所以，李氏的戊篆圖所提供的線索為：《說文》戊篆與「六甲五龍相拘絞」，應視為《五天五運圖》的簡圖與術語，「六甲五龍相拘絞」作為漢代的常語，漢代人慣用「戊」篆象五龍相拘絞之形，實際寓寄了《五天五運圖》思想，許慎《說文》保存當代這個珍貴的數術記憶。

　　（6）十干化運與五子、五辰的關係：

　　「六甲五龍」同《五天五運圖》一樣，涉及十干化運之說，《素問·天元紀大論》云：「甲己之歲，土運統之；乙庚之歲，金運統之；丙辛之歲，水運統之；丁壬之歲，木運統之，戊癸之歲，火運統之。」從所運之年干歲，以起五子而得五辰，「甲己合化土者，以起甲子而得戊辰也。乙庚合化金者，以起丙子而得庚辰也。丙辛合化水者，以起戊子而得壬辰也。丁壬合化木者，以起庚子而得甲辰也。戊癸合化火者，以起壬子而得丙辰也。」〔註187〕茲列表如下：

支 干 年干	子	丑	寅	卯	辰	巳	午	未	申	酉	戌	亥
甲、己	甲	乙	丙	丁	戊	己	庚	辛	壬	癸	甲	乙
乙、庚	丙	丁	戊	己	庚	辛	壬	癸	甲	乙	丙	丁

〔註187〕李錦，〈說文戊象六甲五龍相拘絞說〉，同註183，頁11-640。

丙、辛	戊	己	庚	辛	壬	癸	甲	乙	丙	丁	戊	己
丁、壬	庚	辛	壬	癸	甲	乙	丙	丁	戊	己	庚	辛
戊、癸	壬	癸	甲	乙	丙	丁	戊	己	庚	辛	壬	癸

　　打上灰色網底之兩欄，前爲五子，後爲五辰。此一排組方式類似五代的五鼠遁：「甲己還加甲，乙庚丙作初，丙辛從戊起，丁壬庚子居，戊癸尋壬子，時元定不虛。」「六甲五龍相拘絞」牽涉到十干化運與五子、五辰的關係，或許可以視爲五鼠遁的雛形。

　　（7）張政烺認爲：六甲五龍實承王莽僞學而來。〔註 188〕西漢爲火德，王莽篡漢藉口堯舜禪讓、五行相生之理，以土德自居，蓋火生土也。因此，改甲子六旬首爲戊子，此則王莽所造王光曆。《漢書・王莽傳》天鳳元年：「令天下小學戊子代甲子爲六旬首，冠以戊子爲元日，昏以戊寅之旬爲忌日。百姓多不從者。」自殷商時代開始，學寫六甲乃小學習字課程，王莽改制，重訂小學課本以戊子爲六旬首，六甲五辰自失其位而拘絞也。戊寅之旬爲忌日，蓋戊寅支克干，《淮南子・天文》謂之「困日」。〔註 189〕

　　《說文》以戊篆之形配合「六甲五龍」之常語，壓縮著《五天五運圖》十干化運的思想檔案，茲可再以《說文》「戌」的「五行土生於戊」作爲旁證，以證十干化運之說也是《說文》的思想底蘊之一。

　　　　戌滅也。九月昜气微，萬物畢成，昜下入地也。五行土生於戊，盛
　　　　於戌。从戊一，一亦聲。

　　戌爲地支，五行屬土，按照《淮南子・天文》五行生壯死表，土「生于午，壯于戌，死于寅」，但《說文》卻說「五行土生於戊，盛於戌」，不同《淮南子》的「生于午」，其實《說文》的說法，段玉裁注云：「戊午合德」。在十干化運中，戊癸化火，戊合午之火德，故土生于戊。且戊爲中宮，土居中央運四方，故生于戊。換言之，《說文》「五行土生於戊，盛於戌。」是採《淮

──────────────

〔註188〕張政烺，〈六書古義〉，《國立中央研究院歷史語言研究所集刊》第十本，（民國 37 年（1948）），頁 5-6。

〔註189〕《淮南子・天文》：「甲乙寅卯，木也；丙丁巳午，火也；戊己四季（辰戌丑未），土也；庚辛申酉，金也；壬癸亥子，水也。水生木，木生火，火生土，土生金，金生水。子生母曰保，子母相得曰專，母勝子曰制，子勝母曰困。」子生母爲支生干，義曰（保日）得地利；子母相得，干支同類專日，彼我同德，兩勢相敵，不分勝負，故忌出軍；母勝子干克支，制日得人和，我可制彼，其日利行軍；子勝母支克干，困日（伐日）忌攻討征伐出軍掠地。

南子‧天文》五行生壯死說法，但是《說文》不按照《淮南子‧天文》「五行土生于午」爲說，是因十干化運中「戊癸化火」，故「戊午合德」——「五行土生於戊」；再者，《說文》戊下云「中宮」，戊爲中宮土，故「土生于戊」。

　　從現存的文獻或出土資料，我們找不到「六甲五龍」直接的記載或證據，但整合以上相互印證的線索，庶幾能解開「六甲五龍相拘絞」之謎，多少復原這個漢代常語的內容真相，進而得到新的研究發現。

第五節　《說文》讖緯神學

　　讖是秦漢時期巫師、方士預示吉凶的隱言，緯是附會儒家經典的義理和旨意。讖緯作爲古代文化的神學啓示，有陰陽五行的思想內核和神祕的神話傳說。《說文》云：「讖，驗也。有徵驗之書，河洛所出書曰讖。」（三篇上　九）

　　按：各《說文》本的說解均到「驗也」爲止，而段玉裁說「驗也」以下十二字是「依李善〈鵩鳥〉、〈魏都〉二賦注補」。今查李善《文選》卷六〈魏都賦〉「藏氣讖緯」注：「《說文》曰：讖，驗也。河洛所出書曰讖。」卷十三〈鵩鳥賦〉「讖言其度」注：「讖，驗也。有徵驗之書，河洛所出書曰讖。」從李善的注看不出所引的《說文》到哪裡截止。但是兩條注文繁簡不一，顯然，段玉裁的《說文》注本是選用了李善較繁的那條注文。試看其他文獻徵引《說文》此例的情形來作爲對照：

　　1. 《史記‧屈原賈生列傳》：「發書占之兮，策言其度」索隱曰：「《漢書》作讖，《說文》云：『讖，驗言也。』」

　　2. 玄應《一切經音義》卷二：「讖記，《說文》：『讖，驗也。』謂占後有效驗也。」

　　3. 同上書，卷九引《三蒼》云：「讖，秘密書也，出河洛。《說文》：『讖，驗也。』謂占後有效驗也。」

　　4. 慧琳《一切經音義》卷五十七：「讖書，顧野王云：『讖，謂占後有效，記其事也。』《說文》：『讖，驗也。從言，韱聲。』」

　　5. 同上書，卷五十九：「書讖，《三蒼》：『讖，秘密書也，出河洛。』《說文》：『讖，驗也。』謂占後有效驗也。」

　　6. 同上書，卷九十五：「讖緯，《倉頡篇》云：『讖書，河洛也。《淮南》：讖書著之是也。』顧野王謂占後有效驗也。《說文》：『讖，驗也。』」

7. 《漢書‧賈誼傳》:「發書占之，讖言其度。」注:「讖，驗也，有徵驗之書也。」

8. 《後漢書‧光武帝紀》:「宛人李通等以圖讖說光武」注:「圖，河圖也。讖，符命之書。讖，驗也。言爲王者受命之徵驗也。」

由上列引文可知，《說文》的原說解的確到「驗也」爲止，段注本的「河洛所出書曰讖」應來自於《三蒼》舊注，而「有徵驗之書」則是出於顏師古的《漢書》注。換言之，李善較詳細的那條注文是汲取《說文》、《三蒼》、《漢書》注三個說法而成，段玉裁用之來補充《說文》。如此說法，說明了「讖」的起源出處（河圖洛書）及其功能（徵驗）。桓譚《新論‧啓寤》:「讖出河圖洛書，但有兆朕而不可知。後人妄復增加依託，稱是孔丘。誤之甚也。」又曰:「今諸巧慧小材技數之人，增益圖、書，矯稱讖記。」王充《論衡‧實知》:「讖記所表，皆效圖、書。」《晉書‧天文志》引王蕃《渾天說》:「末世之儒，增減河洛，竊作讖緯。」讖記與河圖洛書的關係，由桓譚、王充、王蕃的話可歸結四個重點:（一）讖是出自古河圖洛書，其兆朕不可識別。（二）技數之人（指方士）假託之讖，也稱河圖洛書，並託之於孔子之名。（三）方士已託河圖洛書，厥後轉相模仿，讖緯之屬效此，而轉益滋多。（四）讖緯視河圖洛書爲源頭，故諸多讖緯引據河洛，視同典要，河洛也受到造說形容。《四庫全書總目提要》《易》類六附錄《易緯》案語云:「讖者，詭爲隱語，預決吉凶。」總而言之，「讖」是可預測吉凶的占驗隱語，而河圖洛書也是讖的一種形式。

河圖洛書不但是《易》學、陰陽五行的遠古先聲，神龜、龍馬更是圖書最典型的神話本事。神話，與其說是古人幻想的產物，倒不如說是古人從生活的存在關係中，產生自發的素樸思維，來做爲他們的信仰本體。要研究這些神話思維，不能總是慣性地把現代人的思維強加於古人，也就是將古人的思維方式以現代人的模式去硬套或干涉，而沒有從歷史的角度來把握神話思維的歷史現象。神話的象徵意義雖已在現代人的生活中喪失意義，不過不能因爲這些意義的喪失，就認爲古人思維的荒誕、無稽之談。神話是人類在史前神話時代的主要思維形態，至今，考古出土文物和文獻典籍的記載，算是古人原始心智意識的最佳印記，使得琳瑯滿目的神話形式得以遺留下來，免於消逝，繼而方便後代人產生展望和回顧的可能性，理解這些神話對古人有意義，卻在若干世紀之後喪失的那些意義，神話的原始信仰才得以重新實現。

在檢索《說文》數術字例的過程中，我們發現許慎也會借用神話的片段

描述，來作釋形或釋義，把神話作爲前理論階段的思維方式，作爲前哲學的世界觀和意識形態來看待。本章因陰陽五行附論讖緯，本節次因讖緯神學之故，統合《說文》數術字例的神話因子，爲之解碼，以進一步瞭解這些神話在漢代人心中所積澱的遠古形象，其實是人們與自然萬有接觸後的豐富聯想與信仰。古代的神話傳說，是哲學的原鄉，也是數術思想的淵藪。《說文》在爲經學立命之餘，也保有古老的趣味傳說，文字訓詁因此得到非凡的神話意義。茲從《說文》姓、瑟、琴、媧、簧、管諸字釋義提到的神話人物、故事，分爲感生、創制神話二類說明。另外，從日、杳、杲、槫、灥諸字談太陽神話，鳳、麒、龍、龜說四靈神話。

一、感生神話

《說文》：「姓，人所生也。古之神聖人母，感天而生子，故偁天子，因生目爲姓，从女生，生亦聲。春秋傳曰：天子因生目賜姓。」（十二篇下　一）《詩・周南・麟之趾》：「振振公姓。」傳曰：「公姓，公生也。」又曰：「不如我同姓。」傳曰：「同姓同祖也。」《禮記・曲禮》：「納女于天子曰備百姓。」注云：「姓之言生也。」《白虎通・姓名》曰：「姓者，生也。人所稟天氣所以生者也。」姓代表出生血緣，因生以定姓。

《說文》所言聖人感天而生，即是感生神話，《禮記・喪服小記》：「王者禘其祖之所自出，以其祖配之。」注云：「始祖感天神靈而生，祭天則以祖配之。」母系社會「民知其母而不知其父」是以感生神話說姓之所由，與圖騰崇拜、祖先崇拜產生密切關連，如王充《論衡・奇怪篇》：「禹母吞薏苡而生禹，故夏姓曰姒。契母吞燕卵而生契，故殷姓曰子。后稷母履大人迹而生后稷，故周姓曰姬。」夏后氏祖先禹因其母吞薏苡，故夏姓姒。《史記・殷本紀》記「玄鳥生商」，商朝祖先契，其母簡狄吞燕卵而生契，故商姓子，玄鳥可能就是商民族的圖騰。《史記・周本紀》周朝祖先棄（后稷），其母履大人迹，懷孕而生棄，故周姓姬。

漢代出現大量的感生神話，人物有三皇五帝，也有漢代當代的帝王，如緯書的政治神話中，作爲文化英雄的聖王均屬感生，他們或感天或感神物而生，藉此表明聖王即使不是神，也有神性的背景，具道德超越性與成就治功的聖智。

大迹出雷澤，華胥履之，男东犧。《詩含神霧》

少典妃安登，游於華陽，有神龍首感之於常羊，生神農，人面龍顏，

好耕，是爲神農，始爲天子。《春秋元命包》

附寶見大電光繞北斗權星，照耀郊野，感而孕二十五月而生黃帝軒
轅於壽邱。《河圖稽命徵》

黃帝時，大星如虹，下流華渚，女節夢接，意感而生白帝朱宣。《春
秋元命包》（宋均注曰：「華渚，渚名也。朱宣，少昊氏。」）

搖光如虹，貫月正白，感女樞，生顓頊。《詩含神霧》

堯母慶都，有名于世。蓋天帝之女，生于斗維之野，常在三河之南。
天大雷電，有血流潤大石之中，生慶都。……長大形象大帝，……
常若有神隨之者。有赤龍負圖出，慶都讀之云，赤受天運，下有圖
人，依赤光，面八采。……奄然陰雨，赤龍與慶都合，婚有娠，龍
消不見。既乳視堯貌如圖表。《春秋合誠圖》

握登感大虹，生大舜于姚墟。《詩含神霧》

天子皆五帝精，寶各有題敘，以次運相據起。《春秋演孔圖》

劉媼嘗息大澤之陂，夢與神遇。是時雷電晦冥，太公往視，則見蛟
龍於其上，已而有身，遂產高祖。《史記·高祖本紀》

感生神話所感的對象不一定是至上天神，還可能是各類的自然神或靈
獸。而感生之人除了帝王，也包括聖賢之人，如孔子據載是叔梁紇與其妻徵
在禱尼丘山，「感黑龍而生仲尼。」（《禮記·檀弓正義》引）黑龍是黑帝的化
身，是知仲尼爲黑帝子，蓋孔子爲宋人之後，宋乃殷後，殷王爲黑帝子，所
以孔子亦爲黑帝子，稱爲「玄聖」。

《穀梁傳·莊公三年》：「獨陰不生，獨陽不生，獨天不生，三合然後生，
故曰母之子也可，天之子也可。」《五經異義》云：「《詩》齊魯韓、《春秋》公
羊說，聖人皆無父，感天而生，左氏說聖人皆有父。謹案：堯典以親九族，即
堯母慶都感赤龍而生堯，安得九族而親之。禮讖云：唐五廟知不感天而生。」
鄭玄則認爲：「《詩》言感生得無父，有父則不感生，此皆偏見之說也。〈商頌〉
曰：『天命玄鳥，降而生商。』謂娀簡吞鳦子生契，是聖人感生見於經之明文。
劉媼是漢大上皇之妻，感赤龍而生高祖，是非有父感神而生者也。且夫蒲盧之
氣，嫗煦桑蟲，成爲己子，況乎天氣因人之精，就而神之，反不使子賢聖乎？
是則然矣，又何多怪？」許慎在《五經異義》中，不同意今文經學家的說法，
贊同左氏說，聖人皆有父造，而且以堯親九族爲例，不太贊同聖賢感生之說。

鄭玄折衷以說：聖人是感天而生的，至於有父無父，無關緊要，有父也可以感天而生，「天氣因人之精，就而神之」，從而「使子賢聖」。段玉裁指出了許慎在這問題上前後矛盾的說法，其注曰：「許作《異義》時从左氏說，聖人皆有父造。《說文》則云：『神聖之母感天而生』，不言聖人無父則與鄭說同矣。」《說文》贊同聖人感天而生，並以所生爲姓，已不強調感生是否有父，看法與鄭玄之說同矣。許慎爲什麼在《說文》中拋棄了自己原來的「聖人皆有父」的觀點，可是又迴避「聖人皆無父」的說法，而偏要在「姓」字下強加上一句與姓氏無關的「古之神聖，人母感天而生子，故偁天子」呢？結論是：藉機宣揚君權的至高無上，的天經地義，而迴避一切可能有損於封建君主形象的「無父」，從封建道德來看是不太好的字眼，而且與歷代帝王的家世實情不符。

因生以爲姓，若《說文》女部下文神農母居姜水，因以爲姓，黃帝母居姬水，因以爲姓，舜母居姚虛，因以爲姓是也。感天而生者母也，故姓从女生，會意，其子孫復析爲眾姓，如黃帝子二十五宗十二姓，則皆因生以爲姓也。《左傳・隱公八年》：「無駭卒，羽父請諡與族，公問族於眾仲，眾仲對曰：『天子建德，因生以賜姓，胙之土而命之氏。諸侯以字爲氏，因以爲族，官有世功，則有官族，邑亦如之。』公命以字爲展氏。」杜預注：「因其所由生以賜姓，謂若舜由嬀汭，故陳爲嬀姓。」人各有所由生之姓，其後氏別既久，而姓幾湮，有德者出則天子立之，令姓其正，姓若大宗，然如〈周語〉帝胙四岳，國賜姓曰姜，氏曰有呂，陳胡公不淫，故周賜之姓謂嬀姓，命氏曰：陳，颺叔安裔子，董父事帝舜，帝賜之姓曰董，氏曰豢龍，蓋此三者，本皆姜嬀董之子孫，故予之以其姓，又或特賜之姓，前無所承者，如《史記》《白虎通》禹祖昌意以薏苡生賜姓姒，殷契以玄鳥子生賜姓子氏，斯皆因以賜姓也，比兼春秋傳之說而姓之義，乃完姒字，不見於許書，蓋古祇作以，古書亦有作似者。

許慎作《五經異義》時從《左傳》說，言聖人皆有父造，而《說文》則云：『神聖人母感天而生子』，不言聖人無父。帝王感天而生的神話，是爲了突顯帝王受天命的正當性，藉機宣揚天命思想，君權的至高無上、天經地義，而迴避一切可能有損於封建君主形象的「無父」因素。

二、創制神話

創制神話大致脫離不了生活範疇，從用火到人工取火，一直到植物栽培、製陶、馴養家畜、捕魚、造房等等所做的偉大發明，並將人類的文明開展與

發明，歸之於聖王賢人之功，視其爲「文化英雄」。這些人間的文化英雄原型，可能是某個強而有力的遠祖，也可能是現實生活中活生生的英雄形象。這些在某個氏族或社會團體中有突出能力的人，受到大家崇拜並被賦予傳奇的神或色彩。也有人間英雄是由創造神演變而來。《說文》也有類似的神話記載。

（一）庖　羲

《說文》提到庖羲兩次，一是說他觀象畫卦，一是說他製作瑟。《說文・敘》云：「古者庖犧氏之王天下也，仰則觀象於天，俯則觀法於地，視鳥獸之文與地之宜，近取諸身，遠取諸物，於是始作易八卦，以垂憲象。」許愼此說是源於《易・繫辭下》（見圖）。〔註190〕東漢武梁祠西山牆有伏羲倉頡石刻畫像，左邊題詞作「伏戲倉，精初造王業，畫卦結繩，以理海內」（見圖），伏羲畫卦結繩的創制發明，在漢代成爲定論，是不言可喻的。

伏羲畫卦

武梁祠伏羲倉頡石刻畫像

《說文》：「瑟，庖犧所作弦樂也，从珡必聲。𤤙古文瑟。」（十二篇下　四十五）王逸注《楚辭・大招》云：「伏戲氏作瑟，造〈駕辯〉之曲。」《世本》云：「庖犧作五十弦，黃帝使素女鼓瑟，哀不自勝，乃破爲二十五弦，具二均聲。」

（二）神　農

神農嚐百草，而知藥草的治病功能。《易・繫辭下》則提到神農氏作「耒耜之利」、「日中爲市」，傳授百姓耕作的技術和商業交易的施行。而在《說文》又說到神農的另一項事蹟——製琴，其曰：「琴，禁也。神農所作，洞越，練

〔註190〕孫曉琴、王紅旗，《天地人鬼神圖鑒》圖三・六（北京：中國對外翻譯出版公司，1997.2），頁229。

朱五弦，周時加二弦，象形。鑋古文珡从金。」（十二篇下　四十四）桓譚《新論・琴道篇》：「神農氏繼宓羲而王天下，上觀法於天，下取法於地，於是始削桐爲琴，繩絲爲弦，以通神明之德，合天地之和焉。」《帝王世紀》：「炎帝神農氏作五弦之琴。」顧野王《玉篇》：「琴，神農造也。琴之言禁也，君子守以自禁也。」神農製琴，琴的彈奏可以使人節度有所守。

（三）女　媧

　　《說文》提到女媧兩次，一是說她化生萬物，一是說她製作簧。「媧，古之神聖女化萬物者也，从女咼聲。𡢃籀文媧从𩇓。」（十二篇下　十一）女媧是化育萬物的造物者，王逸注《楚辭・天問》云：「傳言女媧人頭蛇身，一日七十化。」（見圖）〔註191〕《山海經・大荒西經》：「有神十人，名曰女媧之腸，化爲神，處栗廣之野，橫道而處。」郭璞注：「女媧，古神女而帝者，人面蛇身，一日七十變。其腹化爲此神。栗廣，野名。」《淮南子・說林》：「黃帝生陰陽，上駢生耳目，桑林生臂手，此女媧所以七十化也。」袁珂認爲「一日七十化」非指女媧一日中七十變化，而是說女媧一天當中作化生孕育多次。〔註192〕以女媧之腹腸作爲孕生萬物的原生子宮，此女媧之所以爲神人特殊的地方。女媧的作育神力，以引繩搏土造人、五色石補天、斷鰲足立四極最爲人所知。

女媧補天

〔註191〕同註190 圖三・七，頁231。
〔註192〕袁珂，《古神話選釋》（臺北：長安出版社，民國73.6（1984.6）），頁18-19。

《說文》云:「簧,笙中簧也。从竹黃聲。古者女媧作簧。」〔註193〕《世本・作篇》:「女媧作笙簧。」宋均注:「女媧,黃帝臣也。」《禮記・明堂位》曰:「女媧之笙簧。」注云:「女媧三皇承宓羲。笙簧,笙中之簧也。」後唐・馬縞《中華古今注》卷下云:「女媧作笙簧。問曰:『上古音樂未和,而獨制笙簧,其義云何?』答曰:『女媧,伏羲妹,蛇身人首,斷鰲足而立四極,人之生而制其樂,以爲發生之象,其大者十九簧,小者十二簧也。』」是說女媧制笙簧,以笙諧生,取人類的孳生繁衍爲義,並且促進人們之間的感情交流,以音樂「合和其性」。〔註194〕雲南迪慶區藏人的《女媧娘娘補天》,也說女媧看到孩子們沒有什麼好玩的東西,便做了蘆笙、簫等樂器給他們玩。〔註195〕女媧作爲始祖神,補天恢復宇宙秩序、搏土造人,還製造樂器讓人類社會變得更和諧。

(四)倉 頡

關於倉頡造書契,1930 出土的居延漢簡《蒼頡篇》殘簡開頭兩句作「蒼頡作書,以教後嗣。」《易・繫辭下》:「上古結繩而治,後世聖人易之以書契,百官以治萬民以察,蓋取諸《夬》。」《說文・敘》云:「黃帝之史倉頡,見鳥獸蹏迒之迹,知分理之可相別異也,初造書契,百工以乂,萬品以察,蓋取諸夬,夬揚於王庭言文者宣教明化於王者朝廷,君子所以施祿及下,居德則忌。」許慎承繼〈繫辭〉之說並略加演繹:(一)將《易・繫辭下》的「後世聖人」說成是黃帝的史官倉頡。(二)書契之制作從觀象中領悟了道理。(三)詳說書契的政教功能,並引用《夬》卦卦辭「揚於王庭」。許慎敘述這段上古文字發展史,以書契部分著墨最多,既然八卦、結繩皆各有創制之人,何來書契反而語焉不詳?因此,許慎依照當時已定的古史傳說,將《繫辭》的「後世聖人」確立爲倉頡,這也不無可能,試看古籍中的相關諸說:

《荀子・解蔽篇》:

〔註193〕《説文》「簧」,本文歸於第五章《說文》天文律曆思想〉第五節「樂音説」之「樂器」,請參見頁459。

〔註194〕李亮講,〈女媧制笙簧〉:「女媧造了人以後,人與人之間的感情不密切,女媧就想辦法讓他們交流感情。最初她拿了一個葫蘆,不小心碰在石頭上,風一吹,葫蘆就響。女媧由此受到啓發,制作了笙簧。後來她又在葫蘆上加了蘆根,把它改造得更好了。」(《河北涉縣采風資料》)。轉引自楊利慧,《女媧的神話與信仰》(北京:中國社會科學出版社,1997.12),頁67。

〔註195〕鍾敬文,《鍾敬文民間文學論集》上冊(上海:上海文藝出版社,1982.10),頁170。

故好書者眾矣，而倉頡獨傳者，壹也。

《韓非子‧五蠹》：

> 古者蒼頡之作書也，自環為者謂之私，背私謂之公。公私之相背也，乃蒼頡固已知之矣。

《呂氏春秋‧君守篇》：

> 倉頡作書。（高誘注：「史皇倉頡生而知書，寫倣鳥跡，以造文章。」）

《淮南子‧本經篇》：

> 昔者蒼頡作書，而天雨粟，鬼夜哭。（高誘注：「天雨粟、鬼夜哭」云：「倉頡始視鳥迹之文造書契，則詐偽萌生，詐偽萌生則去本趨末，棄工作之業而務錐刀之利，天知其將飢餓，故為雨粟，鬼恐為書文所劾，故夜哭也。鬼或作兔，兔恐見取豪作筆，害及其軀，故夜哭。」）

《淮南子‧脩務篇》：

> 史皇產而能書。（高誘注：「史皇倉頡生而見鳥跡知著書，故曰史皇，又曰頡皇。」）

《春秋元命包》：

> 倉帝史皇氏，名頡，姓侯岡。龍顏，侈哆，四目，靈光。實有睿德，生而能書。及受河圖錄字，於是窮天地之變，仰觀奎星圜曲之勢，俯察龜文鳥羽山川指掌而創文字。天為雨粟，鬼為夜哭，龍乃潛藏。治百有一十載，都於陽武，終葬於衛之利亭鄉。

《孝經援神契》：

> 奎主文章，倉頡效象，洛龜曜書丹青，垂萌畫字。

倉頡作為黃帝的史官，必須懂得天文星象，因此，他觀天象、察地法，還有鳥獸之跡的物候之象。緯書對於倉頡這方面的著墨多趨向特異功能，描述倉頡有通神的「四目」，相貌非凡，聖智本領、品德大聖，受河圖洛書之符瑞而創字。天雨粟、鬼夜哭、潛龍藏說明了倉頡創制文字的神聖撼動力量。因此，倉頡從史官變成史皇，甚至成為「帝」。許慎說倉頡造書契之事，一如庖犧畫卦的解說立場，排除讖緯附會的文字出現，沒有神化倉頡，只認定是黃帝的史官，同時也認為史官造字的合理性。他直接提到倉頡見鳥獸蹄远之跡的觀象。反觀緯書在敘述倉頡觀象之前，所言的「河圖錄字」、「洛龜曜書丹青」則是刻意強化倉頡的天受符命。換言之，緯書把倉頡觀象後領悟造字的冥冥之理——天意符命，說得露骨具體，許慎則採隱微不揭的態度。為防

止書契文字飾偽萌生之弊，所以許慎對書契的政教功能更加重視，以使「百工以乂，萬品以察」、「宣教明化於王者朝廷」、「君子所以施祿及下，居德則忌」。

倉頡四目〔註196〕

（五）西王母

《說文》云：「管，如篪六孔，十二月之音，物開地牙故謂之管，从竹官聲。瑁古者管曰玉，舜之時西王母來獻其白琯，前零陵文學姓奚，於泠道舜祠下得笙玉琯，夫曰玉作音，故神人目和鳳皇來儀也。从王官聲。」《尚書大傳》：「舜以天德嗣堯，西王母來獻白玉琯。」《大戴禮記・少閒篇》：「帝堯有虞氏……九年，西王母來朝，獻其白琯。」盧辯注：「琯所以候氣。」《尚書帝驗期》：「西王母獻舜白玉琯及益地圖。」「舜在位時，西王母又嘗獻白玉琯。」《禮斗威儀》：「君乘土而王，其政太平，遠方神獻其珠英。有神怪，故以其域所生獻。舜之時，西王母獻益地圖玉琯者是也。」不過，在《尚書中候考河命》和《禮斗威儀》中，西王母所獻之物有時變成了「白玉環」、「白玉玦」，「西王母獻白環、玉玦。」（《尚書中候考河命》）「西王母獻地圖及玉玦。」（《禮斗威儀》）《風俗通・聲音篇》：「舜之時西王母來獻其白玉琯，昔章帝時，零陵文學奚景於泠道舜祠下得笙白玉琯。」當轉錄自《說文》。西王母獻白琯給舜，就如同四海之內咸載舜功，興九韶之樂，而鳳凰翔，天下明德自虞帝始。舜紹繼堯德，天人相感，簫韶九成，西王母來獻白玉琯，鳳皇來儀，祥瑞之象相應而來。

〔註196〕同註190圖三・十一，頁239。

三、太陽神話

日、月不僅是人類賴以生存的兩大自然天體，其光源本體還具有《易》學原理與陰陽思想。月亮晦盈週期反映的正是來自於太陽的受光面，由日月兩個陽陰天體的運轉，呈現月體明陽晦陰的變化現象。太陽是地球人類的自然光源主體，月亮因反射陽光，作爲夜晚時刻的光體，在陽燧、陰鑑的聚焦、吸納下，太陽光產生眞正的熱能，而月光只能轉化爲水，這又是陰陽思想的一種體現。《易・繫辭上》云：「縣象著明莫大乎日月」，長沙子彈庫出土的帛書《四時》篇，記載了包戲、女皇這對日月之神，生子四神，「四神相弋（代），乃步以爲歲，是惟四時」。帛書的包戲、女皇就是我們所熟知的伏羲、女媧。帛書包戲妻爲女皇，吳大澂《說文古籀補》曰：「皇，大也。日出土則光大，日爲君象，故三皇稱皇。頌敦。」〔註197〕女皇直接以「皇」稱名，說明與太陽有關係。羅秘《路史・太昊紀》：「女皇氏匏媧」，又曰：「匏媧氏乃立，號曰女皇氏。」漢代畫像石有許多伏羲奉日、女媧捧月的圖像，正說明伏羲象徵太陽，女媧象徵月亮，月光來自太陽光的反射，故帛書稱女媧爲女皇，要表明的正是這層關係。帛書又謂：「晷天步」，《爾雅・釋天》：「晷，規也。如規畫地。」漢代伏羲女媧石刻畫像，伏羲持規奉日，女媧持矩捧月。這規矩原是由太陽行步、丈量天地的神話思維而來。古代有天圓地方的觀念，認爲太陽白天行於天空，夜間行於地下。規矩的作用是用來畫圓畫方、丈量天地，《髀算經》：「環矩以爲圓，合矩以爲方。方屬地，圓屬天，天圓地方。」伏羲（包戲）、女媧（女皇）一爲太陽，一爲月亮，或者兩者亦可同時爲太陽，只是一個白晝的陽光，一個是夜晚的陰光，各有分工。伏羲負責丈量圓天，故持規，女媧負責丈量方地，故持矩。關於伏羲與女媧石刻畫像，可互見本文第五章第四節之「其他」的「矩」字援引。

在日月神話中，月爲陰性，或作爲日的配眷，其主體仍在於太陽。在簡要歸整《說文》的日月神話線索之後，本單元是要再進一步說明《說文》的太陽神話，以了解古人對太陽形象認知的印記。

（一）太陽鳥：日中之鳥

《說文》「日」的古文作「囗」，段玉裁注：「○象其輪郭，一象其中不虧，

〔註197〕吳大澂，《說文古籀補》（上）第一（王雲五主編，《國學基本叢書》，臺北：臺灣商務印書館，民國 57.6（1968.6）），頁 4。

蓋象中有烏，武后乃竟作囥。」日中之「乙」為烏鴉，許慎自己在焉字下亦云：「烏者，日中之禽。」《楚辭·天問》：「羿焉彄日，烏焉解羽？」王逸《章句》云：「《淮南》言：堯時十日並出，草木焦枯，堯命羿仰射十日，中其九日，日中九烏皆死，墮其羽翼，故留其一日也。」按今本《淮南子·本經》無「中其九日」以下十四字。《北堂書鈔》一四九引作「命羿射十日，中九烏皆死，墮其羽翼。」《藝文類聚》一索引略同，是王逸所見為《淮南子》古本。《山海經·大荒東經》：「一日方至，一日方出，皆載於烏。」日中之禽為烏，是自古的神話傳說，是證《說文》古文日作「囥」有其合理性。西漢馬王堆 1 號、3 號墓 T 形帛畫，山東臨沂金雀山 9 號墓帛畫、〔註198〕西安交通大學西漢墓星圖均有「日中烏」圖（見下圖），可見此一神話傳說，為當時普遍認同。

西安交通大學西漢墓星圖的「日中烏」圖

太陽的視運動，使人對太陽產生凌空運行的錯覺，想像是烏背負太陽運行，如浙江餘姚河姆渡遺址出土受古上雕刻的「雙鳥太陽紋」、仰韶文化陝西泉護村彩陶、良渚文化陶器、東漢石刻畫像的「金烏負日」，皆可印證之。〔註199〕

烏為太陽神鳥，最特殊的是牠有三隻腳，《淮南子·精神》：「日中有踆烏」高誘注：「踆，猶蹲也，謂三足烏也。」《山海經·大荒東經》：「一日方至，一日方出，皆載於烏。」郭璞云：「中有三足烏。」《春秋元命包》：「陽成於三，故日中有三足烏者，陽精也。」王筠《文字蒙求》：「日，日中有黑影，初無定在，即所謂三足烏也。」〔註200〕仰韶文化河南廟底溝彩陶、東漢河南

〔註198〕參見本文第五章〈《說文》天文律曆思想〉第一節「天文說」中「日」字所援引之實圖，頁 356-357。

〔註199〕同註198，頁 356。

〔註200〕王筠，《文字蒙求》（臺北：藝文印書館，民國 70.3（1981.3）），頁 8。

南陽唐河針織廠石刻畫像都有日中三足烏紋。〔註201〕

（二）日出榑桑

　　《說文》東下云：「動也。从木，官溥說，从日在木中」，杳下云：「冥也，从日在木下」，杲下云：「曉也，从日在木上」，釋形皆作「从日在木某」，東、杳、杲所从之木當相同，唯日之位置上中下有別。榑字下云：「榑桑，神木，日所出也。」叒下云：「日出東方湯谷，所登榑桑，桑木也。」可見東、杳、杲所从之木爲榑桑、若木，《山海經·海外東經》：「下有湯谷，湯谷〔註202〕上有扶桑，十日所浴，在黑齒北。居水中，有大木，九日居下枝，一日居上枝。」《山海經·大荒東經》：「湯谷上有扶木，一日方至，一日方出，皆載於烏。」《淮南子·天文》：「日出于暘谷，浴于咸池，拂于扶桑，是謂晨明。登於扶桑，爰始將行，是謂胐明。」《楚辭·離騷》：「折若木以拂日兮。」王逸注：「若木在崑崙西極，其華照下地。」《淮南子·墜形》：「若木在建木西，末有十日，其華照下地。」高誘注：「若木端有十日，狀如蓮華。華猶光也，光照其下也。」神話中，東方有扶桑（扶木），相對地，西方有若木。十個太陽從扶桑出來，遨遊穿越天空，最後棲息若木枝頭。這是神話中的對應關係。太陽運行是時辰、方位、季節的循環變異，《淮南子·天文》記載云：

> 日出于**暘谷**，浴于**咸池**。拂于**扶桑**，是謂**晨明**。登于**扶桑**，爰始將行，是謂**胐明**。至于**曲阿**，是謂**旦明**。至于**曾泉**，是謂**蚤食**。至于**桑野**，是謂**晏食**。至于**衡陽**，是謂**隅中**。至于**昆吾**，是謂**正中**。至于**鳥次**，是謂**小還**。至于**悲谷**，是謂**餔時**。至于**女紀**，是謂**大還**。至于**淵虞**，是謂**高舂**。至于**連石**，是謂**下舂**。至于**悲泉**，爰止其女，爰息其馬，是謂**縣車**。至于**虞淵**，是謂**黃昏**。至于**蒙谷**，是謂**定昏**。日入于虞淵之氾，曙于蒙谷之浦，行九州七舍，有五億萬七千三百九里，禹以爲朝、晝、昏、夜。

葉舒憲據此線索，繪製太陽周日運行圖，標示太陽一天所經過的地點與時間，

〔註201〕同註198，頁358。

〔註202〕湯谷，或作暘谷，《尚書·堯典》：「分命羲仲，宅嵎夷，曰暘谷。」《淮南子·天文》：「日出於暘谷，浴於咸池。」《史記·五帝本紀》作「暘谷」，《說文》暘下曰：「日出也，从日易聲。虞書曰暘谷。」崵下曰：「一曰嵎峩崵谷」，作崵谷，亦作暘谷。《歸藏·啓筮》（《玉函山房輯佚書輯》）作陽谷。湯、暘、崵、陽一也，古書無定。

認爲太陽運動規律這種原型模式理論是中國神話哲學的「元話言」。〔註 203〕
茲援引其圖如下：〔註204〕

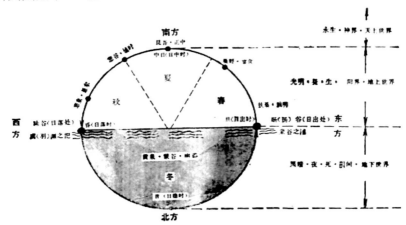

　　由此上所引的圖，更可加以證明《說文》日出榑桑神話的可信度。

　　《文選・思玄賦》注引《十洲記》云：「葉似桑樹，長數千丈，大二十圍，
兩兩同根生，更相依倚，是以名之扶桑。」巴蜀三星堆一號大型銅神樹，徐朝
龍認爲該樹是棲息十個太陽的若木，鳥是太陽的象徵。〔註205〕銅樹枝杈分爲三
層，每層樹枝皆有三只鳥，銅樹之鳥共有九隻，就是《山海經・海外東經》「九
日居下枝」的「九日」，也是后羿所射的九個太陽或九隻鳥，《楚辭・天問》王
逸注引古本《淮南子》云：「堯時十日並出，草木焦枯。堯命羿仰射十日，中其
九日，日中九烏皆死，墜其羽翼，故留其一日也。」《淮南子・本經》：「逮至堯
之時，十日並出，焦禾稼，殺草木，民無所食……堯乃使羿……上射十日。」
高誘注：「十日並出，羿射去九。」《論衡・感虛》：「堯之時，十日並出，萬物
焦枯。堯上射十日，九日去，一日常出。」《易林・履之履》：「十烏俱飛，羿射
九雌，雄獨得全，雖驚不危。」湖北隨縣戰國曾侯乙墓漆畫、東漢山東嘉祥武

〔註203〕按照英國語言學學者哈特曼（R.R.K. Hartmann）和斯托克（F.C. Stork）的定
　　　　義，元語言「指用來分析和描寫另一種語言（被觀察的語言或對象語言）的
　　　　語言或一套符號。」他們強調，在語言分析中，應該區別被語言家觀察的語
　　　　言（對象語言）和語言學家用來進行觀察的語言（元語言）。人文學科研究領
　　　　域中的「元語言」，就是考察神話或文化這類「語言」的原型模式，也就是找
　　　　到它們生成及轉換規則的內在模式。參考葉舒憲，《中國神話哲學》〈導言〉
　　　　（北京：中國社會科學出版社，1997.4），頁 5。
〔註204〕同註 203，〈上編《易》有太極——神話哲學的元語言〉，頁 16。
〔註205〕徐朝龍，〈中國古代神樹傳說的源流——以四川省廣漢市三星堆遺址出土的神
　　　　樹爲中心〉，《日中文化研究》第 6 號（1993），頁 184-205。

梁祠的后羿射日石刻畫像，其圖為后羿射日，有扶桑若木與太陽鳥。

巴蜀三星堆一號大型銅神樹

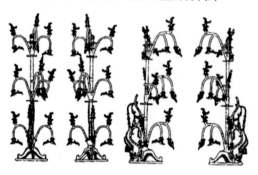

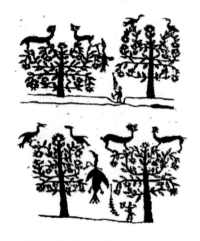

湖北隨縣曾侯乙墓后羿射日漆畫　　東漢山東嘉祥武梁祠后羿射日石刻畫

　　《説文》的日中鳥與日出扶桑，在文獻記載與出土文物，皆有線索可尋，是證其說不誣，相對地，也證明了這樣的太陽神話在當時是普遍流行的，而且遠源流長。

四、四靈神話

　　《禮記・禮運》：「四靈以為畜，故飲食有由也。何謂四靈？麟、鳳、龜、龍，謂之四靈。故龍以為畜，故魚鮪不淰。鳳以為畜，故鳥不獝。麟以為畜，故獸不狘。龜以為畜，故人情不失。」四靈是人以外的動物中最精靈的，如果畜養之，能使各類生物安穩各得其所。四靈所屬的類別，《大戴禮・曾子天圓》：「毛蟲之精者麟，羽蟲之精者曰鳳，介蟲之精者曰龜，鱗蟲之精者曰龍。」

麟爲毛蟲類，鳳爲羽蟲類，龜爲介蟲類，龍爲鱗蟲類。

另外一種四靈說，如《禮記‧曲禮》：「行：前朱鳥而後玄武，左青龍而右白虎。」《三輔黃圖》：「蒼龍、白虎、朱雀、玄武，天之四靈，以正四方。」與《禮記‧禮運》的差別在於以白虎取代了麒麟。這樣的四靈配屬四色，上應天上的四方星象，獨缺中央與黃色。所以，配合五行、五方的五靈，是兩種四靈說的綜合體，在前四靈說加入白虎，在後四靈說加入麒麟，杜預《春秋序》：「麟鳳五靈，王者之嘉瑞也。」孔穎達疏：「麟鳳與龜龍白虎五者，神靈之鳥獸，王者之嘉瑞也。……其五靈之文，出《尚書緯》。」許慎《五經異義》云：「公羊說：麟，木精。左氏說：麟，中央軒轅大角之獸。陳欽說：麟是西方毛蟲。許慎謹按：〈禮運〉云：麟鳳龜龍，謂之四靈。龍，東方也；虎，西方也；鳳，南方也；龜，北方也；麟，中央也。」光是麟爲何方之靈，就有《公羊》的東方木，《左傳》的中央，陳欽的西方，許慎的《五經異義》採《左傳》中央說，《說文》則採仁獸東方說，與《公羊》一樣。

《說文》云：「虎，山獸之君。」虎爲獸中之王，並無陰陽五行的數術之說或神話色彩。倒是其他四靈，雖可視爲瑞應生物，但從中也有神話因子，各特立四靈神話單元以說之。

（一）風中鳳鳥

1. 鳳與風

鳳，《說文》云：「神鳥也。天老曰：鳳之像也，麐前、鹿後、蛇頸、魚尾、龍文、龜背、燕頷、雞喙，五色備舉。出於東方君子之國，翱翔四海之外，過崐崘，飲砥柱，濯羽弱水，莫宿風穴，見則天下大寧，从鳥凡聲。䳵古文鳳象形，鳳飛，羣鳥從目萬數，故目爲朋黨字。鵬亦古文鳳。」「風穴」是風的發源口，鳳鳥暮宿風穴，正點出鳳鳥與風的特殊關係，鳳是風的主體化身，風是鳳的動力氣流，古人想像能鼓動氣息成風的神鳥就叫鳳。甲骨卜辭中「帝大鳳」、「帝鳳」，陳夢家《殷虛卜辭綜述》說：

> 祀風之法爲帝，及後世的寧。說文：帝。定息也。……爾雅釋詁：
> 定。止也。所以帝風即是止風。

商承祚《殷虛文字類編》也說：「王徵君曰：卜辭曰履云邁大鳳，即邁大風。……余案王說是也。」四方風大骨、四方風大龜經過許多學者考證、綴合闕文，其中的風也是以鳳爲之：

東方曰析。鳳曰咎

南方曰夾。鳳曰光

西方曰韋。鳳曰彝

$\boxed{北方曰}$ 夗。鳳曰役

貞：帝于東方曰析。鳳曰劦。柰年

貞：帝于西方曰彝。鳳曰韋。柰年

辛亥卜。内貞：帝于南方曰光（彡）。鳳夷（因）。柰年。一月

辛亥卜。内貞：帝于北方曰夗。鳳曰役。柰$\boxed{年}$。一月

《山海經》中也有四風之說，〈大荒東經〉：「有人名曰折丹，東方曰折，來風曰俊，處東極以出入風。」〔註206〕〈大荒南經〉：「有神名曰因乎，南方曰因，來風曰民，處東極以出入風。」〔註207〕〈大荒西經〉：「有人名曰石夷，西方曰夷，來風曰韋，處西北隅，以司日月之長短。」〔註208〕〈大荒東經〉：「有人名曰鵷，北方曰鵷，來風曰狄，是處東北隅以止日月。」〔註209〕其文字雖與甲骨卜辭略有出入，但可證卜辭的鳳即是風。鳳飛風起，鳳是風的具體形象，風是鳳撲揚起飛翱翔的訊息，訴說著節候的變化和來去的方向，帶來律動。

2. 風與節氣

《淮南子‧天文》：「距日冬至四十五日，條風至。條風至四十五日，明庶風至。明庶風至四十五日，清明風至。清明風至四十五日，景風至。景風至四十五日，涼風至。涼風至四十五日，閶闔風至。閶闔風至四十五日，不周風至。不周風至四十五日，廣莫風至。」$45 \times 8 = 360$ 日，5 日爲一候，15 日＝3 候＝1 氣，45 日＝3 氣，一歲＝四時＝24 氣＝72 候＝360 日，所以《說文》風下云：「八風也，東方曰明庶風，東南曰清明風，南方曰景風，西南曰涼風，西方曰閶闔風，西北曰不周風，北方曰廣莫風，東北曰融風。」是以八風配屬八個方位，代表節候風向的不同，融風——立春，明庶風——春分，清明風——立夏，景風——夏至，涼風——立秋，閶闔風——秋分，不周風

〔註206〕郝懿行，《山海經箋疏》：「名曰折丹上疑脫有神二字，〈大荒南經〉：『有神名曰因因乎』可證。《北堂書鈔》一百五十一卷引此經作有人曰折丹，《太平御覽》九卷引亦同。」袁珂以爲郝校是也。見袁珂《山海經校注》，（里仁書局，民國 84.4），頁 349。

〔註207〕「來風」經文本作「夸風」，袁珂依文例校之，同註206，頁 371。

〔註208〕經文本無「西方曰夷」，袁珂疑其脫字，同註206，頁 391。

〔註209〕經文本作「處東極隅」，袁珂依文例校之，同註206，頁 358-359。

——立冬，廣莫風——冬至。

　　乘風而飛的鳳鳥，其擺翅的律動，必定逆風，與風速若合符節，才能振翅飛翔，鳳鳥成爲御風的神聖象徵，風動也因此更具象化，鳳飛→風起，風起→鳳飛，相感更多的鳥類飛舞相從，鳳是群鳥之首的象徵意義更加明顯；鳥類對於風的靈敏感應出於天然，就像候鳥的來去，代表季節風的轉換，季節變換，風向就變，候鳥聞訊，而有不同的反應，或飛或鳴。《左傳》就有鳥類與季節氣候相關的記載，《左傳‧昭公十七年》：

> 郯子曰……我高祖少皞摯之立也，鳳鳥適至，故紀於鳥，爲鳥師而鳥名。鳳鳥氏，歷正也。玄鳥氏，司分者也；伯趙氏，司至者也；青鳥氏，司啓者也；丹鳥氏，司閉者也。

杜預注：「鳳鳥知天時，故以名歷正之官；玄鳥，燕也，以春分來，秋分去；伯趙，伯勞也，以夏至鳴，冬至止；青鳥，鶬鴳也，以立春鳴，立夏止；丹鳥，鷩雉也，以立秋來，立冬去……上四鳥皆歷正之屬官。」「玄、伯、青、丹」四色與四方有關；「分、至、啓、閉」是一年中的八節與鳥有關，其實也就是與風有關。《尚書‧堯典》云：

> 乃命羲和，欽若昊天，歷象日月星辰，敬授人時。分命羲仲，宅嵎夷，曰暘谷。寅賓出日，平秩東作。日中星鳥，以殷仲春。厥民析，鳥獸孳尾。申命羲叔，宅南交。平秩南訛。敬致。日永星火，以正仲夏。厥民因，鳥獸希革。分命和仲，宅西。曰昧谷。寅餞納日。平秩西成。宵中星虛，以殷仲秋。厥民夷，鳥獸毛毨。申命和叔，宅朔方，曰幽都。平在朔易。日短星昴，以正仲冬。厥民隩，鳥獸氄毛。

馮時認爲，四方風大骨、四方風大龜的四方風代表四季的物候景象，與《尚書‧堯典》四方神配二分二至的物候內容相符，其云：

> 春分之時，日出正東，晝夜平分，斗杓東指，故殷人以春分配屬東方，而東方析應即司掌春分之神。……「協」以合和爲本訓，意即陰陽合和而交，乃春分之候。……夏至之時，白晝極長，日於極北且將南動，斗杓南指，故殷人以夏至配屬南方，而南方因（遲）應即司掌夏至之神。……卜辭南方風名「微」，意即夏至之時鳥獸毛羽稀疏，是暑熱之徵。……秋分之時，日入正西，晝夜齊等，斗杓西指，故殷人以秋分配屬西方，而西方彝應即司掌秋分之神。……夏至暑熱之時鳥獸毛羽稀疏，至秋分漸寒之時，鳥獸毛羽重生，以禦

時氣，然初盛未及繁盛。……冬至之時，白晝極短。日于極南且將北歸，斗杓北指，故殷人以冬至配屬北方，而北方九（宛）應即司掌冬至之神。……卜辭北方風名"役"，其意為盛，乃鳥獸毛羽豐厚自溫，此冬至大寒之徵。〔註210〕

殷代四方風與傳世文獻的二分二至物候因此得以連線。

3. 氣律相生

風是宇宙間的氣流，也因它而有各種音籟的產生與傳輸，《莊子‧齊物論》：「子綦曰：夫大塊噫氣、其名為風。是唯無作，作則萬竅怒呺。而獨不聞之寥寥乎！山林之畏佳，大木百圍之竅穴，似鼻、似耳、似枅、似圈、似臼、似洼、似污者。激者，謞者，叱者，吸者，叫者，譹者，宎者，咬者；前者唱于，而隨者唱喁，泠風則小和，飄風則大和，厲風濟則眾竅為虛。而獨不見之調調之刁刁乎？」風是音籟的本體，看似無聲，實為眾聲之所自出，風、氣、聲籟是宇宙的天然樂章，《左傳‧昭公二十年》：「一氣、二體、三類、四物、五聲、六律、七音、八風、九歌，以相成也。」杜預注：「言此九者合，然後相成為和樂。」最和諧的樂章，不是單只有某些曲律獨奏或吟唱，必須蘊含氣動、風向，配合動作與器物，才是天人相應的交響之樂，《淮南子‧主術》：「樂生於音，音生於律，律生於風。」可見律呂的形成，得自於風，《呂氏春秋‧古樂》提到十二律的制定，與鳳鳥有關：

> 黃帝令伶倫作為律。伶倫自大夏之西，乃之阮隃之陰，取竹於嶰谿之谷。以生空竅厚鈞者，斷兩節間，其長三寸九分而吹之，以為黃鐘之宮。次曰舍少次，制十二筒。以之阮隃之下，聽鳳凰之鳴，以別十二律。其雄鳴為六，雌鳴亦六，以比黃鐘之宮適合。黃鐘之宮，皆可以生之，故曰黃鐘之宮，律呂之本。

吹筒制律，是仿效鳳凰六雄六雌的鳴聲，《淮南子‧天文》也說：「律之初生也，寫鳳之音」，吹十二支長短不同的竹筒，發出十二音階的風聲，十二律呂仿製風聲，又與十二月相應，正表示十二月的風量與風向的氣動規律，是為「候氣法」，《漢書‧律曆志上》有云：「候氣之法，為室三重，布緹幔。木為案，從其方位，內庳外高，加律其上，以葭莩灰實其內端，按律候之，氣至者灰飛。」在密不通風的內室裡，按十二方位，安一木桌，放上當位的律管，

〔註210〕 馮時，《出土古代天文學文獻研究》第五章〈觀象授時研究〉，（臺北：臺灣古籍出版有限公司，2001.5），頁203-218。

如北分子位，當十一月，冬至，用黃鐘律管內填實葭莩灰。到了該時節，子位的黃鐘律管中的灰就會飛散，管子因此而通。由此可見，自然氣律按時而動的必然現象，引起風向及節候的轉變，律呂的形上思維揭櫫了曆制的原貌，而風是氣象變化的觀測重要候徵。

4. 鳳鳴鳳翼的仿制——鳳簫與鳳笙

傳說律呂的制定與鳳鳴有關，連帶樂器的形制亦不脫仿效鳳鳥。《尚書‧益稷》：「簫韶九成，鳳皇來儀。」《荀子‧解蔽》引詩曰：「鳳凰秋秋，其翼若干，其聲若簫。」《史記‧五帝本紀》：「四海之內咸載舜功，興九韶之樂，而鳳凰翔，天下明德自虞帝始。」《說文》：「簫，參差管樂，象鳳之翼。」《風俗通》：「舜作簫，其形參差，以象鳳翼。」《宋史‧樂志》：「樂始於律而成於簫。律準鳳鳴，以一管爲一聲。簫集眾律，編而爲器。參差其管以象鳳翼。肅然清亮以象鳳鳴。」鳳簫的眾管左右成排，故又名排簫，如鳳鳥張翼，其吹奏音聲如鳳鳴。

笙，《說文》：「十三簧，象鳳之身也。笙，正月之音，故謂之笙。」（五篇上　十七）《風俗通》：「笙長四寸，十三簧，像鳳之身，正月之音也。」《宋史‧樂志》：「列其管爲簫，聚其管爲笙。鳳凰于飛，簫則象之；鳳鳥戾止，笙則象之。」《列仙傳》以王子喬「好吹笙，作鳳皇鳴。」笙的眾管呈環抱形，如鳳鳥斂翼的形狀。

5. 鳥和蟲之對話

「風」字早期借「鳳」爲之，今日可見的戰國楚帛書已出現「風」字作🦋，已從虫凡聲。吳匡以 1956 年陝西出土的駒尊蓋銘有「🦅」、「🦅」二字，即是風字，其形從隹不從虫，但又與虫字幾分相似，可能是風字由隹（鳥）變虫的關鍵。〔註211〕金文〈中方鼎〉、〈南宮中鼎〉的「鳳」字作「🦅」、「🦅」，鳳的尾翎從鳳尾上分出來，列於凡聲下面，形成左右並列的結構，若將〈中方鼎〉、〈南宮中鼎〉的鳳字偏旁『🦅』獨立出來，尾翎加以減省成『🦅』形，就與楚帛書的風字（🦋）及《說文》古文風字（🦅）相似。「《說文》古文取鳳尾紋飾之上部『☉』而成🦅字；楚帛書取尾飾之下部『🦅』而成🦋字。」〔註212〕先秦「鳳」、「風」的演變軌跡，茲援曾憲通之圖解示之如下：〔註213〕

〔註211〕蔡哲茂，〈甲骨文四方風名再探〉曾引述該說。《金祥恆教授逝世周年紀念論文集》（金祥恆教授逝世周年紀念論文集編輯小組，臺北：1990.7），頁 128-129。

〔註212〕曾憲通，〈楚文字釋叢（五則）〉（《中山大學學報》（社會科學版）1996 年第 3 期，頁 58-65）頁 64。

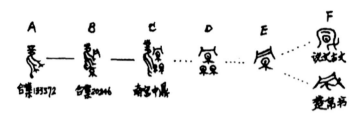

風由「鳳」之「鳥」，變爲「風」之「虫」，有一個字可當兩字的過度字解釋，《周禮・春官・大宗伯》「風師雨師」的「風」字作「䳜」同時從虫從鳥。楊樹達認爲：雈與䧹時爲一字之異寫。䧹爲䳜之省文。卜辭以酒祀䳜，殷先於周而有此祀也。〔註214〕「雈」在卜辭或釋爲風，《說文》：「雈，小雀。」段注：「雈，今字作鸛。」鸛是水鳥，善知晴雨。雈，應不是《說文》所言之鴟屬，蕭兵認爲，當與卜辭的「濩」相通，濩祭的大濩之樂是湯樂，爲祈雨之樂。雈、鸛、雈、濩則可相通。〔註215〕既然這種鳥類善知晴雨，又與祈雨有關，雨至前必興風，鳥又是飛物，先天對風向感知敏銳，「雈」字若加上「風」字成「䳜」，亦有可能。胡光煒說：

> 《周禮・大宗伯》風師作䳜帥，䳜本止作雈，傳者恐人不識，故于
> 其旁注風，後寫者誤將注文與本字合書，遂成䳜字，今以卜辭證之，
> 古本有以雈爲風之例也。〔註216〕

胡氏之說出於臆測，但雈與風有一定的相應關係。

許慎《說文》對風從虫的解釋是「風動蟲生，故蟲八日而七。」徐灝《說文解字注箋》：「風無形可象，因其所生之物以製字，故從虫。堪輿家相地，覘風所至，即知其下有蟻。此風動蟲生之驗也。」王筠《說文句讀》也說「《春秋考異郵》二九十八，八主風，精爲蟲。八日而化，風列波激，故其命字從虫。」在《說文釋例》又云：「風將以何爲形哉？風無形而所化之蟲有形，故轉而以其子定其母也。」《說文》學家本著尊經崇許，推闡「風動蟲生」之說，其實許慎之說源於《淮南子・墜形》：「八主風，風主蟲，蟲故八月而化。」這是當時流行的數術之觀，不是許慎向壁虛造。〔註217〕

〔註213〕同註212。

〔註214〕楊樹達，《卜辭求義》（上海古籍出版社，1986），頁36-37。此轉引自《甲骨文字詁林》1760雈（北京：中華書局，1996.5），頁1689-1690。

〔註215〕蕭兵，《黑馬——中國民俗神話學文集》〈濩舞的民俗學研究〉（臺北：時報文化出版企業有限公司，民國80.3（1991.3）），頁205-213，。

〔註216〕見《甲骨文字詁林》1760雈，同註214，頁1689。

〔註217〕有關《說文》「風」之詳解，請參見第五章〈《說文解字》天文律曆思想〉第

（二）祥麟仁獸

《說文》：「麒，仁獸也。麇身，牛尾，一角，从鹿其聲。」《公羊傳‧魯哀公十四年》：「麟者，仁獸也。有王者則至，無王者則不至。有以告者曰：有麕而角者。孔子曰：孰爲來哉！孰爲來哉！反袂拭面涕沾袍。」《左傳‧哀公十四年》有所謂的「西狩獲麟」，麟本是聖王出世所感見的靈物，而非王道仁政，麟竟然出現，故《公羊傳‧哀公十四年》何休疏引《孔叢子》曰：「今宗周將滅無主，孰爲來哉！茲日麟出而死，吾道窮矣。」興「吾道窮矣」之感歎。

麒麟的靈性在於知安全，避危險，《荀子‧哀公》：「古之王者，有務而拘領者矣。其政好生而惡殺焉，是以鳳在列樹，麟在郊野，鳥雀之巢可俯而窺也。」《淮南子‧覽冥》：「黃帝治天下，……鳳凰翔於庭，麒麟遊於郊。」《戰國策‧趙策》：「刳胎焚夭，則麒麟不至。」《呂氏春秋‧應同》：「剖獸食胎，則麒麟不來。」如果王者好生惡殺，麟就來，若環境殺氣險惡，麟則不會出現，故麟之德性爲仁，《說苑‧辨物篇》以麟「合仁懷義」，《白帖》（《說文義證》引）說麟「合仁戴義」，《漢書‧終軍傳》：「一角戴肉，設武備而不害，所以爲仁。」《瑞應圖記》：「麟者，仁獸也。……含仁戴義……步中規，行中矩，遊必擇土，翔而後處。不踐生蟲，不折生草；不群居，不侶行；不食不義，不飲洿池；不入陷阱，不入羅網。斌斌乎文章，申申乎其樂士者，德及幽隱，不肖斥退，賢者在位則至。」太平盛世，賢聖在位，麒麟才會出現，氣類相感，以仁政感仁獸，麟之一角「象天下合同爲一也。」（《論衡‧異虛》）。

（三）神龍萬變

龍爲水物，也能凌雲御天，出沒各有變化：

> 龍，鱗蟲之長，能幽能明，能細能巨，能短能長，春分而登天，秋分而潛淵。从肉肉飛之形，童省聲。《說文》

> 龍生於水，被五色而遊故神，欲小則化如蠶蠋，欲大則藏於天下，欲上則凌於雲氣，欲下則入於深泉，變化無日，上下無時謂之神。《管子‧水地篇》

> 神龍能爲高，能爲下，能爲大，能爲小，能爲幽，能爲明，能爲短，能爲長，昭乎其高也，淵乎其下也，薄乎天光，高乎其著也，一有一亡忽微哉，斐然成章，虛無則精以和，動作則靈以化。《說苑‧辨

三節「時令物候說」之一「時令」小節提到季節與風向，頁 395-397。

物篇》

黃龍者，……神靈之精也。能巨細，能幽明，能短能長，乍存乍亡。
《瑞應圖記》

龍能高能下，能小能巨，能幽能明，能短能長。淵深是藏，斂和其
光。《廣雅》

初九，潛龍勿用。九二，見龍在田。……九四，或躍在淵，無咎。
九五，飛龍在天，利見大人。上九，亢龍有悔。《易・乾》

《易・乾》以龍譬喻各爻的義涵與進程，「潛」、「在田」、「躍」、「在天」，〔註218〕
說明了龍的活動空間，不論是在水中、平地、空中皆可。其中「潛」的部份，
與《管子・水地篇》：「下則入於深泉」、《說文》「秋分而潛淵」、《廣雅》「淵深
是藏」、《說苑・辨物篇》「淵乎其下也」相通；「在天」部分，與《管子・水地
篇》「上則凌於雲氣」、《說文》「春分而登天」、《說苑・辨物篇》「薄乎天光」相
通。

龍的形體可大可小，可長可短，能巨能細，能幽能明，在自然界要找到
與其性質相當的大概如雷雲風雨，尤其雲的形狀也是變幻莫測，飄在天上，
出於岫谷；大雨將至，烏雲密佈，昏天暗地，「能幽」；雲淡風輕，「能明」，
可聚合也可消散，故「乍存乍亡」，《莊子・天運》：「龍，合而成體，散而成
章，乘乎雲氣，而養乎陰陽。」雲與龍的變化形態若合符節，所以「雲龍」
也就成爲常語。

《說文》說龍是「春分而登天，秋分而潛淵」，反映在自然現象，就是雷
的發聲收聲。《呂氏春秋・仲春紀》：「是月也，日夜分，雷乃發聲，始電，蟄
蟲咸動。」《呂氏春秋・仲秋紀》：「是月也，日夜分，雷乃始收聲，蟄蟲俯戶。」
春分，雷聲始發，萬物驚蟄，故「春分而登天」；到了秋分，雷收聲，萬物準
備過冬，故「秋分而潛淵」。若以樂器之音來象徵，則鼓爲春分之音，鐘爲秋
分之音，《說文》云：「鼓，郭也。春分之音，萬物郭皮甲而出，故曰鼓。」「鐘，
樂鐘也，秋分之音萬物種成，故謂之鐘。」由是可證。

《山海經・大荒東經》：「大荒東北隅中有山名曰凶犁坵，應龍處南極，
殺蚩尤與夸父，不得復上，故下數旱，旱而爲應龍之狀，乃得大雨。」郭璞

〔註218〕《易・乾》：「初九，潛龍，勿用。九二，見龍在田，利見大人。九三，君子
終日乾乾，夕惕若，无咎。九四，或躍在淵，无咎。九五，飛龍在天，利見
大人。上九，亢龍，有悔。用九，見群龍无首，吉。」

注：「今之土龍本此。」《淮南子・墜形》：「土龍致雨」高誘注：「湯遭旱，作土龍以象龍，雲從龍，故致雨也。」《淮南子・說林》：「淖則具擢對，旱則修土龍。」高誘注：「土龍，致雨物也。」《論衡・死偽篇》：「董仲舒請雨之法，設土龍以感氣也。」《龍虛篇》：「董仲舒雩祭之法，設土龍以爲感也。夫盛夏太陽用事，雲雨干之。太陽火也，雲雨水也，水火激薄則鳴而爲雷，龍亦起雲而升天。」《感類篇》：「大旱，《春秋》雩祭，又董仲舒設土龍以類招氣。如天應雩龍，必爲雷雨。」董仲舒精通《春秋》，他在春秋雩禮基礎上又融入當時流行的陰陽五行學說和方術，創造發揮了土龍求雨古禮。《說文》：「龗龍也，从龍霝聲。」《說文》：「霝，雨零（落）也。」所以，「龗」或許就是記錄土龍求雨的專字，是陰陽五行思想特定時空下的產物。

（四）靈龜壽考

殷商時代的龜卜發達，可協助決大疑，《尚書・洪範》：「汝則有大疑……汝則從、龜從。」「龜書」傳說就是預示性的神書，《竹書紀年》：「帝禹夏后氏，洛出龜書，是爲〈洪範〉。」《尚書・洪範》正義：「禹治洪水，錫洛書，法而陳之，〈洪範〉是也。先達共爲此說。龜負洛書，經無其事。……以前學者畢相傳此說，故孔以九類是神龜負文而出，列於背。」龜負洛書，欽賜聖王治國藍圖，是聖王盛德之故，才有資格得此天書。

何以龜可以作爲占卜的道具，《說文》：「龜，舊也，外骨內肉者也，从它，龜頭與它頭同。天地之性，廣肩無雄，龜鼈之類，目它爲雄，象足甲尾之形。古文龜。」（十三篇下　九）《淮南子・說林》：「牛蹏、彘顱亦骨也，而世勿灼，必問吉凶於龜者，以其歷歲久也。」《白虎通・蓍龜》：「乾草枯骨，眾多非一，獨以蓍龜何？此天地之間，壽考之物，故問之也。」《論衡・卜筮》：「子路問孔子曰：豬肩羊膊，可以得兆；藋葦藁芼，可以得數，何以必蓍龜？孔子曰：不然，蓋取其名也。夫蓍之爲言，耆也；龜之爲言，舊也。明狐疑之事，當問耆舊也。」龜的耆老長壽，聚天地之靈氣，是其作爲占卜吉凶的理由，《說苑・辨物》：「靈龜文五色，似玉似金，背陰向陽。上隆象天，下平象地，槃衍象山。四趾轉運應四時，文著象二十八宿。蛇頭龍翅，左精象日，右精象月。千歲之化，下氣上通，能知吉凶存亡之變。」龜也是養氣抗衰老的食物，《史記・龜策列傳》：「龜千歲乃游蓮葉之上，江傍家人常畜龜飲食之，以爲能導引致氣，有益於助衰養老。」

結 語

　　《說文》以字書形態記載零星的神話片段，神話本事因此得以保存下來，而彌足珍貴。尤其，神話反映的思維想像，有元語言的初始特色，與文字具象所要表達的最初思維意識，有時如出一轍，同樣植根於歷史的文化土壤，氣脈相通。一個「凵」字，是太陽鳥神話本事最傳神的註腳；一株「東」所從之木，是日出榑桑的神話縮影，串聯兩者，太陽神鳥與榑桑的相輔依存，便歷歷在目，有三星堆銅樹的鎔鑄，曾侯乙墓漆畫的彩繪，還有武梁祠石刻的雋永。儘管伏羲畫卦、倉頡作書，不符合集體創制文字的觀點，但又不能切割或迴避這般的歷史溯源。文字是神話的部份具象剪影，神話是文字產生的背景故事，神話不啻爲《說文》這本字書的重要活水源頭，不容否認。

　　數術學所統攝的範圍爲宇宙間天地人萬物，它是從宏觀整體和動態的角度，來包含自然界和人類社會之象數的生成、存在以及運動變化的原理。數術學關於萬物的產生和變化的造化理論認爲，萬物產生的物質基礎及其變化的物質力量是「氣」。氣，按其性質，又分爲陰陽二氣或木、火、土、金、水五行之氣。因此，陰陽二氣和五行之氣的性質、運動變化規律，及其對萬物之作用的認識，又構成象數造化論的主要內容。而其中如同類相應、天人相感、循環往復的定律與法則，就是陰陽五行的運動變化規律。氣與陰陽五行爲數術學重要的基本範疇，在漢代發展得更充實、健全。

　　漢代《易》學大興，而漢人治《易》又多宗象數，加上數術與緯書的興盛，更直接充實象數《易》學的發展。漢代思想大家，如西漢董仲舒對陰陽運行、五行生剋、天人合一、同類相應等理論都有深刻的見解；兩漢之際的楊雄《太玄經》在宇宙論、干支論、圖數論等都有所建樹。此外，如東漢時期的張衡、王充、鄭玄等在宇宙論、氣論等方面也有創見；早期道教著作《太平經》對陰陽五行學說，特別是精、氣、神學說，有進一步發揮。此時一些結集眾說的著作，如司馬遷《史記》、班固《漢書》、佚名氏的《爾雅》、劉熙《釋名》等書，也有象數學的總結論述；而劉安編集的《淮南子》對宇宙論、干支論、氣論、應同論、天人觀等數術理論，多見其功。

第五章 《說文解字》天文律曆思想

　　《漢書·藝文志》「數術略」對天文的解釋爲「天文者，序二十八宿，步五星日月，以紀吉凶之象，聖王所以參政也。《易》曰。觀乎天文，以察時變。然星事凶悍，非湛密者弗能由也，夫觀景以譴形，非明王亦不能服聽也。以不能由之臣，諫不能聽之王，此所以兩有患也。」《易·賁·象傳》：「觀乎天文，以察時變；觀乎人文，以化成天下。」《易·繫辭上》：「天垂象，見吉凶，聖人象之。」利用二十八宿座標，測量日月五星等天體的運行，以考察天象的吉凶休咎，作爲君王施政的參考。

　　《漢書·藝文志》「數術略」定義「歷譜」爲「序四時之位，正分至之節，會日月五星之辰，以考寒暑殺生之實。」並從歷數知「凶阨之患，吉隆之喜，其術皆出焉。」歷數既是科學的歷法數據，也是占測吉凶之數。古代的天文律曆知識與《易》同時發展起來，朱載堉《律曆融通·序》云：「不明乎數，不足以語象；不明乎象，不足以語數。是故欲明律曆之學，必以象數爲先。」〔註1〕通過《易》象數和曆數的相應，可以證實《易》與天文曆法的融通。

　　《說苑·辨物》云：「夫天文地理人情之效於心，則聖智之府。是故古者聖王既臨天下，必變四時，定律曆，考天文，揆時變，以望氣氛。」古代聖王要「揆時變，以望氣氛」必定「定律曆、考天文」，天文律曆所包含的天象時節氣運數理，自然體現陰陽五行的紛繁面貌：

> 天有六氣，降生五味，發爲五色，徵爲五聲。淫生六疾。六氣曰陰、陽、風、雨、晦、明也，分爲四時，序爲五節，過則爲菑。(《左傳·昭公元年》)

〔註1〕 （明）朱載堉，《樂律全書》（北京圖書館古籍出版編輯組，《北京圖書館古籍珍本叢刊》4，北京：書目文獻出版社，1988），頁935。

> 天地之經，而民實則之，則天之明，因地之性，生其六氣，用其五
> 行。氣爲五味，發爲五色，章爲五聲。淫則昏亂，民失其性。是故
> 爲禮以奉之，爲六畜、五牲、三牲，以奉五味；爲九文、六彩、五
> 章，以奉五色；爲九歌、八風、七音、六律，以奉五聲。（《左傳·
> 昭公二十五年》）

這些氣象、聲律、色味仍然要按照節度軌則運作，否則也會引起災亂。樂音的
韻律依據天體運動進行的時間計算，在數字上有對稱性。這種古老的數術，除
了如《呂氏春秋·音律》將十二律與十二月對應，《淮南子·天文》還將音律旋
宮變化與天上二十八星宿的天區位置關係對應起來。戴念祖認爲：古人根據以
上律、曆對應現象，而有律曆和諧說或天地合諧說。〔註2〕如《禮記·樂記》
有云：「大樂與天地同和，大禮與天地禮。」《史記·樂書》云：「地氣上隮，天
氣下降，陰陽相摩，天地相蕩，鼓之以雷霆，奮之以風雨，動之以四時，煖之
以日月，而百物化興焉，如此則樂者天地之和也。」律曆融通爲天地合諧。

　　度量衡又出於律，《尚書·虞書·舜典》：「協時、月，正日；同律、度、
量、衡。」孔安國傳：「律者，候氣之管，度量衡三者法制皆出於律。」《史
記·律書》：「王者制事立法，物度軌則，壹稟於六律，六律爲萬事根本焉。」
太史公曰：「鐘律調自上古，建律運歷造日度，可據而度也，合符節，通道德，
即從斯之謂也。」所以，古代天文律曆知識歸類於數術，以數術的思想範疇
來認識宇宙自然，是有其文化淵源的必然道理。本章將《說文》呈顯天文律
曆思想的字例，作整合論述如下。

第一節　《說文》天文說

　　《禮記·禮運》：「必本於太一，分而爲天地，轉而爲陰陽，變而爲四時。」
「太一」是天地尚未畫分之前的宇宙本體，《老子》第二十五章稱之爲「道」、
「大」：

> 有物混成，先天地生。寂兮寥兮，獨立而不改，周行而不殆，可以
> 爲天下母，吾不知其名，字之曰道。強名之曰大。

「太一」與「道」都是周而復始的運行，郭店竹簡《老子》丙本〈太一生水〉

〔註2〕戴念祖，《朱載堉——明代的科學和藝術的巨星》（北京：人民出版社，1986.6），
　　　頁283-287。

有云：

> 是故太一藏於水，行於時，周而或【始，以記爲】萬物母；一缺一
> 盈，以記爲萬物經。

太一周行是道的運動特點，所以未分天地之前的宇宙本體就是圓道，繼之而分的天地、四時、日月星辰之運行也是圓道的分身。《說文》云：「圓，天體也。从口睘聲。」《易》以乾卦爲首，而〈說卦〉：「乾爲天，爲圓。」《釋名·釋天》：「天，易謂之乾。乾，健也。健行不息也。」《周易》書名正是對《乾》之大義闡發，意謂日月旋轉，繞行周天。《易·繫辭下》曰：「日往則月來，月往則日來，日月相推而明生焉。寒往則暑來，寒暑相推而歲成焉。往者屈也，來則信也，屈信相感而利生焉。」這段話可視作對《周易》書名義蘊的發揮，表明萬物生生不已，正是日月、寒暑、屈伸，在陰陽的往復循環中得以實現，是知《周易》與天文曆數有密切關係，圓道乃是其重要的規律之一。

　　反映先秦時代的圓道意識，如《大戴禮·夏小正》記述了物候、天象和農事活動的許多周期圓道變化；《國語·越語下》范蠡說：「天道皇皇，日月以爲常，明者以爲法，微者則是行。陽至而陰，陰至而陽。日困而還，月盈而匡。」《管子·乘馬》：「春秋冬夏，陰陽之推移也；時之短長，陰陽之利用也。日夜之易，陰陽之化也。」《呂氏春秋·圓道》：「日夜一周，圓道也。月躔二十八宿，軫與角屬，圓道也。精行四時，一上一下，各與遇，圓道也。物動則萌，萌而生，生而長，長而大，大而成，成乃衰，衰乃殺，殺乃藏，圓道也。」圓道反映在日、月、星的旋轉運行上，自然氣候因而有了陰陽消長，晝夜寒暑，盈缺朔望的周期循環，時間的早晚晨昏；於物道上則出現萌、長、枯、死的周轉；於人道則有了生長壯老死的輪迴歷程。萬事萬物以圓的形式相互聯系著、發展著。

一、日月天象

　　由《漢書·藝文志》「數術略」天文類所列的書目，〔註3〕可知天文這門

〔註3〕 《泰壹雜子星》、《五殘雜變星》、《黃帝雜子氣》、《常從日月星氣》、《皇公雜子星》、《淮南雜子星》、《泰壹雜子雲雨》、《國章觀霓雲雨》、《泰階六符》、《金度玉衡漢五星客流出入》、《漢五星彗客行事占驗》、《漢日旁氣行事占驗》、《漢流星行事占驗》、《漢日食月暈雜變行事占驗》、《海中星占驗》、《海中五星經雜事》、《海中五星順逆》、《海中二十八宿國分》、《海中二十宿臣分》、《海中日月慧虹雜》、《圖書秘記》。

學問包括對日月、星辰、雲氣、霓虹等自然天象的觀察，與吉凶占驗。本類《說文》字例先就日、暈、昴、晶、曑、曑、曟、月諸字說解，藉此了解《說文》的天文知識。至於雲、雨、霓、虹等字的釋義由於偏重於陰陽之氣，已於第四章〈《說文》陰陽五行思想〉作互見論述。茲分述如下。

字　例	日	暈	昴	晶	曑	曑	曟	月
篇　卷	7上1	7上6	7上8	7上22	7上22	7上23	7上23	7上23

（1）日實也，大昜之精不虧，从口一，象形。囜古文，象形。（七篇上　一）

　　按：《春秋元命包》：「日之爲言實也，節也。含一開度立節，使物咸別，故謂之日，言陽布散合如一，故立其字，四合其一者爲日。」《釋名·釋天》曰：「日，實也。光明盛實也。」太陽是陽精天體，代表光明盛實，永不虧損。

　　《呂氏春秋·圓道》：「日，日夜一周，圓道也。」太陽視運動自東向西運行，而有了白晝與夜晚的變化，形成一個循環不已的圓形軌道。《呂氏春秋·似順》：「至長反短，至短反長，天之道也。」高誘注：「化，道也。夏至極長，過至則短，故曰至長反短。冬至極短，過至則長，故曰至短反長。」這個有盈縮之變的天道，說的即是太陽的一年週期變化規則，以日長日短而有夏至、冬至之別，然不失其往復循環之理。此循環之道可以車輪象徵，《呂氏春秋·大樂》：「陰陽變化，一上一下，合而成章，渾渾沌沌，離則復合，合則復離，是謂天常，天地車輪，終則復始，極則復反，莫不咸當。」《淮南子·精神》：「終始若環，莫得其輪，此精神之所以能假于道也。」如車輪運行軌道的太陽，象徵著宇宙之「道」的路徑，是「道」的原生形態「獨立不改，周行而不殆」的轉化（《老子》二十五章），故可謂「大昜之精不虧」，太陽是恆常的光源體，無盈虧如月。

　　段玉裁注云：「○象其輪郭，一象其中不虧，蓋象中有烏，武后乃竟作囜。」這段話有四個重點：（1）分析「日」的構形爲○與一。（2）說明○與一的形義。（3）指出《說文》言「日」不虧之所在。（4）《說文》古文「日」與武后時的「日」同形。無論「日」中間作一或乙，在許慎看來就是不虧的太陽之精，段玉裁不僅幫許慎點出重點，而且還說出太陽之精是「烏」。其實，許慎在釋「焉」字時也提到「烏者，日中之禽。」〔註4〕至於段注說武后的「日」

────────────────

〔註4〕許慎在釋「烏」字爲「孝鳥」時，並未提到「日中禽」；釋「日」字時又以古文字形的「囜」指涉太陽之精，透過段玉裁的注解指出「囜」的實相，不過

作乙錯誤，正是要闡明太陽鳥的神話意義，蓋古文囚从「乙」實乃「乙」之誤，《說文》乙下云：「燕燕乙鳥也。齊魯謂之乙，取其鳴自謼，象形也。鳦，乙或从鳥。」段玉裁注：「乙象翅開首竦橫看之，乃得與甲乙字異，俗人恐與甲乙亂，加鳥旁爲鳦，則贅矣。」乙、乙形近訛誤，「乙」或「鳦」是玄鳥。殷商始祖契的降生有一段吞卵生子的神話，《詩經・商頌・玄鳥》：「天命玄鳥，降而生商，宅殷土芒芒。」鄭箋：「降，下也。天使鳦下而生商，謂娀遺卵，姻氏之女簡狄吞之而生契。」《史記・殷本紀》：「殷契，母曰簡狄。有娀氏之女，爲帝嚳次妃。三人行浴，見玄鳥墮其卵，簡狄取吞之，因孕生契。」簡狄吞了玄鳥的卵而懷孕生契。《楚辭》敘寫玄鳥故事，〈離騷〉作「鳳凰既受貽兮」，〈天問〉作「玄鳥受貽女何嘉」，〈九章・思美人〉作「遭玄鳥而致貽」，分別有鳳鳥與玄鳥之異文。其實玄鳥與鳳鳥一樣，都是太陽神鳥。

1959 年山東莒縣陵陽河大汶口陶文作 、、，王樹明介紹出土陶文的「陵陽河遺址東面，爲一丘陵起伏的山區。正東五華里，有山五峰並聯，中間一峰突起，名爲寺埌山。春秋兩季，早晨八、九點鐘，太陽從正東升起，高懸于主峰之上。」﹝註5﹞陶文之形指太陽從東山升起。中國歷史博物館藏的良渚文化璧玉琮，其上刻有鳥立五山峰上的陰線形紋飾（見附圖），構形主題與大汶口陶文相近，山峰所立之鳥代替了陶尊的太陽，正說明鳥與太陽的同構關係。

古人把太陽與鳥聯想在一起，是因太陽在空中運行，鳥也在天空飛翔。早晨，太陽東昇，鳥從巢穴裡飛出覓食；黃昏日落，鳥回巢棲息，鳥的作息與日同步。在河姆渡文化遺址中，出土雙鳥朝陽象牙雕像，圖案的中心爲一組大小不等的同心圓，周圍刻似烈焰光芒，象徵冉冉升起的朝陽，太陽兩側各雕一只神鳥。《詩經・大雅・卷阿》：「鳳凰鳴矣，于彼高崗。梧桐生矣，于

許愼其實已將答案揭曉在「焉」字的釋義中，可見許愼也仿用如司馬遷《史記》的互見筆法來編寫《說文》。

﹝註5﹞ 王樹明，〈談陵陽河與大朱村出土的陶尊文字〉《山東史前文化論文集》（濟南：齊魯書社，1986.9），頁 250。

彼朝陽。」「鳳鳴朝陽」有鳥與太陽的文化積澱。

　　以「一」或「乙（乚）」象徵日中之精——「烏」（太陽鳥），在諸多考古出土資料，皆可獲得佐證，如浙江餘姚河姆渡遺址出土獸骨上雕刻的「雙鳥太陽紋」（圖一）；仰韶文化陝西泉護村彩陶（圖二）、良渚文化陶器（圖三）、東漢石刻畫像（圖四）的「金烏負日」；西漢馬王堆 1 號、3 號墓 T 形帛畫，山東臨沂金雀山 9 號墓帛畫右上角的「日中鳥」（圖五）（圖六）（圖七），為《説文》「日」字更傳神的圖像化註腳。

圖一　浙江餘姚河姆渡遺址「雙鳥太陽紋」　　圖二　仰韶文化陝西泉護村彩陶

圖三　良渚文化陶器　　　　　　　　圖四　東漢石刻畫像

圖五　西漢馬王堆 1 號墓 T 形帛畫　　圖六　西漢馬王堆 3 號墓 T 形帛畫

圖七　臨沂金雀山 9 號墓帛畫

　　由「雙鳥太陽紋」、「金烏負日」圖可知太陽與鳥密不可分，趙國華說：「太陽的凌空運行，鳥類的凌空飛翔，使遠古人類認爲太陽是一個飛行物，想像有一只鳥背負太陽運行。」〔註6〕而馬王堆 T 形帛畫的「日中烏」，正如《淮南子・精神》：「日中有踆烏」所言，相對地，也證明了段玉裁的注解實有根據。《玄中記》：「蓬萊之東，岱輿之山，上有扶桑之樹，樹高萬丈。樹顛常有天雞爲巢於上，每夜至子時，則天雞鳴，而日中陽烏應之，陽烏鳴，則天下之雞皆鳴。」提到「日中陽烏」，「鳥的鳴叫常常預示著太陽的升起，這是鳥神與太陽更爲緊密的聯繫，初民想像鳥負日行，主要是因爲他們認爲，太陽是神鳥的鳴叫聲叫出來的。……由於鳥的鳴叫與太陽的運行有如此密切的關係，於是初民想像，太陽或者就是鳥兒呼喚出來的，甚至就是鳥兒背負著出山的。」〔註7〕

　　太陽神鳥的形象，《論衡・說日》說到：「日中有三足烏」，仰韶文化河南廟底溝彩陶（圖八）、東漢河南南陽唐河針織廠石刻畫像（圖九）都有日中三足烏紋。王筠《文字蒙求》云：「日，日中有黑影，初無定在，即所謂三足烏也。」〔註8〕《春秋元命包》：「陽數起於一，成於二，故日中有三足烏。日有三足烏者陽精。」段玉裁注「焉」字引「《靈憲》曰：日，陽精之宗，積而成烏，烏有

〔註 6〕趙國華，《生殖崇拜文化論》（北京：中國社會科學出版社，1996.4），頁 265。
〔註 7〕吳天明，《中國神話研究》（北京：中央編譯出版社，2003.1），頁 199，204。
〔註 8〕王筠，《文字蒙求》（臺北：藝文印書館，民國 70.3（1981.3）），頁 8。

三趾，陽之類，故爲奇。」所以，《説文》古文乙具有深厚的太陽神鳥神話。

圖八　仰韶文化河南廟底溝彩陶　　　圖九　河南南陽唐河針織廠石刻畫像

（2）暈 尮也。从日軍聲。（七篇上　六）

按：段玉裁認爲不應訓作「光」，而當訓作「日光氣也」，其注曰：「篆體日在上，或移之在旁。此篆遂改爲暉，改其訓曰光，與火部之煇不别，蓋淺者爲之，乃致鉉以暈爲新附篆矣。」〔註9〕《周禮·眡祲》暈作煇，其曰：「眡祲掌十煇之法，以觀妖祥辨吉凶，一曰祲，二曰象，三曰觿，四曰監，五曰闇，六曰瞢，七曰彌，八曰敘，九曰隮，十曰想。」鄭司農云：「煇謂日光炁也。」日光氣謂日光捲結之氣，《釋名·釋天》曰：「暈，捲也，氣在外捲結之也。日月俱然。」孟康曰：「暈，日旁氣也。」《呂氏春秋·明理篇》：「有暈珥。」注云：「暈讀爲君，國子民之君，器爲繞日周匝，有似軍營相圍守，故曰暈也。」暈從軍聲，有圓圍之意。

（3）昴 白虎宿星。从日丣聲。（七篇上　八）

按：西方白虎七宿：奎、婁、胃、昴、畢、觜、參，昴星居正中。《尚書·堯典》：「日短星昴，以正仲冬。」鄭玄注：「昴，白虎中宿。」《左傳·昭公四年》：「西陸朝覿而出之。」正義云：「鄭答孫皓問曰：『西陸朝覿，謂四月立夏之時。』《史記·天官書》：「昴畢閒爲天街，其陰陰國，陽陽國，參爲白虎。」正義云：「天街三星在畢昴間主國界也，街南爲華夏之國，街北爲夷狄之國，土金守胡兵入也。觜三星、參三星，外四星爲實沉，於辰在申，魏之分野爲白虎形也。」《天文錄》：『昴者，天之耳也，主西方，故《爾雅》曰：西陸昴也。』」《爾雅·釋天》：

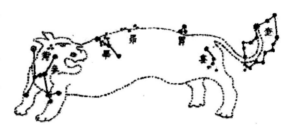

〔註9〕段玉裁，《説文解字注》（臺北：黎明文化事業股份有限公司，民國74.9（1985.9）），頁307。

「大梁昴也，西陸昴也。」郭璞注：「昴，西方之宿，別名旄頭。」孫炎云：「畢昴之閒，日月五星出入要道若津梁。」《星經》：「昴者，西方白虎之宿，太白者，金之精也。太白入昴，金虎相薄，法有兵亂。」

（4）晶精光也。从三日。（七篇上　二十二）

　　按：《文子・下德》：「天愛其精……。天之精，日月星辰雷霆風雨也。」《孝經援神契》：「天地至貴，精不兩明。」注云：「天精爲日，地精爲月。」王筠《說文句讀》云：「物之精者必有光。天精爲日，地精爲月，人精爲目。精則生明，其光發矣。」〔註10〕宋育仁《說文部首箋正》：「《春秋緯》說：『陽精爲日。』劉熙說：『日，實也。光明盛實也。』晶从三日，故說精光也，與焱、垚、淼等字同例，三者盛多之意，《孟子》說：『天無二日，日可三者。』《春秋緯》曰：『星之言精也，陽精爲日，日分爲星。』然三日正謂日分爲星，三者眾也，謂日光之精分爲眾星，非謂有三日也。……然晶蓋星之本字。」〔註11〕晶从三日，是指日光之精分爲眾星，「晶」借「日」象以示星意，蓋有二義：（一）星光分自日之陽精。（二）「晶」非取「日」之實象實意，惟取「日」之虛象，藉以表示星意。徐灝《說文解字注箋》：「晶即星之象形，故曑曩从之。古文作⟨形⟩二形，因其形略，故又从生聲。小篆變體，有似於三日，而非从日也。古書傳於晶字別無他義，精光之義即星之引申。」〔註12〕朱駿聲《說文通訓定聲》：「晶字不從三日，乃象星三兩相聚之形。或曰：晶即古文星字，亦通論也。」〔註13〕在甲骨文中晶、星不別，其形有作⟨形⟩、⟨形⟩、⟨形⟩、⟨形⟩，後兩者皆从「生」。「晶」指星光，而「星」是指星星本身，意義指涉略有不同，故在字形上作區別。

（5）曐萬物之精，上爲列星，从晶从生。一曰象形，从古○復注中，故與日同。曐古文。星或省。（七篇上　二十二）

　　按：《列子・天瑞》：「天積氣耳，日月星宿亦積氣中之有光耀者。」《管子・內業》：「凡物之精，此則爲生，下生五穀，上爲列星。流於天地之閒謂之鬼神，藏於胷中謂之聖人。」《春秋說題辭》云：「星之爲言精也，陽之榮也，陽精爲日，日分爲星。」《京房易傳》：「星者，陰陽之精，萬物之體，五行之形，其體在下，精耀在天。」《史記・天官書》正義曰：「眾星列布，體

〔註10〕楊家駱主編，《說文解字詁林正補合編》第六冊（臺北鼎文書局，民國 72.4（1983.4）），頁 6-194。
〔註11〕同註 10，頁 6-195。
〔註12〕同註 10，頁 6-193。
〔註13〕同註 10。

生於地，精成於天，列居錯峙，名有所屬，在野象物，在朝象官，在人象事。」星爲日精之分，精耀在天，體化萬物，故天上的眾星列布，對應著大地上的人事物，由古代的全天星圖可以一覽全部。

許慎說：「一曰象形，从古○復注中，故與日同。」⊙仿似甲金文的日，不過許慎的古文日作区，很明顯與晶或星的⊙有所區別，王筠《說文釋例》：「蓋圓圍以象日之體，中之曲而橫者，天文家所謂無定之黑影，詞漢家所謂烏踆也，不可縮之注於中。若✿亦以圓口象其體，而以注中者象其中之光。」〔註14〕日中作乙象踆烏，⊙中注點象星光。

（6）曑商星也，从晶今聲。曑或省。（七篇上　二十三）

按：參指西方白虎七宿中的參宿，商指東方蒼龍七宿中的心宿，是心宿的別稱。參宿在西，心宿在東，二者在星空中此出彼沒，彼出此沒。商星也作辰星，參商亦作參辰，楊雄《法言·學行》：「吾不睹參辰之相比也。」《說文》訓參爲商星，無乃昧於天象。王筠《說文句讀》：「許瀚《印林》曰：『商當爲唐，聲之誤也。』」〔註15〕認爲商星當作唐星，唐商音近，古通用，如《韓詩外傳》高唐作高商。《左傳·昭公元年》曰：「后帝不臧，遷閼伯於商丘，主辰，商人是因，故辰爲商星。遷實沉於大夏，主參，唐人是因，以服事夏商。……及成王滅唐而封大叔焉，故參爲晉星。」閼伯主辰，辰爲商星；實沉主參，參爲晉星。參爲唐的分野星，及滅唐而封大叔，是爲晉星，唐星即是晉星。但錢大昕《潛研堂集論說文》認爲商是承上篆參爲句：「參商二字連文，以證參之从晶，本爲星名，非以商訓參。承上篆文參，故注不重出。《說文》十四篇中似此者極多，如肦釁，布也。洬隘，下也。話訓，故言也。昧爽，旦明也。燹，候表也。顡痴，不聰明也。皆承上篆文以足句。諸山水名云山在某郡，水在某郡者，皆連上字讀之。古書簡而有法，龘心人未易通曉句讀之未分，而哆口譏之，是惑之甚也。」〔註16〕承上篆以連文又是許慎的編撰條例，了解此條例，參訓作商星的錯誤也就不存在了。

（7）晨房星，爲民田時者，从晶辰聲。晨農或省。（七篇上　二十三）

按：農通作辰，《說文》辰下云：「民農時也」，又云：「辰，房星天時也。」辱下云：「辰者，農之時也，故房星爲辰，田候也。」《國語·周語上》：「農

祥晨正。」韋昭注：「農祥，房星也，晨正謂立春之日，晨中於午也，農事之候，故曰農祥。」《國語・周語上》又云：「晨爲農祥也。」韋昭注：「農祥房星也，房星晨正而農事起，故謂之天駟。」《爾雅・釋天》曰：「天駟房也，大辰房心尾也。」郭璞注曰：「龍爲天馬，故房四星謂之天駟。龍星明者，以爲時候，故曰大辰。」房星居東方蒼龍七宿之中，而房星又由四顆星構成，故爲天駟。龍星的左角曰天田，孟春見之，是爲農時。

（8）☾闕也，太陰之精，象形。（七篇上　二十三）

　　按：小徐本在闕下多了「十五稍減故曰闕也」八字。《楚辭・天問》：「夜光何德，死則又育？厥利爲何，而顧菟在腹？」洪興祖補注：「菟，與兔同。《靈憲》曰：『月者，陰精之宗，積而成獸，象兔，陰之類，其數偶。』」《淮南子・精神》：「日中有踆烏，而月中有蟾蜍。」高誘注：「蟾蜍，蝦蟆。」《春秋元命包》：「月之爲言闕也，兩設以蟾蜍與兔者，陰陽雙居，名陽之制陰，陰之倚陽。」西漢馬王堆 T 形帛畫左上角有月牙，上畫有蟾蜍與兔。1974 年山東臨沂金雀山九號漢墓出土彩繪帛畫的頂端，左方一輪明月，月中有蟾蜍居中，玉兔靠上而向左方奔騰（圖見「日」字例）。《白虎通・日月》：「月之爲言闕也，有滿有闕也。」《孔子家語・禮運篇》：「天兼陽垂日星，地秉陰載山川，播五行於四時，和四氣而後月生，是以三五而盈，三五而缺。」注云：「月陰道不長滿，故十五日而滿，十五日而缺。」月亮由朔而望，由望而朔，一盈一虧，缺日多於滿日，故曰「闕」。《淮南子・天文》：「水氣之精者爲月。」「日月者，天之使也。」「月者陰之宗也。是以月虛而魚腦減，月死而蠃蚌膲。」《呂氏春秋・精通》：「月也者，群陰之本也。」《論衡・說日》：「月者，水之精也。」《春秋感精符》：「月者，陰之精，地之理也。」《春秋元命包》：「太陰水精爲月，日行十三度，常朏任而受明，陽精在內，故金水內景。」《靈憲》：「月者，陰宗之精也。」《開元占經・月占一》：「王子年《拾遺記》曰：『瀛州水精爲月。』……范子計然曰：『月者，水也。』」月亮本身非發光體，是反射太陽光所致，故「受陽精也。」

　　《說文》以闕訓月，這種既訓聲又訓義的單字聲訓法，尚有其他字例，如「天，顚也」、「日，實也」、「山，宣也」、「水，準也」。《釋名・釋天》：「月，闕也，滿則闕也。」月的圓缺主要受太陽光多寡而呈現的現象，故有朔弦望的月相變化，宋育仁《說文部首箋正》：「月陰質無光，與日衰値，半有光半無光爲弦，與日正對爲望，望則又弦，是月常闕也，故象闕形，制爲月字。

日，實也，故完形象其常滿。月，闕也，故半形象其常虧。日月皆中有物，日陽月陰，陽奇陰耦，故日中一，月中二，古文作𝕯，正象弦月。」〔註17〕日的古文字作完形（☉）象其實滿，月作半形（𝕯）象其常虧。而小篆字形日中一，月中二以象日月皆中有物，日中一為三足鳥，月中二為何，王筠《說文句讀》：「內象地影，即《靈憲》所謂兔蛤也。」〔註18〕小篆月形中之二畫，或許在漢人的觀念中即指玉兔與蟾蜍，王充《論衡・順鼓篇》：「月中之獸，兔、蟾蜍也。」聞一多說：「考月中陰影，古者傳說不一，〈天問〉而外，先秦之說，無足徵焉。其在兩漢，則言蟾蜍者莫早於《淮南》，兩言蟾蜍與兔者莫早於劉向，單言兔者莫早於《緯書》。」〔註19〕上引《春秋・元命包》就提到蟾蜍與兔，並不如聞氏所說的單言兔。

本類字例就天體日月星象而言。日月星辰佈掛在圓道的天體，其交會與運行皆依此宇宙的自然法則，而有循環往復的週期變化。本類字例偏向星體的靜態敘述，下面的十二辰次、月相與月行則是動態的運行變化，圓道觀則是自然天體的運行哲理。

二、十二次

十二是天文學一個重要的數字，《左傳・襄公七年》：「周之王也，制禮上物，不過十二，以為天之大數也。」十二支應用於天空區劃，即為十二辰。以正北為子，向東、南、西依次為丑、寅、卯、辰、巳、午、未、申、酉、戌、亥。從正北到正南經過天頂的一線稱為子午線。漢代以後，又把十二辰用於計時，分一晝夜為十二時辰，以太陽所在方位計時，如日出為卯時，日正當中為午時，日沒為酉時。十二次則是歲星周天的行次劃分，沿著天球黃道，自北向西、南、東依次為星紀、玄枵、娵訾、降婁、大梁、實沉、鶉首、鶉火、鶉尾、壽星、大火、析木，以星紀為首右旋。十二次的辰位對應如下表：

星紀	玄枵	娵訾	降婁	大梁	實沉	鶉首	鶉火	鶉尾	壽星	大火	析木
丑	子	亥	戌	酉	申	未	午	巳	辰	卯	寅

附麗著恆星的整個天穹是自東、南、西左旋，而日月和五大行星這七曜

〔註17〕 同註10，頁6-212。

〔註18〕 同註10，頁6-210。

〔註19〕 聞一多，〈天問釋天〉（《聞一多全集》二《古典新義》，臺北：里仁書局，民國85.2（1996.2）），頁330。

是從西、南、東右旋。但天轉得快，七曜轉得慢，彷彿讓天帶著左旋，《晉書・天文志》有一段生動描述，其曰：

> 天旁轉如推磨而左行，日月右行，隨天左轉。故日月實東行，而天
> 牽之以西没。譬之於蟻行磨石之上，磨左旋而蟻右去，磨疾而蟻遲，
> 故不得的不隨磨以左迴焉。

以磨比喻左旋的天穹，以蟻比喻右旋的日月，磨行快於蟻行，故蟻隨磨左行，猶七曜讓天帶著左旋，是恆星天與日月星的相對運動。左旋、右旋都是以地球爲靜止不動的中心去看待，是爲假想的觀念。《春秋元命包》云：「天左旋，地右動。」則是恆星天與地球的相對運動。

　　十二次右旋適於表達日月五星的周年視運動。觀測太陽的周年視運動，能反映四時變化，制定準確的太陽曆。但要測定太陽的位置，則要觀察日出前和日没後恆星的佈局，來推知太陽位在哪個天區，這要準確掌握恆星的全天分布狀況才可辦到。《呂氏春秋》、《禮記・月令》、《淮南子・時則》等都是以昏、旦中星來推知太陽的位置。至於像土星的周年視運動則與二十八宿有關，〔註20〕木星的周年視運動，是十二次的由來。

　　《説文》「歲」是指木星，其運行十二次與二十八宿、歲星紀年有關。至於「會」的日月交會也與十二次有關。兹透過歲、會二字說明歲星與日月之會個別的意義，順便也進一步說解十二次與二十八宿、太歲、斗建的對應關係。

字　例	歲	會
篇　卷	2 上 41	3 上 39

（1）歲木星也，越歷二十八宿，宣徧陰陽，十二月一次，從步戌聲。律厤書
　　名五星爲五步。（二篇上　四十一）

　　按：《開元占經・歲星占》引《甘石星經》曰：「歲星，木之精也。位在東方，青帝之子。歲行一次，十二年一周天，與太歲相應，故曰歲星。」「歲」是木星，太陽系的行星之一，與金、水、火、土合稱「五星」，《漢書・律曆志》所云「五步」，實指五星的運行步算，故測算天文謂之推步。古人爲了觀

〔註20〕土星又稱填星或鎮星，這是由於土星大約28年一周天，一周天分爲二十八宿，則土星每年陣行一宿，故名曰填星或鎮星。《淮南子・天文》和《史記・天官書》都採此說。而馬王堆漢墓帛書的土星周期就定爲30年，《漢書・律曆志》的土星周期觀測值則爲29.79年，今爲29.46年。

－363－

測日、月、五星的運行，在黃道附近以二十八個恆星群作爲標誌，稱爲「二十八宿」。歲星行經黃道環繞周天，故許慎曰：「越歷二十八宿」。古人把黃道周天化分爲十二等份，定多至點在星紀，依逆時鐘方向依序爲：玄枵、娵訾、降婁、大梁、實沉、鶉首、鶉火、鶉尾、壽星、大火、析木等十二次。歲星一日行十二分度之一，十二歲而周天，每年行「一次」，故曰「十二月一次」，於是就用木星所在星次紀年，故稱木星爲歲星。《說文》又云：「宣徧陰陽」，是指歲星右行從亥至午爲陰，從巳至子爲陽，環繞一周，歷徧陰陽，一次 30度，十二次凡 360 度也。

次與宿的解釋，《左傳・莊公三年》云：「凡師，一宿爲舍，再宿爲信，過信爲次。」歲星十二次與二十八星宿的配置關係，長沙馬王堆三號漢墓出土的帛書中有「歲星居維，宿星二」、「歲星居中，宿星三」之句，即認爲歲星所在的「次」，有的含二宿，有的含三宿，這是因爲十二不能整除二十八的緣故。歲星十二次與二十八星宿之對應，茲援圖以示之：

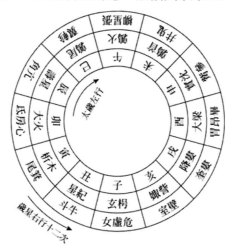

歲星（木星）的周年視運動，正是十二次的由來，而有所謂的歲星紀年法。但是木星的恆星週期實際爲 11.86 年，而非 12 年，如此累積若干年後，就會出現「超辰」現象，歲星比實際紀年快，於是歲星紀年法逐漸廢棄不用。十二次就成爲專門用以記錄太陽周年視運動，以定二十四節氣的天空劃分。

歲星所在方位要依據二十八宿等恆星來標定，實際上還不能劃分得很均勻，就進一步以北斗爲更好的參考座標。歲星右行方向與實際觀測之星象（斗柄的指向左行）恰好相反，每過一年，歲星一次向右行約 30 度爲「一次」。當它年復一年晚出現於東方的時候，相對來說，斗柄所指方位則依次左旋約 30

度爲「一辰」。《淮南子‧天文》:「北斗之神有雌雄,十一月始建於子,月從一辰,雄左行,雌右行……」北斗無論是周日視運動或周年視運動都是左行,觀察北斗斗柄左旋以定四時,是對應於右旋的歲星。即方向運行相反的北斗運。又《漢書‧律曆志上》:「斗綱之端連貫營室……凡十二次……斗建下爲十二辰,視其建而知其次。」斗建和十二次是逆向的,但都借用十二支來命名。

　　由於歲星運行方向與北斗相反,而且運行又不均勻,有時還會逆行。爲了方便起見,古人另外假想了一個與歲星運行方向相反的太歲,歲星右行,太歲左行與斗柄運行方向一致。《史記‧天官書》云:「以攝提格歲陰左行在寅,歲星右轉居丑。」這裡除了說明歲陰、歲星的方向相反,還提到它們各自所在的辰位。據《淮南子‧天文》所載,歲星的神靈歲陰(即是太陰、太歲)是天帝的別稱,北斗是天帝巡幸所坐的帝車,所以歲陰的方向和北斗運行方向一致。太歲按著十二辰的方向運行,每年進入一「辰」,這十二辰有一套專名,它們是:攝提格、單閼、執徐、大荒落、敦牂、協洽、涒灘、作噩、閹茂、大淵獻、困敦、赤奮若。由於歲星爲陽,太歲爲陰,在《淮南子‧天文》中又分別作雄雌,列有太歲歲名與所在辰位、歲星所舍二十八宿的對應關係:〔註21〕

　　　　太陰在寅,歲名曰攝提格,其雄爲歲星,舍斗、牽牛;

　　　　太陰在卯,歲名單閼,歲星舍女、虛、危;

　　　　太陰在辰,歲名執徐,歲星舍營室、東壁;

　　　　太陰在巳,歲名大荒落,歲星舍奎,婁;

　　　　太陰在午,歲名敦牂,歲星舍胃、昴、畢;

　　　　太陰在未,歲名協洽,歲星舍觜觿、參;

〔註21〕 《淮南子‧天文》:「太陰在寅,歲名曰攝提格,其雄爲歲星,舍斗牽牛,以十一月,與之晨出東方,東井輿鬼爲對。太陰在卯,歲名曰單閼,歲星舍須女虛危,以十二月,與之晨出東方,柳七星張爲對。太陰在辰,歲名曰執徐,歲星舍營室東壁,以正月,與之晨出東方,翼軫爲對。太陰在巳,歲名曰大荒落,歲星舍奎婁,以二月,與之晨出東方,角亢爲對。太陰在午,歲名曰敦牂,歲星舍胃昴畢,以三月,與之晨出東方,氐房心爲對。太陰在未,歲名曰協洽,歲星舍觜觿參,以四月,與之晨出東方,尾箕爲對。太陰在申,歲名曰涒灘,歲星舍東井輿鬼,以五月,與之晨出東方,斗牽牛爲對。太陰在酉,歲名曰作噩,歲星舍柳七星張,以六月,與之晨出東方,須女虛危爲對。太陰在戌,歲名曰閹茂,歲星舍翼軫,以七月,與之晨出東方,營室東壁爲對。太陰在亥,歲名曰大淵獻,歲星舍角亢,以八月,與之晨出東方,奎婁爲對。太陰在子,歲名曰困敦,歲星舍氐房心,以九月,與之晨出東方,胃昴畢爲對。太陰在丑,歲名曰赤奮若,歲星舍尾箕,以十月,與之晨出東方,觜觿參爲對。」

太陰在申，歲名涒灘，歲星舍東井胃、與鬼；

太陰在酉，歲名作鄂，歲星舍柳、七星、張；

太陰在戌，歲名閹茂，歲星舍翼、軫；

太陰在亥，歲名大淵獻，歲星舍角、亢；

太陰在子，歲名困敦，歲星舍氐、房、心；

太陰在丑，歲名赤奮若，歲星舍尾、箕；

馬王堆帛書以大荒落為大荒洛，協洽作汁給，涒灘作丙英；《史記‧曆書》閹茂作淹茂；《爾雅‧釋天》作鄂作作噩，大體上一致。茲配合《史記‧天官書》所記，〔註22〕將其對應關係列表如下：

歲陰	攝提格	單閼	執徐	大荒落	敦牂	協洽	涒灘	作噩	閹茂	大淵獻	困敦	赤奮若
歲陰辰位	寅	卯	辰	巳	午	未	申	酉	戌	亥	子	丑
歲星辰位	星紀(丑)	玄枵(子)	娵訾(亥)	降婁(戌)	大梁(酉)	實沉(申)	鶉首(未)	鶉火(午)	鶉尾(巳)	壽星(辰)	大火(卯)	析木(寅)
二十八宿	斗、牛	女、虛、危	室、壁	奎、婁	胃、昴、畢	觜、參	井、鬼	柳、星、張	翼、軫	角、亢	氐、房、心	尾、箕

（2）𥤮 日月合宿為𥤮。从會辰，會亦聲。（五篇下　十七）

按：《左傳‧昭公七年》：「晉侯問伯瑕曰：『何謂六物？』曰：『歲時日月星辰是謂也。』公曰：「多語寡人，辰而莫同，何謂辰？」對曰：『日月之會是謂辰，故以配日。』」《國語‧周語下》：「辰在斗柄。」注云：「辰，日月之會。」辰以配日者，謂以從子至亥配從甲至癸，十日十二辰見《周禮》馮相氏氏注云：「『十有二辰者』謂子丑寅卯之等十有二也。『十日』者謂甲乙丙丁之等也。」從子至亥者，日月一歲十二會，所會之處謂之十二次，《尚書‧堯典》：「乃命羲和，欽若昊天，，曆象日月星辰，敬授民時。」傳曰：「日月所會，謂日月交會

〔註22〕《史記‧天官書》：「以攝提格歲：歲陰左行在寅，歲星右轉居丑，正月與斗牽牛，晨出東方，名曰監德。單閼歲，歲陰在卯，星居子，以二月與婺女虛危晨出，曰降入。執徐歲，歲陰在辰，星居亥，以三月與營室東壁晨出，曰青章。大荒駱歲，歲陰在巳，星居戌，以四月與奎婁胃昴晨出，曰跰踵。敦牂歲，歲陰在午，星居酉，以五月與胃昴畢晨出，曰開明。葉洽歲，歲陰在未，星居申，以六月與觜觿參晨出，曰長列。涒灘歲，歲陰在申，星居未，以七月與東井與鬼晨出，曰大音。作鄂歲，歲陰在酉，星居午，以八月與柳七星張晨出，曰為長王。閹茂歲，歲陰在戌，星居巳，以九月與翼軫晨出，曰天睢。大淵獻歲，歲陰在亥，星居辰，以十月與角亢晨出，曰大章。困敦歲，歲陰在子，星居卯，以十一月與氐房心晨出，曰天泉。赤奮若歲，歲陰在丑，星居寅，以十二月與箕尾晨出，曰天皓。」

於十二次也。寅曰析木，卯曰大火，辰曰壽星，巳曰鶉尾，午曰鶉火，未曰鶉首，申曰實沉，酉曰大梁，戌曰降婁，亥曰娵訾，子曰玄枵，丑曰星紀。」日月星辰，日一日行一度，月一日行十三度十九分度之七。星二十八宿環列於天，四時迭中者也。日月之會曰辰，分二十八宿之度爲十二次，是爲十二辰，所謂星紀、玄枵、娵訾、降婁、大梁、實沉、鶉首、鶉火、鶉尾、壽星、大火、析木之津。《漢書・律曆志上》：「辰者，日月之會而建所指也。」《禮記・月令》鄭注云：「日月之行，一歲十二會，聖王因其會而分之以爲大數焉，觀斗所建，命其四時。」《周禮・春官・大師》鄭注云：「某月建焉，辰在某，然後合宿之度，瞭然可見。」今以《漢書・律曆志》十二次度數，鄭注《周禮・春官・大師》、《禮記・月令》日月所會及斗所建之辰，列表如下：

《漢書・律曆志》	鄭注《周禮・春官・大師》	鄭注《禮記・月令》
星紀（丑） 初：斗 12 度，大雪 中：牽牛初，冬至 終：於婺女 7 度	黃鐘子之氣也，十一月建焉，而辰在星紀。	仲多者，日月會於星紀，而斗建子之辰也。
玄枵（子） 初：婺女 8 度，小寒 中：危初，大寒 終：於危 15 度	大呂丑之氣也，十二月建焉，而辰在玄枵。	季多者，日月會於玄枵，而斗建丑之辰也。
娵訾（亥） 初：危 16 度，立春 中：營室 14 度，驚蟄〔註23〕 終：於奎 4 度	太蔟寅之氣也，正月建焉，而辰在娵訾。	孟春者，日月會於娵訾，而斗建寅之辰也。

〔註23〕《淮南子・天文》二十四節氣的名稱、次序和現今完全相同。《逸周書・時訓解》、《漢書・律曆志下》所載二十四節氣的次序和《淮南子・天文》略有不同，它以驚蟄爲正月中，雨水爲二月節，穀雨爲三月節，清明爲三月中。《漢書・律曆志下》所載是根據劉歆《三統曆譜》而來，《三統曆譜》又是根據《禮記・月令》的記載而改。《漢書・律曆志下》在雨水、驚蟄、清明、穀雨下各注曰：「今曰驚蟄」、「今曰雨水」、「今曰穀雨」、「今曰清明」，其理由乃據《禮記・月令》：「孟春之月，東風解凍，驚蟄始振」，則驚蟄應是正月中氣；又據「仲春之月，始雨水，桃李始華」，雨水應是二月節氣。西漢太初之時，節氣猶仍此說。至東漢四分曆始改雨水於驚蟄之前，又改穀雨於清明之後，與《淮南子・天文》相同。蓋據古代先民經驗，蟄在正月已驚蟄，秧田需要的穀雨在三月初已降落，都未免太早，因此《淮南子・天文》以雨水（正月中）、驚蟄（二月節）、清明（三月節）、穀雨（三月中）爲次，是可以理解的。

降婁（丑） 初：奎 5 度，雨水 中：婁 4 度，春分 終：於胃 6 度	夾鐘卯之氣也，二月建 焉，而辰在降婁。	仲春者，日月會於降婁， 而斗建卯之辰也。
大梁（酉） 初：胃 7 度，穀雨 中：昴 8 度，清明 終：於畢 11 度	姑洗辰之氣也，三月建 焉，而辰在大梁。	季春者，日月會於大梁， 而斗建辰之辰也。
實沉（申） 初：畢 12 度，立夏 中：井初，小滿 終：於井 15 度	中呂巳之氣也，四月建 焉，而辰在實沉。	孟夏者，日月會於實沉， 而斗建巳之辰也。
鶉首（未） 初：井 16 度，芒種 中：井 31 度，夏至 終：於柳 8 度	蕤賓午之氣也，五月建 焉，而辰在鶉首。	仲夏者，日月會於鶉首， 而斗建午之辰也。
鶉火（午） 初：柳 9 度，小暑 中：張 3 度，大暑 終：於張 17 度	林鐘未之氣也，六月建 焉，而辰在鶉火。	季夏者，日月會於鶉火， 而斗建未之辰也。
鶉尾（巳） 初：張 18 度，立秋 中：翼 15 度，處暑 終：於軫 11 度	夷則申之氣也，七月建 焉，而辰在鶉尾。	孟秋者，日月會於鶉尾， 而斗建申之辰也。
壽星（辰） 初：軫 12 度，白露 中：角 10 度，秋分 終：於氐 4 度	南呂酉之氣也，八月建 焉，而辰在壽星。	仲秋者，日月會於壽星， 而斗建酉之辰也。
大火（卯） 初：氐 5 度，寒露 中：房 5 度，霜降 終：於尾 9 度	無射戌之氣也，九月建 焉，而辰在大火。	季秋者，日月會於大火， 而斗建戌之辰也。
析木（寅） 初：尾 10 度，立冬 中：箕 7 度，小雪 終：於斗 11 度	應鐘亥之氣也，十月建 焉，而辰在析木。	孟冬者，日月會於析木之 津，而斗建亥之辰也。

　　《說文》「寅」說日月交會的辰位，是以歲星十二次的辰位為主，而不是北斗或太歲周天的十二辰。

三、月相與月行

　　每月的月相變化，是因爲月球運行，反射太陽光的角度不同所致，《周髀算經》云：「日照月，月光乃生，故成明月。」《爾雅・釋天》疏：「以爲日似彈丸，月似鏡體；或以爲月亦似彈丸，日照處則明，不照處則暗。」記述京房的觀點也大致相同，張衡《靈憲》亦云：「日譬猶火，月譬猶水，火則外光，水則含景。故月光生於日之所照，魄生於日之蔽。當日則光盈，就日則光盡也。」關於月相的變化早在青銅器銘文就有「初吉」、「既生霸」、「既望」、「既死霸」之類的記載。朔日或初一，不見新月，「初吉」指初露月牙，「既生霸」是指上弦月，「既望」是指月望，「既死霸」是指下弦月，這是定點月相法。王國維的《生霸死霸考》以爲「初吉」指每朔望月的新月初見到上弦月這一段時間；「既生霸」是指上弦月到望月這一段時間；「既望」指月圓以後到下弦月這一段時間；「既死霸」指下弦月至朔月這段時間，這是四分月相法。〔註24〕兩種說法都是按照月光反射太陽光的盈虧來劃分，只是一個以月相定點爲說，一個採月相段落變化爲說。

　　月球接連兩次合朔或兩次望的間隔時間，叫做朔望月或太陰月，就四分曆而言，平均等於 $29\frac{499}{940}$ 個太陽日。古代曆法用朔望月的平均日數，推算每月的朔日，如此推得的朔爲平朔，以大月爲三十日，小月二十九日。然而，月行速度在一近點月內時時變動，日行速度在一回歸年內也有遲疾，日月合朔就未必在平朔這一天內，而望月和上下弦的時間也非固定不變。茲從《說文》月相變化和月行相關字例，分述如下。

字　例	晦	冥	朔	朏	霸	朓	朒	朢
篇　卷	7上8	7上22	7上24	7上24	7上24	7上24	7上24	8上46

（1）晦月盡也。从日每聲。

　　按：《尚書・洪範》「五紀……二曰月」，正義云：「從朔至晦，大月三十日，小月二十九日，所以紀一月。」《呂氏春秋・貴因》：「推歷者，視月行而知晦朔。」《釋名・釋天》：「晦，月盡之名也。晦，灰也。火死爲灰，月光盡似之也。」《後漢書・律曆志下》：「日月相推，日舒月速，當其同所，謂之合朔。舒先速

〔註24〕參看王國維，《生霸死霸考》，見《觀堂集林》第一冊（北京：中華書局，1994.12），頁21。

後，近一遠三，謂之弦。相與爲衡，分天之中，謂之望。以速及舒，光盡體伏，謂之晦。」王筠《說文句讀》：「晦朔弦望，惟弦是借字。望者，月之最盛，故當從月矣。晦朔皆不見月，而朔從月，晦乃從日者。三十日爲月，朔爲一月之始，且朔者，蘇也，由此而生明，故從月。晦爲一月之終，且月本無光，向日而有光。晦日則但存所由有光之日矣，故從日矣。」〔註25〕月相的朔望弦晦，弦本義是弓弦，月半之形若張弓施弦，借弦爲說。而朔、望皆從月，惟獨晦從日。望爲滿月，月光最盛，本當從月。朔爲一月之始，月光從此而復甦生明，亦從月。晦是月終無光，但月之光源——日依然如故，故從日。

（2）🔣 幽也。从日六冖聲。日數十，十六日而月始虧幽也。〔註26〕（七篇上二十二）

按：《周禮·馮相氏》：「掌十有二歲、十有二月、十有二辰、十日、二十有八星之位。」疏云：「十日者，謂甲乙丙丁之等也。」《周禮·太宰》：「挾日而歛之。」注云：「從甲至癸位之挾日，凡十日。」許慎以「日」表示數十，「冥」字日下合六而爲「十六日」，故冥從日六。許慎在此不以月形言虧缺，而以數紀說之。《鶡子·湯政湯治天下理》：「日有冥有旦，有晝有夜，然後以爲數，月一盈一虧，月合月離以數紀。」《尚書·顧命》：「惟四月哉生魄。」傳云：「始生魄，月十六日也。」《帝王世紀》：「堯有草夾階而生，每月朔生一莢，月半則生十五莢，自十六日一莢落，至月晦而盡，名曰蓂莢。」以上所引之文，也都是以數紀言月虧。宋育仁《說文部首箋正》：「十日又加六日而月始虧，月虧則光向幽闇而去明，至晦則全冥不見，其端肇於始虧也。然從日猶從十，冥以爲凡幽暗之稱，取諸日月者，觀象於天也。」〔註27〕以數紀言月虧，數紀取於日，月虧取於月，月虧則幽冥，故幽冥之意也是觀象於天而來的。

每月十六日後月盈而虧，本天文之自然，許慎將「冥」解析爲「從日六」，張文虎《舒藝室隨筆論說文》云：「从六者，許書言《易》之數，陰變於六，六爲老陰，《易》『冥豫』，虞注云：『坤爲冥』，是其證也。」〔註28〕豫卦坤下震上，上六《象》傳：「『冥豫』在上，何可長也？」以陰柔居《豫》極，爲

〔註25〕同註10，頁6-63。

〔註26〕小徐本兩見「冖聲」，一者在六下，一者在虧幽下。段注本作「窈也。从日六从冖。日數十，十六日而月始虧幽也。冖亦聲。」王筠《說文釋例》作「从日从六」，冖聲在虧幽下。

〔註27〕同註10，頁6-191。

〔註28〕同註27。

－370－

《豫》昏冥之象。

「一聲」，苗夔《說文聲訂》：「冂聲，……金各本俱誤篆作冖，冖音密……在支齊部，冥從冂聲在耕清部，知從一者非也。」〔註29〕

（3）**朔**月一日始蘇也。从月屰聲。（七篇上　二十四）

按：《白虎通‧四時》：「朔之言蘇也，明消更生故言朔。」皇侃《論語》疏：「月旦爲朔，朔者，蘇也、生也。言前月已死，此月復生也。」每個月初月由冥復蘇，是因又可得日光漸明，表示月與日又相會，朱駿聲《說文通訓定聲》：「按月行二十九日有奇，屰退就日而與日會。……凡月與日同經度，不同緯度，則爲合朔。同經度又同緯度，即爲日食。」〔註30〕

朔从月屰聲，屰雖有迎之意，但《說文》云：「屰，不順也。」「月一日始蘇」之朔从屰之理，蓋出乎「陰陽君臣之大防」，吳楚〈釋朔〉云：

> 日君象也，月臣象也。《易》以離爲日，坎爲月，於日則惟恐其不明，如日在天上曰《大有》，日出地上曰《晉》，日爲澤掩曰《革》，日在地下則曰《明夷》矣。於月則惟恐其過明，《小畜》上六，《歸妹》六五，《中孚》六四，三言月幾望，幾之云者將圓猶未竟，圓則美德內含，竟圓則疑於君矣。聖人所不許也。壬部「朢，月滿也，與日相望，从月从臣从壬，壬，朝廷也。」是朢者，取其朝君，朢望音同，不敢與日敵也。造字之心以爲月得日光而後明，自朔則月漸明，得日光漸多，此迎之象也。然自朔而漸明漸滿，儼然欲與日敵，迹已近於不順，是逆之象也。兼此二義，故朔字月旁從屰，於初迎之時即寓不順之戒，履霜堅冰微矣哉。合觀朢字取義，其悎更瑩外，朒篆曰：「朔而月見東方，謂之縮朒。」《五行傳》作側匿。蔡邕曰：「月側匿則侯王其肅。」蓋月朔之初得日光甚微，俄頃即隱，猶侯王權肅，臣下畏而避之也。朓篆曰：「晦而月見西方，謂之朓。」《五行傳》曰：「朓則侯王其荼。」蔡邕曰：「元首寬則朢舒朓。」蓋日既出而月未隱，猶元首政寬，臣下得舒朓自由也。古人於陰陽君臣之大防，無在不致其儆惕如此。〔註31〕

朔从屰兼有迎逆二義，迎者謂月得日光漸多，逆者謂月漸明漸滿，儼然爲日

〔註29〕同註27。
〔註30〕同註10，頁6-213。
〔註31〕吳楚《說文染指》，同註10，頁6-213、214。

敵，於朔初迎日之時即寓不順之戒，猶君臣相處之道。日月譬之君臣之道，非吳氏穿鑿，許慎說「朢，从月从臣从壬，壬，朝廷也。」亦以月譬之臣，故與日相望，是謂朝君。

（4）朏 月未盛之朏也。从月出，周書曰：丙午朏。（七篇上　二十四）

按：《尚書·召誥》：「越若來三月，惟丙午朏。」傳云：「月三日名生之明。」《詩·小雅·天保》箋云：「日月在朔交會，俱右行於天，日遲月疾，从朔而分，至三日，月去日已當二次，始死魄而出。」《通鑑》元魏薛云：「以為朝日以朔，夕月以朏。」注云：「月生明謂之朏，月之三日也。舊歷說：日猶火也，月猶水也，火則施光，水則含影，故朏生於向日，魄生於背日，當日則光盈，近日則明滅。」朏即指每月初三，月因受日光已有月牙出現。許慎引《周書》是指朏（初三）的干支是丙午。

（5）霸 月始生霸然也，承大月二日，承小月三日。从月䨩聲。周書曰：哉生霸。胛古文或作此。（七篇上　二十四）

按：《周書·武成篇》：「惟一月壬辰旁死魄。」傳云：「月二日近死魄。」正義云：「一月，周之正月。此月辛卯朔，朔是死魄，故月二日近死魄。魄者，形也。謂月之輪郭無光之處名魄也，朔後明生而魄死，望後明死而魄生。」《漢書·律曆志下》引〈武成篇〉「壬辰旁死魄」，孟康曰：「月二日以往明生魄死，故言死魄。魄，月質也。」師古曰：「霸，古魄字同。」《尚書·顧命》：「惟四月，哉生魄。」傳云：「始生魄月十六日也，月十六日為始生魄，是一日為始死魄，二日近死魄也。」《漢書·律曆志下》曰：「死霸，朔也；生霸，望也。」月黑體尚未受光謂之霸（魄），朔初一日月交會，月始受日光，然未見月形，至初二、三，月牙初露，故「月二日近死魄」、「朔後明生而魄死」，是為「死霸」，指月體漸受光，黑體部分漸死。十六日以後月漸虧，故「望後明死而魄生」，是為「生霸」，指月體因漸不受光而黑體漸生。徐灝《說文解字箋注》：「月體渾圓，隨天旋轉，受日而成光，其黑體謂之霸，晦則光盡，至朔而蘇，謂之生明，明生而霸死，故曰死霸；望則光滿，既望黑體漸見，謂之生霸，故《漢志》曰：『死霸，朔也；生霸，望也。』古通作魄。孟康云：『魄，月質也。』是也。」〔註32〕

《說文》云：「月始生霸然也。」徐灝《說文解字箋注》：「許云：『月始生

〔註32〕同註10，頁6-217。

霸然』者，謂月初生明時，見其黑體霸然也。蓋光盛則霸不可見矣。」〔註33〕
《禮記‧鄉飲酒》曰：「月者三日則成魄。」《白虎通‧日月》曰：「三日成魄，
八日成光。」《論衡‧譋時篇》：「月三日魄，八日弦，十五日望。」徐灝又曰：
「《鄉飲酒》義、《白虎通》謂『三日成魄』，蓋就月魄初見時而言，猶自可通。」
〔註34〕《說文》的霸是指月初二、初三生明，黑體近死；《禮記》、《白虎通》則
著重在尚未受光的黑體部分。

　　《禮記‧鄉飲酒》孔穎達正義云：「前月大則月二日生魄，前月小則三日
始生魄。」《尚書‧康誥》：「惟三月，哉生魄。」馬融注：「魄，胐也，謂月
三日始生兆胐，名曰魄。」徐灝評之曰：「若馬融以爲『月三日始生兆胐，名
曰魄』則大誤矣，孔穎達以死魄爲生魄，亦有所未解也。」〔註35〕馬融與孔
穎達皆把死魄誤解爲生魄。而王國維的生霸與死霸說也與馬、孔相同，容庚
《金文編》云：「王國維據古器物銘攷定，初吉謂自一日至七八日也，既生霸
謂自八九日以降至十四五日也，既望謂十五六日以後至二十二三日，自二十
三日以後則謂之死霸。劉歆《三統曆》曰：『死霸，朔也；生霸，望也』非也。」
〔註36〕王國維認爲月霸是指月受光生明，與劉歆《三統曆》說法相反。〔註37〕
王國維會有這樣的看法，可能將《說文》「月始生霸然，承大月二日，承小月
三日」的說法，理解成初二、三的月牙光，所以「霸」是指月體受光，故八
九日以至十四五日，從上弦月到望月，月體受光漸滿，爲既生霸；二十三日
以後是下弦月，月光又將漸沒，故謂之死霸。其實，霸（魄）到底是指生明
或黑死的月體，是一體兩面的問題：如果「死霸」說成是未受光的黑體，則
「死霸」就該視爲黑體的全稱；若說成是因受光而黑體死，則「霸」在「死
霸」這個詞彙只能是死的受詞，而致黑體死的條件乃因月體生明。如果「生
霸」說成是月體開始受光而見形，可作三方面的理解：（一）「生霸」爲生明
的月體全稱。（二）黑死的月體開始受光生明，則「生」作動詞，有受光生明
義，「霸」指黑體。（三）月缺而生黑體，則「生」作動詞，有產生、發生、
滋生義，「霸」作黑體義。茲以簡表列之如下：

〔註33〕同註32。
〔註34〕同註32。
〔註35〕同註32。
〔註36〕同註10，頁 6-220。
〔註37〕劉歆《三統曆》見於《漢書‧律曆志》。本章第二節《說文》曆法說）之四
　　　　「三統曆」可參考。

死　霸	1. 未受光的黑體全稱
	2. 因受光致黑體死
生　霸	1. 生明的月體全稱
	2. 黑體受光生明
	3. 滋生黑體

　　由此看來，《說文》對於「霸」的說解，考慮到月相明暗變化的相對意義。以此對照漢代諸家說法或王國維看法，都能貫通無礙，不致產生衝突。那麼，初二、三新月既可叫作朏、初吉、哉生霸（哉生魄），也可叫既死霸。

（6）㡃晦而月見西方謂之朓，从月兆聲。（七篇上　二十四）

（7）朒〔註38〕朔而月見東方謂之縮朒，从月肉聲。（七篇上　二十四）

　　按：《尚書大傳・洪範》曰：「晦而月見西方謂之朓，朓則侯王其荼。朔而月見東方謂之側匿，側匿則侯王其肅。」鄭玄注云：

　　　朓，條也；條達，行疾貌；荼，緩也。側匿猶縮縮行遲貌；肅，急也。日，君象也。月，臣象也。君政急則日行疾，月行徐，臣逡遁不進也。君政緩則日行徐，月行疾，臣放恣也。

《尚書大傳》的側匿就是《說文》的縮朒。朓、側匿是就臣子行為而言，荼、肅是就君王行為而言。

　　《漢書・五行志》下之下云：「晦而月見西方謂之朓，朔而月見東方謂之仄慝。仄慝則侯王其肅，朓則侯王其舒。」與《尚書大傳・洪範》、《說文》作用字比較：《尚書大傳》作「荼」，《漢書・五行志》作「舒」；《說文》作「縮朒」，《尚書大傳・洪範》作「側匿」，《漢書・五行志》作「仄慝」。又云：

　　　劉向以為朓者，疾也。君舒緩則臣驕慢，故日行遲而月行疾也。仄慝者，不進之意，君肅急則臣恐懼，故日行疾而月行遲，不敢迫近君也。不舒不急，以正失之者，食朔日。劉歆以為舒者，侯王展意顓事，臣下促急，故月行疾也。肅者，侯王縮朒不任事，臣下施縱，故月行遲也。

劉氏父子對《漢書・五行志》這段文字各有解釋，劉向的朓與仄慝是就臣子而言，劉歆的舒與肅是就君王而言。若按照《尚書大傳》的行文次序來看待《漢書・五行志》，則「朓」當與「舒」合併看之；「仄慝」當與「肅」合併

〔註38〕各本作「朒」解，肉聲。說文四大家或從《玉篇》所引，或從《漢書音義》服虔音怩惬之怩，或從《漢書・五行志》注音怩，均作「朒」，肉聲。

看之。茲以《說文》「朓」、「朒」爲綱，整合《尚書大傳》鄭玄注與《漢書》劉氏父子的說法，表列比較如下，以辨析其中的差異：

《說文解字》							
晦				朔			
西				東			
朓				朒（縮朒）			
《漢書》		《尚書大傳》		《漢書》		《尚書大傳》	
舒	朓	荼	朓	肅	仄慝	肅	側匿
劉歆	劉向	鄭玄		劉歆	劉向	鄭玄	
君	臣	君	臣	君	臣	君	臣
日行疾 行疾（臣下促急）【月	疾也。舒緩】月行疾（臣驕慢）【日行遲（君	緩也。日行徐（君政緩）	行疾貌。月行疾（臣放恣）	日行遲（侯王縮朒不任事）【月行遲（臣弛縱）】	不進之意。月行遲（臣恐懼，不敢迫近）【日行疾（君肅急）】	急也。日行疾（君政急）	縮縮行遲貌 月行徐（臣逡遁不進）

《尚書大傳・洪範》鄭玄注與《漢書・五行志》劉向父子之說的異同：（一）「晦——西方」：劉歆的「月行疾」爲「臣下促急」，與鄭玄的「臣放恣」、劉向的「臣驕慢」稍有差別，其他大抵意同。（二）「朔——東方」：鄭玄與劉向說法接近，皆爲月徐（遲）與日疾，唯劉向強調臣因恐懼而行遲不進；劉歆則爲月遲與日遲。

《漢書・五行志》孟康曰：「朓者，月行疾，在日前，故早見。仄慝者行遲，在日後，當沒而更見。」孟康「朓」（月行疾）、「仄慝」（月行遲）的說法同於鄭玄注與劉向之說。

至此，我們可以確定，《說文》的「朓」爲月行疾，「朒」爲月行遲。徐灝《說文解字箋注》云：「朓之言兆也，謂其才有朕兆也。時未合朔而月已見西方，是其行疾也。……然晦不應見月，此古人推步之失耳。」〔註39〕「朒之言縮也，合朔不應見月，而尚見東方，言其行遲也。」〔註40〕《漢書・天

〔註39〕同註10，頁6-222。
〔註40〕同註10，頁6-224。

文志》：「凡五星早出爲贏，贏爲客，晚出爲縮，縮爲主人。」因此，朓爲月行疾，是爲贏；朒爲月行徐，是爲縮。桂馥《說文義證》：「朓朒亦有歷法不精，誤推晦朔者，故秦淵曰：『太初斗分太多，過天一度又無盈縮遲疾，故常以朔日月見東方，晦日月見西方，差亦至二三日，以此布歷，則晦朔甲乙安得無愆，魄明生死，焉能不舛。』」〔註41〕由於月非等速度的運行，而有贏縮疾遲，若不知此誤差，推得的晦朔之日也不精確。

（8）𝌗月滿也，與日相望，臣朝君，从月从臣从壬，壬，朝廷也。𝌗古文望省。（八篇上　四十六）

按：《釋名・釋天》：「望，月滿之名也，月大十六日，小十五日，日在東，月在西，遙相望也。」《論衡・四諱篇》：「八日日月中分謂之弦，十五日日月相望謂之望，三十日日月合宿謂之晦。」「臣朝君」各本作「以朝君」，戴侗《六書故》引作「臣朝君」，桂馥認爲「臣目形近，初誤爲目，又改作以。」〔註42〕《詩・東方之日》傳云：「君明於上，若日也；臣察於下，若月也。」《詩・柏舟》：「日居月諸。」鄭箋云：「日，君象也；月，臣象也。」《禮記・哀公問》：「如日月相從而不已也，是天道也。」鄭注云：「日月相從，君臣相朝會也。」經籍多以日爲君象，月爲臣象，故日月相望，猶如臣朝君。

甲骨文「望」象人舉目之形，或象人挺立地上引頸舉目眺望之形。金文又增加了「月」，取舉目望月之意。李孝定說：「日月麗天，人所共見，日光強烈，故字不從日也。」〔註43〕可見「望」的本義是眺望。滿月是最明顯的眺望目標，故「望」又引申爲「滿月」之意。許愼所說不是本義，且望字字形中沒有日字，顯示不出「與日相望」的意義。金文的望字从人、目、月，小篆从月从臣从壬，臣是目的變形。許愼訓「壬」爲「善也……一曰象物出地挺生也」，並無「朝廷」之意。甲金文作 ⟟，人挺立於地上。「壬」作爲徵、望的形符都有「挺出」之意，「徵，召也，从壬从微省。行於微而文達者即徵之。」對行微而文達者，使之挺著於外。「望，近求也，从爪壬。」段注：「爪廷，言挺其爪，妄有所取。」其挺出之義當由「壬」的一曰之義（挺生）引申而來，再證「壬」並無「朝廷」義。段注：「說此壬爲廷之假借字，與壬本義別。」許愼假「壬」以爲朝廷義，故於壬之本義與一曰之義無關。按「望」

〔註41〕同註40。
〔註42〕楊家駱主編，《說文解字詁林正補合編》第七冊，頁7-398。
〔註43〕李孝定，《甲骨文字集釋》第八卷，頁2712。

的意義應歸為月部，但許慎歸為壬部，則是基於音同關係而歸部，以方便假同音之「壬」表朝廷假借義。段注：「古文以从臣、壬，見尊君之義。」表示許慎對君王的忠敬之心，臣朝君就如與日相望，天經地義。〔註44〕《說文》望下云：「出亡在外，望其還也。从亡，朢省聲。」望以朢為聲，蓋望是朢的省聲字；朢以望為義，蓋月與日相望。

　　月球非等速度的運行，而有贏縮疾遲，若不知此誤差，推得的晦朔之日也不精確。《說文》云：「𣏟晦而月見西方謂之朓，从月兆聲。」朓為月疾，時未合朔而月已見西方，是其行疾也。又云：「𦜕朔而月見東方謂之縮朒，从月肉聲。」朒為月徐，朒之言縮也，合朔不應見月，而尚見東方，言其行遲。

　　月球繞著地球公轉時，因接受太陽光的角度不同，產生月相月周期的變化。《說文》涉及月相的字例與說法，按照月相變化的順序排列為朔（初一）→哉生霸、朏（初二、三）→望→冥（十六日月始虧之後）→晦，而這樣的月相晦明與方位，與月行速度朓朒疾遲有關。

四、圓道觀

字　例	圓	棋
篇　卷	6 下 10	7 上 54

（1）𡙇天體也。从囗睘聲。（六篇下　十）

　　按：段玉裁注曰：「許言天體，亦謂其體一氣循環，無終無始，非謂其形渾圓也。」《呂氏春秋・圓道》：「日夜一周，圓道也。月躔二十八宿，軫與角屬，圓道也。精行四時，一上一下，各與遇，圓道也。物動則萌，萌而生，生而長，長而大，大而成，成乃衰，衰乃殺，殺乃藏，圓道也。」《管子・乘馬》：「春秋冬夏，陰陽之推移也；時之短長，陰陽之利用也。日夜之易，陰陽之化也。」《國語・越語下》范蠡說：「天道皇皇，日月以為常，明者以為法，微者則是行。陽至而陰，陰至而陽。日困而還，月盈而匡。」陰陽的推移和轉換，春暖、夏暑、秋涼、冬寒周而復始，晝明夜暗交互輪回，以及六十甲子為一周期的氣運變化，都是一種圓道。《大戴禮・夏小正》記述了物候、天象和農事活動的許多周期變化，也是圓道思想。

〔註44〕董希謙、張啓煥等編著，《許慎與「說文解字」研究》（開封：河南大學出版社，1988.6），頁 166-168。

　　《易》之圓道觀，通過《周易》書名表現出來。〔註45〕「周」在先秦兩漢經常以繞環運轉之意使用。《易・繫辭上傳》：「在天成象，在地成形。」「懸象著明莫大乎日月」「天垂象，見吉凶。」《易・繫辭下》：「易者，象也。」「易」作爲「象」，其最大最明者爲日月的運行。許愼《説文》「易」下引秘書曰：「日月爲易，象陰陽也。」《易緯・乾坤鑿度》：「易名有四義，本日月相銜。」《周易參同契・乾坤設位章第二》：「日月爲易，剛柔相當」。

　　《易》以乾卦爲首，而〈說卦〉：「乾爲天，爲圓。」《釋名・釋天》：「天，《易》謂之乾。乾，健也。健行不息也。」《周易》書名正是對《乾》之大義闡發，意謂日月旋轉，繞行周天。《易・繫辭下》曰：「日往則月來，月往則日來，日月相推而明生焉。寒往則暑來，寒暑相推而歲成焉。往者屈也，來則信也，屈信相感而利生焉。」表明萬物生生不已，正是日月、寒暑、屈伸，在陰陽的往復循環中得以滋長。圓道乃是《周易》重要的規律之一。

（2）禩復其時也。从禾其聲。唐書曰：禩三百有六旬。（七篇上　五十四）

　　按：復其時指周而復始，段玉裁注：「言帀也。十二月帀爲期年，《中庸》一月帀爲期月，《左傳》旦至旦亦爲期。」《説文》「唐書曰」是指《尚書・堯典》文，今〈堯典〉作期，壁中古文作「禩」，从禾，蓋禾歲一熟。

　　以上《説文》天文觀的字例，茲綜合簡述其要：（一）十二次：歲星一周天可分十二次，而日月之會也可以十二次指其位置。（二）月行速度與月之盈虧：朓是月疾，朔日月見東方；朒是月徐，晦日月見西方。朔是初一月始甦；朏是初三月牙未明；望是十五、十六月滿；冥是十六後月始虧幽；晦是月盡；霸是月相的黑體，但黑體往往伴隨著生明，故《説文》云「月始生霸然」。並以望月與日相望，象徵臣朝君。（三）圓、禩皆有周而復始的意思，其中禩以禾歲一熟爲一年。本類字例提供我們對《説文》曆法知識的探討，相對地了解漢代在天人學風籠罩之下，曆法科學的發達。

第二節　《説文》曆法說

　　《説文》雖是一部字書，但是從許愼《説文・敘》的落款時間與「閏」、「物」

<hr>

〔註45〕據史書，夏有《連山》，殷有《歸藏》，周有《周易》。《連山》以《艮》卦爲首，艮爲山。《歸藏》以《坤》卦爲首，坤爲地。鄭玄《易贊》曰：「《連山》者，象山之出云，連連不絕；《歸藏》者，萬物莫不歸藏於其中。」《連山》《歸藏》之書名則是對各自首卦義蘊之闡釋。

二字的釋義，可探知其曆法相關的訊息涉及太歲紀年、太初曆、三統曆、置閏。
因此，在彙整許慎的曆法相關資訊之前，有必要先對三統曆之前的曆法作了解，
以見曆法流變異同之梗概。關於曆法的起源，《漢書·律曆志上》云：

> 曆數之起上矣。傳述顓頊命南正重司天，火正黎司地。其後三苗亂
> 德，二官咸廢，而閏餘乖次，孟陬殄滅，攝提失方。堯復育重黎之
> 後，使纂其業，故《書》曰：『乃命羲和，欽若昊天，曆象日月星辰，
> 敬授民時。歲三百有六旬有六日，以閏月定四時成歲。允釐百官，
> 眾功皆美。』其後以授舜曰：『咨爾舜，天之曆數在爾躬。』舜亦以
> 命禹。至周武王訪箕子，箕子言：『大法九章，而五紀明曆法。』故
> 自殷周，皆創業改制，咸正曆紀，服色從之，順其時氣，以應天道。
> 三代既沒，五伯之末，史官喪紀，疇人子弟分散，或在夷狄，故其
> 所記，有黃帝、顓頊、夏、殷、周及魯曆。戰國擾攘，秦兼天下，
> 未遑暇也；亦頗推五勝而自以為獲水德，乃以十月為正，色尚黑。
> 漢興，方綱紀大基，庶事草創，襲秦正朔，以北平侯張蒼言，用顓
> 頊曆，比於六曆，疏闊中最為微近。然正朔服色，未覩其真，而朔
> 晦月見，弦望滿虧，多非是。

曆數的起源據說是五帝之一的顓頊，命南政之官重司天，命火正之官黎司地。
其後三苗蠻族擾亂顓頊的秩序，南正和火正二官完全廢除，以致閏餘、正月
孟陬、攝提格乖次失方。於是帝堯再教育重、黎的後代繼承祖業，《尚書·堯
典》有載其事。其後帝堯又把曆法傳給舜，如《論語·堯曰》所云。周武王
親訪箕子，箕子傳之九章大法，其中「五紀」闡明曆法。〔註46〕自殷周以後，
每當新王朝改制，曆法與服色也跟著改正變更，順應氣運天道。到了春秋戰
國時期，有擬古曆法──古六曆：黃帝曆、顓頊曆、夏曆、殷曆、周曆、魯
曆。秦從五行相剋說，屬水德，十月為正，服色為黑。漢初，繼承秦正朔，
採北平侯張蒼的主張，使用疏漏較少的顓頊曆，但仍有許多錯誤。

　　《說文》載有漢代的曆法線索，但不太起眼，很少人會注意。茲引述其
實例，配合漢代史書的律曆記載，一方面可推演太歲紀年、顓頊曆、四分曆、
太初曆、三統曆的重要內容，一方面可了解《說文》如何運用這些曆法。

〔註46〕《尚書·洪範》：「四、五紀：一曰歲，二曰月，三曰日，四曰星辰，五曰曆
　　　　數。」

一、太歲紀年

許慎在《說文·敘》末尾記載作敘時間是「粵在永元困頓之季，孟陬之月，朔日甲申」。根據《爾雅·釋天》記載「歲陽」、「歲名」、「月陽」、「月名」內容如下：

歲陽

太歲在甲曰閼逢，在乙曰旃蒙，在丙曰柔兆，在丁曰強圉，在戊曰著雍，在己曰屠維，在庚曰上章，在辛曰重光，在壬曰玄黓，在癸曰昭陽。

歲名

太歲在寅曰攝提格，在卯曰單閼，在辰曰執徐，在巳曰大荒落，在午曰敦牂，在未曰協洽，在申曰涒灘，在酉曰作噩，在戌曰閹茂，在亥曰大淵獻，在子曰困敦，在丑曰赤奮。若載歲也，夏曰歲，商曰祀，周曰年，唐虞曰載。

月陽

月在甲曰畢，在乙曰橘，在丙曰修，在丁曰圉，在戊曰厲，在巳曰則，在庚曰窒，在辛曰塞，在壬曰終，在癸曰極。

月名

正月為陬，二月為如，三月為寎，四月為余，五月為皋，六月為且，七月為相，八月為壯，九月為玄，十月為陽，十一月為辜，十二月為涂。

茲將以上文字敘述內容，列表如下：

（一）歲　陽

歲陽	閼逢	旃蒙	柔兆	強圉	著雍	屠維	上章	重光	玄黓	昭陽
天干	甲	乙	丙	丁	戊	己	庚	辛	壬	癸

（二）歲　名

歲陰	攝提格	單閼	執徐	大荒落	敦牂	協洽	涒灘	作噩	閹茂	大淵獻	困敦	赤奮若
太歲辰位	寅	卯	辰	巳	午	未	申	酉	戌	亥	子	丑

（三）月　陽

甲	乙	丙	丁	戊	己	庚	辛	壬	癸
畢	橘	修	圉	厲	則	窒	塞	終	極

（四）月　名

正月	二月	三月	四月	五月	六月	七月	八月	九月	十月	十一月	十二月
陬	如	寎	余	皋	且	相	壯	玄	陽	辜	涂

《史記・曆書》〈曆術甲子篇〉與《爾雅・釋天》的歲陽名稱，在文字上略有出入，茲列表比對如下：

史記	焉逢	端蒙	游兆	彊梧	徒維	祝犁	商橫	昭陽	橫艾	尙章
爾雅	閼逢	旃蒙	柔兆	強圉	著雍	屠維	上章	重光	玄黓	昭陽

〈曆術甲子篇〉云：「太初元年，歲名焉逢攝提格，月名畢聚。」對照以上諸表可知：「焉逢攝提格」爲甲寅年；「畢」爲甲，「聚」即「陬」正月，正月爲寅，「畢聚」爲甲寅月。至於《說文・敘》的「永元困頓之季」爲漢和帝永元十二年，歲在庚子（公元 100），應是上章困敦，許愼作「困頓」即是歲陰「困敦」，未採十歲陽與十二歲陰相配的紀年，只以歲名（歲陰）的太歲紀年標示，而「孟陬之月」即正月，是知許君此紀年方式仿自《離騷》云：「攝提貞於孟陬兮，惟庚寅吾以降。」

太歲紀年導源於歲星紀年，歲星爲五大行星中的木星，古人爲了觀測日、月、五星的運行，在黃道附近以二十八個恆星群作爲標誌，稱爲「二十八宿」。歲星行經黃道環繞周天，於是將黃道帶劃分爲十二等分，是爲十二星次，寅曰析木，卯曰大火，辰曰壽星，巳曰鶉尾，午曰鶉火，未曰鶉首，申曰實沉，酉曰大梁，戌曰降婁，亥曰娵訾，子曰玄枵，丑曰星紀。歲星運行就是根據這十二次，每年行「一次」，十二年一周天，用以紀年，是爲歲星紀年。

然而，歲星的實際周期爲 11.86 年，十二年其實已超過一周天，如此一來，以歲星紀年會產生歲星快於實際紀年的現象，累積到 84.7 年，歲星就會超出實際紀年一個星次，這一現象即稱爲「歲星超辰」，例如《左傳・昭公三十二年》云：「歲在析木，而淫於星紀。」按照紀年法，歲星應在析木，但實際位置卻超出析木到達星紀。爲了解決歲星超辰問題，人們假想一顆自東向西（左行）的星，與歲星自西向東（右行）方向相反，叫作「太歲」或「歲陰」，如攝提格在寅，困敦在子，赤奮若在丑等，周期爲十二年。

依據《漢書・律曆志下》記載，十二星次是根據二十八宿距度來劃分二十四節氣的太陽位置，每一次的起點和中點都在二十四節氣點上。茲將十二星次、二十四節氣、二十八宿距度與太歲紀年的十二歲名、十二辰對應關係，

列表如下：

歲星十二次距度與節氣				太歲歲名	十二辰 （太歲所在位置）
星　次	初	中	終		
星紀（丑）	斗 12　大雪	牽牛初　冬至	婺女 7	攝提格	寅
玄枵（子）	婺女 18　小寒	危初　大寒	危 5	單閼	卯
娵訾（亥）	危 16　立春	營室 14　驚蟄	奎 4	執徐	辰
降婁（戌）	奎 5　雨水	婁 4　春分	胃 6	大荒落	巳
大梁（酉）	胃 7　穀雨	昴 8　清明	畢 11	敦牂	午
實沉（申）	畢 12　立夏	井初　小滿	井 15	協洽	未
鶉首（未）	井 16　芒種	井 31　夏至	柳 8	涒灘	申
鶉火（午）	柳 9　小暑	張 3　大暑	張 17	作噩	酉
鶉尾（巳）	張 18　立秋	翼 15　處暑	軫 11	閹茂	戌
壽星（辰）	軫 12　白露	角 10　秋分	氐 4	大淵獻	亥
大火（卯）	氐 5　寒露	房 5　霜降	尾 9	困敦	子
析木（寅）	尾 10　立冬	箕 7　小雪	斗 11	赤奮若	丑

以歲陰十二年紀年周期太短，容易重複混淆。爲了克服此問題，於是以十二歲陰配上十歲陽，將原來十二年周期擴大爲六十年周期，就相當於六十干支紀年，是干支紀年的前身。《史記‧曆書》〈歷術甲子篇〉就有歲陰歲陽配合完整的紀年表。茲將六十干支對照列之如下：

干支紀年	太歲紀年		干支紀年	太歲紀年		干支紀年	太歲紀年	
	歲陽	歲陰		歲陽	歲陰		歲陽	歲陰
1 甲子	焉逢	困敦	21 甲申	焉逢	涒灘	41 甲辰	焉逢	執徐
2 乙丑	端蒙	赤奮若	22 乙酉	端蒙	作噩	42 乙巳	端蒙	大荒落
3 丙寅	游兆	攝提格	23 丙戌	游兆	閹茂	43 丙午	游兆	敦牂
4 丁卯	彊梧	單閼	24 丁亥	彊梧	大淵獻	44 丁未	彊梧	協洽
5 戊辰	徒維	執徐	25 戊子	徒維	困敦	45 戊申	徒維	涒灘
6 己巳	祝犁	大荒落	26 己丑	祝犁	赤奮若	46 己酉	祝犁	作噩
7 庚午	商橫	敦牂	27 庚寅	商橫	攝提格	47 庚戌	商橫	閹茂
8 辛未	昭陽	協洽	28 辛卯	昭陽	單閼	48 辛亥	昭陽	大淵獻
9 壬申	橫艾	涒灘	29 壬辰	橫艾	執徐	49 壬子	橫艾	困敦

10 癸酉	尚章	作噩	30 癸巳	尚章	大荒落	50 癸丑	尚章	赤奮若
11 甲戌	焉逢	閹茂	31 甲午	焉逢	敦牂	51 甲寅	焉逢	攝提格
12 乙亥	端蒙	大淵獻	32 乙未	端蒙	協洽	52 乙卯	端蒙	單閼
13 丙子	游兆	困敦	33 丙申	游兆	涒灘	53 丙辰	游兆	執徐
14 丁丑	彊梧	赤奮若	34 丁酉	彊梧	作噩	54 丁巳	彊梧	大荒落
15 戊寅	徒維	攝提格	35 戊戌	徒維	閹茂	55 戊午	徒維	敦牂
16 己卯	祝犁	單閼	36 己亥	祝犁	大淵獻	56 己未	祝犁	協洽
17 庚辰	商橫	執徐	37 庚子	商橫	困敦	57 庚申	商橫	涒灘
18 辛巳	昭陽	大荒落	38 辛丑	昭陽	赤奮若	58 辛酉	昭陽	作噩
19 壬午	橫艾	敦牂	39 壬寅	橫艾	攝提格	59 壬戌	橫艾	閹茂
20 癸未	尚章	協洽	40 癸卯	尚章	單閼	60 癸亥	尚章	大淵獻

二、顓頊曆

　　古六曆中，惟顓頊曆爲秦始皇所採用而頒行於全國，漢初到漢武帝太初元年（B.C 104）仍繼續行用顓頊曆。〔註47〕《淮南子・天文》爲漢武帝太初

〔註47〕據《資治通鑑目錄》，宋代劉羲叟作長曆，認爲「漢初用殷曆或云用顓頊曆，今兩存之。」殷曆用甲寅年十一月甲子日平朔冬至爲曆元，顓頊曆相差六十一年的己卯歲正巳巳日平朔立春爲曆元。西元 1972 年山東臨沂銀雀山二號墓出土的文物中，有竹簡曆書一份，學者對這竹簡曆書仍持兩種不同看法。其中主張顓頊曆的學者，以下列論證證明漢初實行顓頊曆：（一）該竹曆歲首在十月，閏月放在九月之後，是年終置閏的特點，斷定爲漢武帝太初以前的曆書。（二）竹簡曆書的朔閏干支與《資治通鑑目錄》所載的漢武帝元光元年的朔閏干支最爲接近，且據《漢書・五行志》第七下之下：「元光元年，……七月，癸未，先晦一日，日有食之」線索，查證竹曆七月先晦一日的干支是癸未，遂進一步斷定竹簡曆書爲元光元年的曆書。（三）根據《開元占經》記載顓頊曆與殷曆的曆元，推算元光元年年每月朔日干支，結果：按照顓頊曆推元光元年立春、十三個月初一的干支全部符合；而按照殷曆所推，冬至日差一天，十、十二、七、九月初一的干支都差一天。因而斷定太初以前所用的曆法是顓頊曆。（四）馬王堆出土的帛書《五星占》，爲顓頊曆曆元、五星運行和顓頊曆的關係、顓頊曆紀年等問題，提供了有利的證據，使主張顓頊曆的學者更堅信，秦及漢初實行顓頊曆是無疑的，可參考陳久金、陳美東〈從元光曆譜及馬王堆帛書《五星占》的出土再探顓頊曆問題〉（北京：中國社會科學院考古研究所編《中國古代天文文物論集》，1989.12），頁 83-103。
如果秦至西漢太初行用顓頊曆，湖北雲夢縣睡虎地秦簡與山東臨沂銀雀山二號漢墓竹簡《漢武帝元光元年曆譜》、馬王堆三號漢墓木牘（文帝十二年）、江陵鳳凰山九號漢墓木牘（文帝十六年）的朔日干支應該相符合，但事實上，睡虎地秦簡與漢代的三個簡曆的曆法並不相符。睡虎地秦簡的以十月爲歲

年前的作品，爲顓頊曆使用時代，設元在甲寅年立春，行用夏正。《淮南子‧天文》云：

> 紫宮執斗而左旋，日行一度，以周於天，日冬至峻狼之山。日移一度，凡行百八十二分度之五，而夏至牛首之山。反覆三百六十五度四分度之一而成一歲。天一元始，正月建寅，日月俱入營室五度。天一以始建七十六歲，日月復以正月入營室五度無餘分，名曰一紀。凡二十紀，一千五百二十歲大終，日月星辰復始甲寅元。日行一度，而歲有奇四分度之一，故四歲而積千四百六十一日，而復合故舍，八十歲而復故日。……月、日行十三度七十六分度之二十八，二十九日九百四十分日之四百九十九而爲月；而以十二月爲歲，歲有餘十日九百四十分日之八百二十七，故十九歲而七閏。………太陰元始，建於甲寅，一終而建甲戌，二終而建甲午，三終而復得甲寅之元。

茲以算式表示如下：

冬至→夏至 $182\frac{5}{8}$，夏至→冬至 $182\frac{5}{8}$

一年 $= 182\frac{5}{8} + 182\frac{5}{8} = 365\frac{1}{4}$ 日

1 紀＝4 章＝76 年

（1 章＝19 年＝235 月【冬至合朔】，如果一年以 12 個朔望月算，19 年則爲：12×19＝228 個朔望月，然 19 年實際爲 235 月（$12\frac{7}{19} ×19$），235－228＝7，19 年差 7 個閏月。）

20 紀＝76 年×20＝1520 年

$365\frac{1}{4} ×4 = 1461$

（$365\frac{1}{4} ×80$）÷60＝487（個甲子日，從甲子日始）

首，置閏放歲終，其閏月安排、曆日干支與顓頊曆相符；至於漢簡則是行用秦統一中國後所制訂的新曆，此新曆以借半日法加於顓頊曆，所以，秦始皇的新曆和漢初曆法還是以顓頊曆爲主，與秦原來所行用的顓頊曆差在半日法（過半進位）。睡虎地秦簡曆法不同於三個漢簡曆，參考張培瑜，〈新出土秦漢簡牘中關於太初前曆法的研究〉，《中國古代天文文物論集》頁 69-82。漢初三簡曆採半日法之說則參考陳久金、陳美東〈從元光曆譜及馬王堆帛書《五星占》的出土再探顓頊曆問題〉，頁 86-90。

日行一度，月行 $13\dfrac{7}{19}$

$13\dfrac{7}{19}-1=12\dfrac{7}{19}$ 月（一年朔望月）（$235\div19=12\dfrac{7}{19}$）

$365\dfrac{1}{4}\div12\dfrac{7}{19}=29$ 日 $\dfrac{499}{940}$ （一朔望月日數）

陰曆一年 $=29\dfrac{499}{940}\times12=354\dfrac{348}{940}$ 日

陽曆一年 $365\dfrac{1}{4}$ 日

$365\dfrac{1}{4}-354\dfrac{348}{940}=10\dfrac{827}{940}$

（故要 19 年七閏）

太陰元始，建於甲寅，一終而建甲戌，二終而建甲午，三終而復得甲寅之元

$1520\div60=25$ 餘 20

甲寅數至 20 為一終（1520），而建於甲戌

甲戌數至 20 為二終（3040），而建於甲午

甲午數至 20 為三終（4560），而建於甲寅

三、太初曆

在第三章第四節探討「《說文》籌數系統」時，曾提及《說文》釋「物」曰：「天地之數起於牽牛」釋義中的「牽牛」，乃攸關太初曆。

由於顓頊曆在漢代行用百餘年之後，朔、望、晦的誤差越來越明顯，而且以十月為正，先冬後春，與四時時序不合。元封七年十一月甲子日冬至夜半，正好合朔，是求之不得的理想曆元，武帝遂詔孫卿、壺遂、太史令司馬遷等人議造漢曆。制定曆法必須做許多計算工作，於是又聘請治曆鄧平、長樂司馬可、酒泉侯宜君，以及民間制曆人員方士唐都、巴郡落下閎等二十餘人。修正改曆家數有十八家之多，最後漢武帝則令司馬遷採用鄧平、落下閎提出的「八十一分律曆」。該曆一個朔望月為 $29\dfrac{43}{81}$ 日，回歸年日數為 $365\dfrac{385}{1539}$（$29\dfrac{43}{81}$ 日 $\times12\dfrac{7}{19}$ 月 $=365\dfrac{385}{1539}$ 日），比四分曆的 $29\dfrac{499}{940}$ 日和 $365\dfrac{1}{4}$ 日的誤差更大。但是，顓頊四分曆施行多年，已與實際天象脫節，「八十一分律曆」重

新推算，與實際天象相符，是以獲准頒發施行，是爲太初曆。

顓頊曆採歲終置閏，中氣與月名不能一一對應，太初曆明確規定無中氣者閏月，《漢書‧律曆志上》云：「時所以紀啓閉也，月所以紀分至也，啓閉者，節也；分至者，中也，節不必在其月，故時中必在正數之月。」「朔不得中爲閏月」，王先謙《漢書補注》曰：「一年之內有二十四節氣，正月立春節、雨水中；二月啓蟄節、春分中；三月清明節、穀雨中；四月立夏節、小滿中；五月芒種節、夏至中；六月小暑節、大暑中；七月立秋節、處暑中；八月白露節、秋分中；九月寒露節、霜降中；十月立冬節、小雪中；十一月大雪節、冬至中；十二月小寒節、大寒中，皆節氣在前，中氣在後。節氣一名朔氣，中氣在晦則後月閏，中氣在朔則前月閏。節氣有入前月法，中氣無入前月法。」二十四節氣分布於十二個月，每個月皆有一節氣、一中氣，但若爲閏年所閏之月，則只有節氣無中氣，中氣不是在所閏之月的前一個月的月底，就是在後一個月的月初，故「中氣在晦則後月閏，中氣在朔則前月閏」。

太初元年改用夏正，以寅月爲正月、歲首，到丑月結束。《漢書‧律曆志上》云：「迺以前曆上元泰初四千六百一十七歲，至於元封七年，復得閼逢攝提格之歲中冬，十一月甲子朔旦冬至，日月在建星，太歲在子。」〔註48〕李奇曰：「古以建星爲宿，今以牽牛爲宿。」孟康曰：「建星在牽牛間。」太初曆的元首在武帝太初元年之前的 4617 年，《漢書‧律曆志上》有云落下閎運算轉曆，「其法以律起曆，日律容一龠，積八十一寸，則一日之分也，與長相終，律長九寸，百七十一分而終復，三復而得甲子。」王先謙《漢書補注》云：「李銳曰：九乘百七十一得一千五百三十九，而終復爲一統，三之得四千六百一十七，而復於甲子爲元。」它是由 $9 \times 171 \times 3 = 19 \times 81 \times 3 = 4617$（$\because 9 \times 171 = 1539$，$\therefore 1539 \div 81 = 19$）而得之。在元封七年（太初元年）之前的 4617 年，是冬至合朔齊於甲子夜半（日首），《漢書‧律曆志上》云：「復覆太初曆晦朔弦望皆最密，日月如合璧，五星如連珠。」孟康曰：「謂太初上元甲子夜半朔旦冬至時，七曜皆會聚斗牽牛，分度夜盡，如合璧連珠也。」《尙書考靈曜》：「甲子冬至，日月五星皆起於牽牛，若編珠。」《説文》的「物」云：「天地之數起於牽牛」即太初曆元始於十一月甲子朔旦冬至，起於牽牛，如合璧

〔註48〕 （清）王先謙，《漢書補注》：「王引之曰：子當爲寅，後人改之也。大歲在寅曰攝提格，上言攝提格之歲，則下當言大歲在寅。」（北京：中華書局，1993.11），頁402。

連珠，許愼以太初曆曆元象徵萬物資始。

四、三統曆

西漢末，劉歆對太初曆作了系統的敘述，同時爲原本簡略的天文知識作了補充，也對先秦文獻天文作考證，太初曆因而更名爲「三統曆」，並撰成《三統曆譜》。《三統曆》被《漢書·律曆志》作爲曆法部分的藍本，它的內容包含制曆理論、節氣、朔望、月食、五星、日月所在星度、閏月等推步，還有二十八宿分度表、十二次、二十四節氣與二十八宿配合表、歲星超辰法，最後附以古代紀年考的《世經》，可謂世界最早的天文年曆之雛形。茲將三統曆的重要數據，列式如下：

1 月 $= 29\frac{43}{81}$ 日

1 歲 $= 365\frac{385}{1539}$ 日

1 章 $= 19$ 歲 $= 235$ 月 $= 6939\frac{61}{81}$ 日（ $365\frac{385}{1539}$ 日 $\times 19 = 29\frac{43}{81}$ 日 $\times 235 = 6939\frac{61}{81}$ 日）【冬至合朔】

1 統 $= 81$ 章 $= 1539$ 歲 $= 562120$ 日【冬至合朔復齊於日首】

1 元 $= 3$ 統 $= 4617$ 歲 $= 1686360$ 日【甲子日合朔復齊於日首】

劉歆所謂的「三統」爲天統、地統、人統，《漢書·律曆志上》：「天施復于子，地化自丑畢於辰，人生自寅成於申，故歷數三統，天以甲子，地以甲辰，人以甲申。」一元三統爲 4617 歲，一統爲 1539 歲，天、地、人三統即各爲 1539 歲，等於 562120 日。曆元甲子日是天統之始，經過一統之後的地統始於甲辰，因爲天統與地統之間相差 562120 日，$562120 \div 60 = 9368$ 餘 40，算外爲 41，干支爲甲辰。人統之始爲甲申，則是以地統與人統之間相距的日數 562120，加上餘數 40，再除以 60 後的餘數，算外即得人統之始的干支，以數學式子列之爲：$(562120 + 40) \div 60 = 9639$ 餘 20，算外 21，干支爲甲申。

劉歆的三統說乃根據董仲舒的三統而來，夏爲黑統，商爲白統，周爲赤統，《漢書·律曆志上》：「三代各據一統，名三代常合而迭爲首。……天統之正，始施於子半，日萌色赤；地統受之於丑初，日肇化而黃，至丑半日牙化而白；人統受之於寅初，日孽成而黑，至寅半日生成而青。」王先謙《漢書

補注》云：「《春秋元命包》、《樂緯稽耀嘉》云：『夏以十三月爲正，息卦受泰。』注云：『物之始，其色尚黑，以寅爲朔。』『殷以十二月爲正，息卦受臨。』注云：『物之牙，其色尚白，以雞鳴爲朔。』『周以十一月爲正，息卦受復。』『其色尚赤，以夜半爲朔。此上當有注云物之萌五字』建子之月爲正者，謂之天統，以天之陽氣始生，爲當作於下物得陽氣微稍動變，故爲天統；建丑之月爲地統者，以其物已吐牙，不爲天氣始動，物猶未出，不得爲人所施，功唯在地中，含養萌牙，故爲地統；建寅之月爲人統者，以其物出於地，人功當須修理，故謂之人統。統者，本也，謂天地人之本也，然王者必以此三月爲正者，以其此月，物生細微，又是歲之始生。王者繼天理物，含養微細，又取其歲初爲正朔之始，繼天地人三者所繼不同，故各改正朔不相襲也。」這段引文已將周正建子赤統、殷正建丑白統、夏正建寅黑統與天統、地統、人統的關係說得非常清楚。黑、白、赤三統說非董仲舒所獨創，它是《春秋》公羊家的說法，《公羊傳・隱公元年》何休注：「夏以斗建寅之月爲正，平旦爲朔，法物見色尚黑；殷以斗建丑之月爲正，雞鳴爲朔，法物牙色尚白；周以斗建子之月爲正，夜半爲朔，法物萌色尚赤。」公羊家的三統說是受了五德終始理論的啓示，顧頡剛說：「割取了五德說的五分之三而造成的」，〔註49〕「是影戲了五德說的牌子而創立的。」〔註50〕五德終始說以五行相勝原理說明王朝之興迭，圖示如下：

$$黃帝 \rightarrow 夏 \rightarrow 商 \rightarrow 周 \rightarrow 秦 \rightarrow 漢$$
$$土 \qquad 木 \qquad 金 \qquad 火 \qquad 水 \qquad 土$$
$$黃 \qquad 青 \qquad 白 \qquad 赤 \qquad 黑 \qquad 黃$$

　　漢初採張蒼意見，使用顓頊曆，「然正朔服色，未覩其眞，而朔晦月見，弦望滿虧，多非是。」（《漢書・律曆志上》）此曆規定斗建爲亥，以十月爲正，先冬而後春，與四時之序不相合，因而認爲行寅正最善，亦是聖人的主張。孔子給顏淵傳授爲邦之道，曾說過「行夏之時」（《論語・靈公》），《史記・夏本紀》記載「孔子正夏時。」孔子作《春秋》應天作新王之事，以正黑統。〔註51〕漢

〔註49〕顧頡剛，〈五德終始說下的政治和歷史〉《古史辨自序》下（石家莊：河北教育出版社，2002.1），頁466。

〔註50〕顧頡剛，《漢代學術史略》（臺北：啓業書局，民國61.1（1972.1）），頁5。

〔註51〕《春秋繁露・玉環》：「是故孔子立新王之道。」《春秋繁露・三代改制質文》：「故《春秋》應天作新王之事，時正黑統，王魯，絀夏親周故宋。」「《春秋》

代人有「孔子爲漢制法」之說，春秋繼周實爲漢繼周，周爲赤統，漢繼周爲黑統。漢武帝太初改正朔，按照三統說建寅行夏時，是爲人統，顧頡剛說：「三統說只是漢用寅正的敲門磚。」；〔註52〕按照五德終始相勝原理應爲土德，漢土克秦水，其色爲黃。是知太初改制是調和兩說，取五德終始的服色（黃）、屬德（土）而去其正朔（建亥），取三統說的正朔（夏正建寅、人統）而去其服色（黑）。〔註53〕

　　《説文・敘》云：「困頓之年，孟陬之月，朔日甲申。」「困頓之年」即庚子年，「孟陬之月」爲正月寅，「朔日甲申」猶人統始於甲申，王筠《説文句讀》云：「《漢書・律曆志》曰：『天施復於子，地化自丑畢於辰，人生自寅成於申。故曆數三統，天以甲子，地以甲辰，人以甲申。』李奇以爲甲子、甲辰、甲申，乃三代之正月朔日。然則許君言困頓者，即謂天統施復於子；孟陬甲申者，即謂人生自寅成於申也。天人協應，文字乃定，一旦垂型取證，千秋取正，豈偶然哉！」〔註54〕「天施復于子」，「人生自寅成於申」一方面指陽氣起於子（十一月），始於寅（正月），成於申（七月）。一方面合於天施人生之數的天人相應之理，王筠認爲許愼以此紀年，是傳達《説文》神聖的著作理念，冀能千秋萬世，永垂丹青。

五、後漢四分曆

　　《後漢書・律曆志》所載的四分曆算法，茲錄其內容，並配合數學運算式說明如下：

　　1. 指出冬至點：「曆數之生也，乃立儀表，以校日景；景長則日遠，天度之端也。」

　　2. 一年日數：「日發其端，周而爲歲，然其景不復；四周千四百六十一日，而景復初，是則日行之終。以周除日得三百六十五度四分度之一，爲歲之日數，日行一度。」

$$1461 \div 4 = 365\frac{1}{4}$$

上黜夏，下存周，以《春秋》當新王。」「《春秋》作新王之事，變周之制，當正黑統。」

〔註52〕同註49，頁471。

〔註53〕參考同註49，頁468-472。

〔註54〕楊家駱主編，《説文解字詁林正補合編》第十一冊，頁11-992。

3. 一年月行度：「亦爲天度，察日月俱發度端，日行十九周，月行二百五十四周，復會於端，是則月行之終也。以日周除月周，得一歲周天之數。」

$$254 \div 19 = 13\frac{7}{19}$$

4. 一年月數與一個月天數：「以日一周減之，餘十二十九分之七，則月行過周及日行之數也，爲一歲之月。」

$$13\frac{7}{19} - 1 = 12\frac{7}{19}（一年朔望月）$$

$$365\frac{1}{4} \div 12\frac{7}{19} = 29\frac{499}{940}（一朔望月日數）$$

5. 置閏、閏月無中氣：「月之餘分，積滿其法得一月；月成則其歲月大。四時推移，故置十二中，以定月位；有朔而無中者爲閏月。」

（1）一個朔望月天數是 $29\frac{499}{940}$，$940 - 499 = 441$，小於大於或等於 441 得進一，是爲大月，反之，爲小月。易言之，凡大於或等於 $29\frac{499}{940}$ 爲大月，小於 $29\frac{499}{940}$ 爲小月。

（2）閏月置於十二月中，非置於歲終。所閏之月無中氣。

6. 節氣日數：「中之始日節，與中爲二十四氣，以除一歲日，爲一氣之日數也。」

$$365\frac{1}{4} \div 24 = 15\frac{7}{32}$$，即從節氣到中氣或中氣到節氣的日數。分數的分子積至 32，就能進一日數，沒有餘數。經四年，氣與歲的日數皆無餘數。

7. 閏、章、蔀、紀、元：「月分成閏，閏七而盡；其歲十九，名之曰章。章首分盡，四之俱終，名之曰蔀。以一歲日乘之，爲蔀之日數。」「元法四千五百六十，紀法千五百二十，紀月萬八千八百。蔀法七十六，蔀月九百四十。章法十九，章月二百三十五。周天千四百六十一，日法四，蔀日二萬七千七百五十九。」

1 章 = 19 年 7 閏月 = 235 月【冬至合朔】

（如果一年以 12 個朔望月算，19 年則爲：12×19 = 228 個朔望月，然 19 年實際爲 235 月，235 - 228 = 7，19 年差 7 個閏月。）

1 蔀 = 4 章 = 76 年 = 940 月 = 27759 日【冬至合朔復齊於日首】

1 紀 = 20 蔀 = 1520 年 = 555180 日【甲子日合朔復齊於日首】

1 元＝3 紀＝4560 年＝1665540 日【甲子年甲子日合朔復齊於日首】

六、置　閏

字　例	閏
篇　卷	1 上 18

閏餘分之月，五歲再閏也。告朔之禮，天子居宗廟，閏月居門中，从王在門中。《周禮》閏月王居門中終月也。（一篇上　十八）

按：《左傳・文公元年》：「先王之正時也，履端於始，舉正於中，歸餘於終。履端於始，序則不愆；舉正於中，民則不惑；歸餘於終，事則不悖。」杜注：「步曆之始，以爲術之端首，期之日，三百六十有六日，日月之行，又有遲速，而必分爲十二月，舉中氣以正月，有餘日，則歸之於終，積而爲閏，故言歸餘於終。」一年實際爲三百六十五又四分之一日，舉全數言之，則爲三百六十有六日。閏爲歲之餘，凡置閏必在十二月之後，故曰歸餘。《獨斷》卷上：「閏月者，所以補小月之減日以正歲數，故三年一閏，五年再閏。」《白虎通・日月》：「月有閏餘何？周天三百六十五度四分度之一，歲十二月，日過十二度，故三年一閏，五年再閏，明陰不足，陽有餘也，故讖曰閏者陽之餘。」古曆法是陰陽合曆，日行一周三百六十五度四分度之一，等於一年三百六十五又四分之一日，這是以土圭觀測太陽影子得來，太陽影子經過 1461 日回覆到原點，恰巧經過四年；一年 $12\frac{7}{19}$ 月，所得算式如下：

$$1 \text{ 歲} ＝ 1461 \text{ 日} ÷ 4 ＝ 365\frac{1}{4} \text{ 日（陽曆，日行）}$$

$$1 \text{ 月} ＝ 365\frac{1}{4} \text{ 日} ÷ 12\frac{7}{19} \text{ 月} ＝ 29\frac{499}{940} \text{ 日}$$

$$1 \text{ 歲} ＝ 29\frac{499}{940} \text{ 日} × 12 \text{ 月} ＝ 354\frac{348}{940} \text{ 日} ≒ 354 \text{ 日（陰曆，月行）}$$

陽曆一年日數比陰曆一年日數多出 $11\frac{1}{4}$（$365\frac{1}{4} － 354$），取爲整數 12 日，故「明陰不足，陽有餘也」，必需置閏，三年則大約爲 36 日，要置閏，故「三年一閏」，餘 6 日再累加第四、五年各爲 12 日，則爲 30 日，故「五年再閏」。

「告朔之禮」云云，《禮記・玉藻》：「天子元端而朝日於東門之外，聽朔於南門之外，閏月則闔門左扉，立於其中。」注云：「閏月，非常月也。聽其

朔於明堂門中，還處路寢門終月。」閏月非中氣，不舉百事。

「周禮」云云，《周禮・春官・太史》：「閏月詔王居門終月。閏月詔王居門終月。」注云：「路寢門也。鄭司農云：《月令》十二月分在青陽明堂、總章元堂左右之位，惟閏月無所居，居於門，故於文王在門謂之閏。」

十九年陰曆年加上七個閏月的日數，與十九個回歸年的日數幾乎相等，《後漢書・律曆志》云：「月分成閏，閏七而盡；其歲十九，名之曰章。」「章法十九，章月二百三十五。」換作式子表示：1章＝19年7閏月＝235月，因為如果一年以12個朔望月算，19年則為：12×19＝228個朔望月，然19年實際為235月，235－228＝7，19年7個閏月。

十九年七閏的方法，在《左傳》兩次記載日南至已使用：一在僖公五年（B.C 655）「春王正月辛亥朔，日南至」；一在昭公二十年（B.C 522）「春王二月己丑，日南至」，[註55] 兩次日南至相差一百三十三年：655－522＝133，一百三十三年的閏月數為：133÷19＝7，7×7＝49，一百三十三年有四十九個閏月，以一年12除之，49÷12＝4餘1，故「春王二月己丑，日南至」。

第三節 《說文》時令物候說

天文曆法是對自然宇宙天體運行的觀測與推步，它讓人們更清楚氣候時令的變化，而知冷熱寒暑、晝夜長短、萬物生長的樣態與周期，使人們能順應這樣的自然周期而耕作、繁殖、祭祀，調整作息的步伐與時間。因此，人們的生存養息無一不與天文星曆、自然節氣息息相關，古人靠天吃飯的道理，並沒有因時代與日俱進而失準。四季時節和物候特徵部分，就是緊接著天文星相、曆法之後所要探知的面向，因為這部分對一般民眾作息、農牧業而言，是最顯而易見的徵候。

現在從西安半坡遺址窟藏的粟粒，保存在陶罐中的白菜和芥菜菜籽，浙江餘姚河姆渡遺址中的大量稻穀，已證明黃河流域到長江以南地區，遠在六千年前就保有一定水平的農業。不可否認，新石器時代應已掌握時節變化的規律和作物生長周期的關係，正如安徽含山凌家灘玉版可以說明，當時已有方位四時八節的觀念。雖然，這還不足以證明當時觀天象的水平，然而大地各種自然生

〔註55〕春秋時代把冬至叫做日南至，因為冬至那天，日中太陽的高度最低，所以叫日南至。

態，如樹葉的萌發或枯萎，花朵的綻放與凋謝，鳥獸的孳生或蟄伏，風雨霜雪的吹拂落降等「物候」還是自然存在。《夏小正》據信是戰國時代的作品，其中大量的物候描述，應是長久觀察自然現象累積的經驗。宋代王應麟《玉海》卷十云：「堯之作曆，仰觀於天，俯觀事於民，遠觀宜於鳥獸。」曆法的制定從觀天象、察民時、知物候而來，「遠觀宜於鳥獸」說得即是物候。由此再證，《說文·敘》引用《易·繫辭傳》文而作「視鳥獸之文」，就是《尚書·堯典》「鳥獸孳尾」、「鳥獸希革」、「鳥獸毛毨」、「鳥獸氄毛」的四時物候現象。

一、時 令

　　一年四季的變化是最明顯的時令，四季的區別除了有氣候寒熱、晝夜長短的不同，每季的風向也是判別的依據。而人們的作息也是隨著季節，而有相對的活動產生，歲時祭祀是從祭祀舉行的時間點，得知活動配合時令的原因所在。《說文》的時令資訊大抵從季節風向與歲時祭祀可得其梗概，茲分述如下。

（一）季節與風向

　　早在殷商的甲骨文便有四方風的訊息，其實就是以四方位的風名，代表四季的觀念，不同的季節，自有不同的風向，故本季節字例亦將「風」一併收入。《說文》對四季字例的釋義，惟獨「夏」字不作季節解釋，其云：「中國之人也，從夊從頁從臼，臼，兩手；夊，兩足也。」以別於其他夷狄蠻貉之族，故本季節字例不收錄「夏」字。

字 例	春	秋	冬	風
篇 卷	1 下 53	7 上 51	11 下 8	13 下 6

（1）簹 推也，從日艸屯，屯亦聲。（一篇下 五十三）

　　按：「春」從「屯」聲，《尚書大傳》曰：「春出也，萬物之出也。日艸屯者，得艸生也，屯字象艸木之初生。」「艸木初生，屯然而難」之意已融滲於「春」的「推」義當中。《說文》釋「春」為推，「推，排也」，「排，擠也」，春是陰陽推擠，陽漸長陰漸衰，化生萬物。所謂春生、夏長、秋收、冬藏，生長斂藏都是陰陽消息所致。〔註56〕

　　「春」之「推」義是指「推開」、「摧折」壓制萌芽向上生長的那些土層

〔註56〕楊季康，〈從『春』字看漢字的文化意蘊〉，《漢字文化》1998 年第 1 期，頁 55。

障礙。春日陽氣的催發，使得萌芽從果核長出。由於土層的阻礙，萌芽初生呈屯難彎曲之狀，待精力積聚至於盈滿之時，萌芽以其尖銳的鋒芒推開阻礙，破土而出。所以「春」的語源義，或者說「春」的根本的意義特點是「推」。〔註57〕「推」反映了萌芽在土下屯聚精力之艱難，以及精力盈滿之後的強勁與勇健。

　　《禮記・鄉飲酒義》曰：「東方者春，春之言蠢也。產萬物者也。」《漢書・律曆志上》：「少陽者，東方。東，動也，陽氣動物，於時爲春。春，蠢也，物蠢生迺動運。」東方是日出方位，萬物沐浴在初生的陽和之氣，所以，春與東方陽氣相關聯。《說文》云：「蠢，蟲動也，从䖵，春聲。」「蟲，有足謂之蟲，無足謂之豸。」「䖵，蟲之總名也，从二虫。」「虫，一名蝮，博三寸，首大如擘指。象其臥形，物之散細，或行或飛，或毛或臝，或介或鱗，以虫爲象。」段注：「《月令》：春其蟲鱗，夏其蟲羽，中央其蟲，倮虎豹之屬，恆淺毛也。秋其蟲毛，冬其蟲介。許云：或飛者，羽也。古虫蟲不分，故以蟲諧聲之字，多省作虫，如融蚰是也。鱗介以虫爲形，如螭虯𧓌蚌是也。飛者以虫爲形，如蝙蝠是也。毛臝以虫爲形，如蝯蜼是也。」蟲、䖵、虫三字，以虫爲總稱。《禮記・月令》「孟春之月，……其蟲鱗」，屬於螭虯之物，因此，《禮記・鄉飲酒義》所言春之虫蠢應指「龍動」，《周易》以東爲春爲青龍，後天八卦以震居東，〈說卦傳〉：「萬物出乎震，震，東方也。」「震，動也」，「震爲雷，爲龍」，震、雷、龍、動、生是春的蓬勃意象，春雷一聲起驚蟄，萬物復甦回春。夏曆以立春爲歲首，十二消息卦以《泰》卦爲春之正月，天地交泰，萬物滋生。

（2）㡬 禾穀孰也，从禾龜省聲。𥤚 籀文不省。（七篇上　五十一）

　　按：《太平御覽》二十四時序部引作「天地反物爲秋字，从禾燋省聲。」是古本《說文》有「天地反物爲秋」六字。《漢書・律曆志上》：「少陰者，西方，西遷也。陰氣遷落物於時爲秋。秋，䙥也，物䙥斂乃成孰。」古本《說文》的「反物」蓋揫斂之意。段玉裁注：「其時萬物皆老而莫貴於禾穀，故从禾，言禾復言穀者，晐百穀也。」

（3）𣥺 四時盡也。从仌从夊，夊古文終字。𡕟 古文冬从日。（十一篇下　八）

　　按：《管子・形勢解》：「冬者，陰氣畢下故萬物藏。」《呂氏春秋・貴信篇》：「冬之德寒，寒不信其地不剛，地不剛則凍閉不開。」《史記・曆書》：「物

──────────────

〔註57〕宋永培，《《說文》與上古漢語詞義研究》（成都：巴蜀書社，2001.6），頁5。

乃歲具生於東，次順四時，卒於冬分時。」索隱：「言建歷起孟春盡季冬，則一歲之事具也。冬盡之後，分為來春，故云冬分也。」《漢書‧律曆志上》：「大陰者，北方。北伏也，陽氣伏於下，於時為冬。冬，終也，物中臧乃可稱。」《白虎通‧五行》：「冬之言終也。」《釋名‧釋天》：「冬，終也。物終成也。」冬天陽氣藏於地下，萬物蟄伏不生。

「𡕳」古文冬从日，徐鍇《說文繫傳‧通釋》：「冬者，月之終也，日窮于紀也。」〔註58〕冬天意謂著一年十二個月將終了、一年日數將窮盡，古文从夂从日，夂，古終字；日指日數。

(4) 𩙢 八風也，東方曰明庶風，東南曰清明風，南方曰景風，西南曰涼風，西方曰閶闔風，西北曰不周風，北方曰廣莫風，東北曰融風，从虫凡聲。風動蟲生，故蟲八日而匕。𩙢古文風。（十三篇下　六）

按：《左傳‧隱公五年》：「夫舞所以節八音而行八風。」服虔注：「八卦之風也，乾音石，其風不周；坎音革，其風廣莫；艮音匏，其風融；震音竹，其風明庶；巽音木，其風清明；離音絲，其風景；坤音土，其風涼；兌音金，其風閶闔。」八風對應的是後天八卦方位。《呂氏春秋‧有始篇》：「東北曰炎風，東方曰滔風，東南曰熏風，南方曰巨風，西南曰淒風，西方曰飂風，西北曰厲風，北方曰寒風。」高誘注：「炎風艮氣所生，一曰融風；滔風震氣所生，一曰明庶風；熏風或作景風，巽氣所生，一曰清明風；巨風離氣所生，一曰凱風，《詩》曰：凱風自南；淒風坤氣所生，一曰涼風；飂風兌氣所生，一曰閶闔風；厲風乾氣所生，一曰不周風；寒風坎氣所生，一曰廣莫風。」《淮南子‧天文》：「距日冬至四十五日，條風至。條風至四十五日，明庶風至。明庶風至四十五日，清明風至。清明風至四十五日，景風至。景風至四十五日，涼風至。涼風至四十五日，閶闔風至。閶闔風至四十五日，不周風至。不周風至四十五日，廣莫風至。」高誘在《淮南子‧天文》注云景風是離卦之風，然在《呂氏春秋‧有始篇》卻言「熏風或作景風，巽氣所生」，對照服虔注《左傳》語，是證高誘注《呂覽》有誤，景風當移至「巨風離氣所生，一曰凱風」處。《易通卦驗》曰：「立春調風至，春分明庶風至，立夏清明風至，夏至景風至，立秋涼風至，秋分閶闔風至，立冬不周風至，冬至廣莫風至。」《白虎通‧八風》：「風之為言萌也，養物成功，所以象八卦，陽立於五，極於九，五九四十五日變，變以為風，因合陽以生風也，距冬至四十五日條

〔註58〕徐鍇，《說文繫傳‧通釋》卷第二十二，（北京：中華書局，1998.12），頁228。

風至，條者，生也；四十五日明庶風至，明庶者，迎眾也；四十五日至清明風至，清明者，青芒也；四十五日至景風至，景者，大也，言陽氣長養也；四十五日涼風至，涼，寒也，陰氣行也；四十五日昌盍風至，昌盍者，戒收藏也；四十五日不周風至，不周者，不交也，言陰陽未合化矣；四十五日廣莫風至，廣莫者，大莫也，開陽氣也。」各家所說的八風名稱略有不同，茲列表以示，並以《說文》八風名稱與八音、八卦、八節、八方的配置，亦列表如下：

左　　傳	廣莫風	融風	明庶風	清明風	景風	涼風	閶闔風	不周風
呂　　覽	寒風	炎風	滔風	熏風	巨風	淒風	飂風	厲風
淮南子	廣莫風	條風	明庶風	清明風	景風	涼風	閶闔風	不周風
通驗卦	廣莫風	調風	明庶風	清明風	景風	涼風	閶闔風	不周風
白虎通	廣莫風	條風	明庶風	清明風	景風	涼風	閶闔風	不周風
說　　文	廣莫風	融風	明庶風	清明風	景風	涼風	閶闔風	不周風

《呂氏春秋》八風名稱與其他各家說法不同，《說文》同於《左傳》服虔注，它們的融風相當各家的調風、條風、炎風。

《說文》八風名稱與八音、八卦、八節、八方的配置

八　　風	廣莫風	融風	明庶風	清明風	景風	涼風	閶闔風	不周風
八　　音	革	匏	竹	木	絲	土	金	石
八　　卦	坎	艮	震	巽	離	坤	兌	乾
八　　節	冬至	立春	春分	立夏	夏至	立秋	秋分	立冬
八　　方	北	東北	東	東南	南	西南	西	西北

《說文》對風從虫的解釋是「風動蟲生，故蟲八日而匕。」是漢代當時流行的數術之說，不是許慎向壁虛造。《淮南子‧墬形》：「天一、地二、人三，三三而九……二九十八，八主風，風主蟲，故八日而化。」《春秋考異郵》：「風之爲言萌也，其立字蟲動於几中者爲風。」又曰：「二九十八，八主風，精爲蟲，八日而化，風烈波激，故其命從蟲，蟲之爲言屈申也。」《論衡‧商蟲篇》：「夫蟲，風氣所生，蒼頡知之，故凡虫爲風，蟲之字取氣於風，故八日而化生。」徐灝《說文解字注箋》：「風無形可象，因其所生之物以製字，故從虫。堪輿家相地，覘風所至，即知其下有蟻。此風動蟲生之驗也。」〔註59〕王筠

〔註59〕楊家駱主編，《說文解字詁林正補合編》第十冊，頁10-1016。

《說文句讀》也說「《春秋考異郵》二九十八，八主風，精爲蟲。八日而化，風列波激，故其命字從虫。」〔註60〕在《說文釋例》又云：「風將以何爲形哉？風無形而所化之蟲有形，故轉而以其子定其母也。」〔註61〕以上諸說不管是出自典籍的引證或《說文》學者的闡述，皆詳言「風動蟲生，故蟲八日而匕」的原理，由於八主風，蟲感風氣而生，故八日而化生。

季節的變化，肇乎陰陽二氣的相交與轉換。以上《說文》季節類字例中，春則推生草出，秋則禾穀熟，冬則四時盡。風隨季節的不同，風吹方向亦有別。

（二）歲時祭祀

《說文》有一些祭祀字例的釋義，說到與歲時節令的訊息，故特立本類字例以明其歲時之理。

字　例	禘	祫	臘	朡
篇　卷	1 上 10	1 上 11	4 下 29	4 下 29

（1）禘諦祭也，從示帝聲。周禮曰五歲一禘。（一篇上　十）

按：《說文》言部曰：「諦者，審也。」禘之言諦，諦定昭穆尊卑之義。《禮記・喪服小記》：「王者禘其祖之所自出，以其祖配之。」正義云：「禘，大祭也。謂夏正郊天。王者夏正，禘祭其先祖所從出之天，若周之先祖出自靈威仰也，以其先祖配祭所出之天。」諸侯非王，不得郊天配祖於廟及祭大祖，故《禮記・大傳》：「不王不禘。」《春秋經》言諸侯之禮，僖公八年「禘于太廟」，太廟謂周公廟，魯之太祖也，天子宗廟之禘，亦以尊太祖，此正禮也。其他《經》言「吉禘于莊公」，《傳》之「禘於武公」、「禘於襄公」、「禘於僖公」，皆專祭一公，僭用禘名。

《五經異義》：「古《春秋左氏傳》說：古者日祭於祖考，月祀於高曾，時享及二祧，歲祫及壇墠，終禘及郊宗石室。許君謹按：叔孫通宗廟有日祭月薦之禮，知自古而然也。三歲一祫，此周禮也；五歲一禘，疑先王之禮也。」《五經異義》認爲：三歲一祫是周禮，五歲一禘是先王之禮，而《說文》則認爲兩者皆是周禮，在這裡提到的周禮是指周代禮制，非指《周官》一書。

「三歲一祫，五歲一禘」之文，鄭玄說是出於緯書之說，其曰：「三年一祫，五年一禘，百王《通義》以爲《禮讖》云：殷之五年，殷祭亦名禘也。」

〔註60〕同註59，頁 10-1019。

〔註61〕同註60。

鄭玄謂殷祭也可名之爲禘。按《禮稽命徵》:「三年一祫,五年一禘,以衣服想見其容色。」《詩‧長發》序:「雝禘太祖。」正義云:「禮宜小者稠,大者稀,而禮緯言『三年一祫,五年一禘』,反禘稀而祫數者。聖人因事見法,以天道三年一閏,五年再閏,故制禮象之,三年一祫,五年一禘,每於五年之內爲此二禮,據其年端屬之,故言三年五年耳,其實禘祫自相距各五年,非祫多而禘少也。」「三年一祫,五年一禘」是根據天道三年一閏,五年再閏而制禮象之,三年一閏,天氣小備;五年再閏,天氣大備。

　　關於禘祫,許慎就周禘而言,鄭玄則又提到殷禘,唯殷禘特祭一祖,不見有群祖合食之事,而周禘則『以其祖配之』,乃稱禘祫矣,祫者,合祭也。周禘有二:曰大禘、曰吉禘。大禘有分有合,相歧而行,合者,已遷及未遷之主,皆共合食於大廟,或謂爲禘之祫;分者,群主先共合食於大廟,而存廟之主復有各於其廟之祭,或謂爲禘之祪。祪祫皆非祭名,指言祭有分合之事而已。吉禘爲三年喪畢之專祭。禘祫爲一祭二名,三年一祫即三年一禘;五年一禘即五年一祫。許君謂三年一祫(禘),是《左氏》先師之說,許君以爲有據而從之,五年一禘(祫),《左氏》無是說,爲今文說,許疑爲先王之禮。鄭駁之以禮緯,謂殷人五年殷祭,適足以證明許君所云五歲一禘爲先王之禮。許慎禘祫之說,多從古學,《五經異義》多引《左氏》說禘祭;《說文》則以周禮爲說,祫之釋義詳於禘,蓋禘即祫,或詳禘,或詳祫,實互文言之。由此可證,《春秋》與禮,本相表裏,《異義》所主《左氏》說,所商榷者多爲禮;而《說文》所引《春秋》傳文,其說解亦多與周禮家說相應。

(2) 祫大合祭先祖親疏遠近也,从示合,周禮曰三歲一祫。(一篇上　十一)
　　按:《禮記‧王制》:「祪礿,祫禘、祫嘗、祫烝。」正義云:「祫者,合也。天子諸侯之喪畢,合先君之主於祖廟而祭之,謂之祫。」《春秋經‧文公二年》:「八月丁卯大事于大廟。」《公羊傳》曰:「大事者何?大祫也。大祫者何?合祭也。其合祭奈何?毀廟之主陳於大祖,未毀廟之主皆升合食於大祖,五年而再殷祭。」鄭康成曰:「魯禮三年喪畢而祫於大祖,明年春禘於群廟,自此之後五年而再殷祭一祫一禘。」《白虎通‧宗廟》:「祭宗廟所以禘祫何?尊人君、貴功德、廣孝道也。位尊德盛,所及彌遠。謂之禘祫何?禘之爲言諦也,序昭穆禘父子也。祫者,合也,毀廟之主皆合食於太祖也。」許慎言合祭先祖親疏遠近,也是符合上述所言之祫義。

(3) 臘冬至後三戌,臘祭百神。从肉巤聲。(四篇下　二十九)

　　按：臘是歲終大祭，《史記‧秦本紀》：「惠文君十二年初臘。」正義云：「臘，十二月臘日也，秦惠文王始效中國爲之，故云初臘，獵禽獸以歲終祭先祖，因立此日也。」《太平御覽》三十三引晉博士張亮議曰：「臘，接也，祭宜在新故交接也。俗謂臘之明日爲初歲，秦漢以來有賀此古之遺語。」又引杜公瞻曰：「蜡者，息民之祭，故孔子云：『百日之勞，一日之澤。』其所祭八神者，皆報其成功則於十月農隙是也，後世臘有新故交接之義，遂移於夏正之十二月。」

　　《淮南子‧天文》：「火生于寅，壯于午，死于戌，三辰皆火也。」《風俗通義》曰：「臘者，接也。新故交接，大祭以報功也。漢家火行，火衰於戌，故曰臘也。」魏臺訪議召問，高堂隆對曰：「帝王各以其行之盛而祖，以其終而臘，……火始生於寅，盛於午，終於戌，故火行之君以午祖，以戌臘。」漢家爲火德，火盛於午，衰於戌，故五行之盛日爲祖祭，其衰廢日爲臘。是以，在冬至後第三個戌日行臘祭。《風俗通義‧祀典》云：「太史丞鄧平云：臘者，所以迎刑送德也，大寒至，常恐陰勝，故以戌日臘，戌者，溫氣也，用其氣日殺雞以謝刑德，雄著門，雌著戶，以和陰陽，調寒配水，節風雨也。」《青史子書》云：「雞者，東方之牲也，歲終更始，辨秩東作，萬物觸戶而出，故以雞祭祀也。」行臘祭時要殺雞祭之，蓋雞爲東方之牲，象徵歲終更始。

（4）𦠸　楚俗目二月祭歓食也，从肉婁聲。一日祈穀食新曰𦠸。（四篇下　二十九）

　　按：《四民月令》云：「臘明日爲小歲，進酒尊長，修刺賀君師。」《太平御覽》「小歲」下引云：「楚十二月祭飲食也。一曰嘗新穀食前曰貔𦠸。」作十二月。《漢書‧劉元傳》注引《漢書音義》云：「冀州北郡以八月朝作飲食爲𦠸，其俗語曰：𦠸臘社伏。」《後漢書‧禮儀志》：「立秋之日，武官肄兵，習戰陣之儀，斬牲之禮，名曰貙劉。」《漢書‧劉元傳》：「立秋貙𦠸時。」注引《漢書音義》曰：「貙獸以立秋日祭獸王者。」亦以此日出獵用祭宗廟，是則貙劉、貙𦠸同義。《篇韻》皆云：「𦠸，飲食祭也。冀州八月，楚俗二月」，𦠸祭有二月、八月之分，《說文》的二月是楚俗，《漢書音義》是立秋八月。

　　以上四種祭禮，禘祭爲郊天之禮，「五年一禘」是因五年再閏，天氣大備。祫是天子合祭遠親先祖之禮，「三歲一祫」是因三年一閏，天氣小備。臘祭是歲終祭百神之禮，在冬至後第三個戌日行臘祭，是因漢德五行爲火，火盛於午，終於戌，故在冬至後第三個戌日歲末爲之。𦠸祭在楚地爲二月，爲進尊長、賀君師的飲食之禮。

二、物　候

　　物候是物象、自然景象徵兆的認識，節氣變化的重要指標，可以用來指示農時，與人們生活的時令作息步調。《詩經‧豳風‧七月》按月記載有關物候、節氣、農事、時令作息等訊息，如「春日載陽，有鳴倉庚」、「四月秀葽」、「五月鳴蜩」、「五月斯螽動股」、「六月莎雞振羽」、「七月鳴鵙」、「八月萑葦」、「十月蟋蟀入我床下」是有關物候；「一之日觱發」、「二之日栗烈」、「九月肅霜」則是有關節氣；「三之日于耜」、「四之日舉趾」、「十月穫稻」、「九月築場圃」、「十月納禾稼」、「十月滌場」有關農事；「九月授衣」、「八月載績」、「一之日于貉，取彼狐狸，爲公子裘」、「六月食鬱及薁」、「七月亨葵及菽」、「七月食瓜」、「二之日鑿冰沖沖」、「三之日納于凌陰」有關時令作息。《逸周書‧時訓解》則已詳載二十四節氣與七十二候。〔註62〕其中，物候多以蟲魚鳥獸的感知、植物生長爲主要的徵兆。漢代緯書也有相關記載，如《易緯通卦驗》：「博勞性好單棲，其飛翔，其聲嚄嚄。夏至應陰而鳴，冬至而止。」《春秋含漢孳》：「穴藏之蟻，先知雨；陰曀未集，魚已噞喁。巢居之鳥，先知風；樹木未搖，禽已羽翰。」《春秋考異郵》：「鶴知夜半，雞應旦鳴。」《漢書‧藝文志》所列的雜占書目有主占候的農書，如《昭明子釣種生魚鼈》、《種樹臧果相蠶》等，都與候歲術有關。《說文》也有採物候徵兆作說解的字例，茲從

〔註62〕《逸周書‧時訓解》第五十二：「立春之日東風解凍，又五日蟄蟲始振，又五日魚上冰；驚蟄之日獺祭魚，又五日鴻雁來，又五日草木萌動；雨水之日桃始華，又五日倉庚鳴，又五日鷹化爲鳩；春分知日玄鳥至，又五日雷乃發聲，又五日始電；穀雨之日桐始華，五日田鼠化爲鴽；又五日虹始見；清明之日萍始生，又五日鳴鳩拂其羽，又五日戴勝降于桑；立夏之日螻蟈鳴，又五日蚯蚓出，又五日王瓜生；小滿之日苦菜秀，又五日靡草死，又五日小暑至；芒種之日螳螂生，又五日鵙始鳴，又五日反舌無聲；夏至之日鹿角解，又五日蜩始鳴，又五日半夏生；小暑之日溫風至，又五日蟋蟀居辟，又五日鷹乃學習；大暑之日腐草化爲螢，又五日土潤溽暑，又五日大雨時行；立秋之日涼風至，又五日白露降，又五日寒蟬鳴；處暑之日鷹乃祭鳥，又五日天地始肅，又五日禾乃登；白露之日鴻雁來，又五日玄鳥歸，又五日群鳥養羞；秋分之日雷始收聲，又五日蟄蟲培戶，又五日水始涸；寒露之日鴻來賓，又五日爵入大水化爲蛤，又五日菊有黃華；霜降之日豺乃祭獸，又五日草木黃落，又五日蟄蟲咸俯；立冬之日水始冰，又五日地始凍，五日雉入大水爲蜃；小雪之日虹藏不見，又五日天氣上騰，地氣下降，又五日閉塞而成冬；大雪之日鶡鳥不鳴，又五日虎始交，又五日荔挺生；冬至之日蚯蚓結，又五日麋角解，又五日水泉動；小寒之日雁北向，又五日鵲始巢，又五日雉始雊；大寒之日雞始乳，又五日蟄鳥厲疾，又五日水澤腹堅。」

植物生長、禽鳥感應分說之。

（一）植物生長說物候

第四章第一節舉證「麥」、「黍」二字說明植物生長應陰陽之氣，第三節的祥瑞嘉穀「禾」字，還有本章第三節時令中的季節字例「秋」，於其釋義中亦有物候之說。茲綜合說明之。

字　　例	麥	禾	秋	黍
篇　　卷	5下33	7上37	7上51	7上56

麥，《說文》云：「芒穀，秋種厚薶，故謂之麥。」《淮南子・墜形》：「麥秋生夏死。」高誘注云：「麥，金也。金王而生，火王而死。」《大戴禮・夏小正》：「九月樹麥。」《禮記・月令》：「仲秋之月乃勸種麥，毋或失時，麥以秋種。」麥是秋種穀物，故屬金。

《說文》禾下云：「嘉穀也。二月始生，八月而孰，得之中和，故謂之禾。禾，木也；木王而生，金王而死。从木从 象省， 象其穗。」〔註63〕剛好說到禾的生長周期。禾二月始生，八月而孰，故知禾春生秋熟。二月春分，八月秋分，陰陽氣平，得之中和。另外，《說文》的「秋」雖是季節字例，但其「禾穀孰也」的釋義也可視為物候，故在此互見引用。

黍，《說文》云：「目大暑而種故謂之黍。」《淮南子・主術》：「大火中則種黍菽。」《大戴禮・夏小正》：「五月初昏大火中。大火者，心也。心中，中黍菽糜時也。」《尚書大傳・唐傳・堯典》：「主夏者火，昏中可以種黍。」《尚書考靈曜》：「主夏者心星，昏中可以種黍。」氾勝之曰：「黍者，暑也。種必待暑，先夏至三十日，此時有雨，疆土可種黍。」〔註64〕黍因夏暑熱而種，以其生長季節而知物候。《說文》這些植物生長的物候字例，其特殊性在於特別標示生長時令與五行的關係。茲理解其說，可疏通難解之惑。

（二）禽鳥感應知物候

字　　例	鵙	離	雇	鷽	鶪	焉
篇　　卷	4上26	4上27	4上28	4上42	4上48	4上57

〔註63〕本論文因「禾」的「嘉穀」釋義，故將之正式歸類到第四章〈《說文》陰陽五行天人思想〉「祥瑞之物」的「瑞草嘉穀」，可與本處援引互見，頁281。

〔註64〕（漢）氾勝之，《漢氾勝之遺書》（《叢書集成三編》《鄔齋叢書》第二函，臺北：藝文印書館，民61（1972）），頁2。

（1）雊 雄雉鳴也，雷始動，至乃鳴而句其頸。从隹句，句亦聲。（四篇上　二十六）

　　按：《夏小正》：「正月雉震呴。」傳曰：「呴也者，鳴也，震也者鼓其翼也，正月必雷，雷不必聞，惟雉必聞之，何以謂之？雷則雉震呴，相識以雷。」《洪範五行傳》曰：「正月雷微動而雉雊，雷通氣也。」《易緯通卦驗》：「雉雊、雞乳在立春節，立春在十二月。」《禮記・月令》：「季冬之月，……雁北鄉，鵲始巢，雉雊，雞乳。」鄭注云：「皆記時候也。」孫希旦曰：「是月雷應陽氣，始發聲於地中，雉聞之而雊。」〔註65〕《月令章句》：「雷在地中，雉性精剛，故獨知之應而鳴也。」立春，雷發於地中，應陽氣之生，雄雉通其氣而鳴。

（2）䳢 離黃，倉庚也，鳴則蠶生。从隹离聲。（四篇上　二十七）

　　按：《詩・國風・七月》：「春日載陽，有鳴倉庚，女執懿筐，遵彼微行，爰求柔桑。」傳云：「倉庚，離黃也。」箋云：「倉庚又鳴，可蠶之候也。」《夏小正》：「二月有鳴倉庚，三月妾子始蠶。」春二月離黃鳴，爲蠶生之時。

（3）雇 九雇，農桑候鳥，扈民不姪者也。从隹戶聲。春雇鴳盾，夏雇竊元，秋雇竊藍，冬雇竊黃，棘雇竊丹，行雇唶唶，宵雇嘖嘖，桑雇竊脂，老雇鴳也。鷃雇或从雩。䳭䳭文雇从鳥。（四篇上　二十八）

　　按：《左傳・昭公十七年》：「九扈爲九農正扈，民無淫者也。」賈逵云：「春扈分循相五土之宜，趣民耕種者也。夏扈竊元，趣民耘苗者也。秋扈竊藍，趣民收斂者也。冬扈竊黃，趣民蓋藏者也。棘扈竊丹，爲果驅鳥者也。行扈唶唶，晝爲民驅鳥者也。宵扈嘖嘖，夜爲農驅獸者也。桑扈竊脂，爲蠶驅雀者也。老扈鷃鷃，趣民收麥，令不得晏起者也。」九雇在《左傳》作「九扈」，牠們是農忙植桑養蠶時的有益候鳥。

（4）鷸 鷸鴗，山鵲。知來事鳥也。从鳥學省聲。鸒鴗或从隹。（四篇上　四十二）

　　按：《淮南子・氾論》：「乾鵠知來而不知往。」高誘注：「乾鵠，鵲也。人將有來事，憂喜之徵則鳴，此知來也，知歲多風，卑巢於木枝，人皆探其卵，故曰不知往也。」《太平御覽》卷九二一「羽族部」八《淮南子》引「乾鵠知來而不知往，此脩短之分也。」注：「乾鵠，鵲也。見人有吉事之徵則脩脩然，凶事之徵則鳴啼，是知來歲多風，則巢於下枝，而童子乃採其卵，是不知各有所能，故曰長短之分也。」鴗可以鳴叫預知未來吉凶之事。

────────────

〔註65〕孫希旦，《禮記集解》（臺北：文史哲出版社，民國77.10（1988.10）），頁456。

（5）鷸　知天將雨鳥也，从鳥矞聲。《禮記》曰：知天文者冠鷸。鷸鷸或从遹。
　　　（四篇上　四十八）

　　　按：《漢書・五行志》中之上顏師古注引《逸周書》「知天文者冠鷸冠」，
然今《周書》並無其文，顏師古《匡謬正俗》則引作《逸禮記》，《說文》引
作《禮記》當指此。《匡謬正俗》卷四：「鷸，水鳥，天將雨即鳴，古人以其
知天時，乃爲冠，象此鳥之形，使掌天文者冠之。」《左傳・僖公二十四年》：
「鄭子華之弟子臧出奔宋，好聚鷸冠，鄭伯聞而惡之。……君子曰：『服之不
衷，身之災也。』《詩》曰：『彼己之子，不稱其服。』子臧之服，不稱也夫。」
此云「不稱者」正謂子臧不知天文而冠聚鷸也。

　　　徐灝《說文解字注箋》云：「按《爾雅》翠鷸即翡翠也。今嶺南最多此鳥，
毛羽青翠可愛，故古人用以飾冠。此鳥自惜其毛羽，天將雨則深藏不出，故
曰知雨鳥也。」〔註66〕「翠鷸」，《爾雅・釋鳥》李巡曰：「鷸，一名爲翠，其
羽可以爲飾。」郭璞曰：「似燕，紺色，生鬱林。」徐灝認爲即是嶺南自惜其
羽，天雨不出的翠鳥，但眞正知天雨的「鷸」體積比翠鷸大，桂馥《說文義
證》云：「《增韻》曰：鷸有三種，一曰大鳥，《戰國策》謂之啄蚌，天將雨，
鷸則知之。……蓋以知天時也。一曰翠鳥曰鷸，一曰赤足黃文曰鷸。」〔註67〕
根據《增韻》所說，翠鷸雖也是鷸的一種，但知天雨的鷸是《戰國策》「鷸蚌
相爭」故事中的鷸，《戰國策・燕策》曰：「蚌方出曝，而鷸啄其肉，蚌合而
拑其喙。鷸曰：『今日不雨，明日不雨，即有死蚌。』」由此可證，鷸知天雨。

（6）鳥　焉鳥，黃色，出於江淮，象形。凡字，朋者，羽蟲之長。烏者，日中
　　　之禽。舄者，知大歲之所在。燕者，請子之候，作巢避戊己。所貴者故
　　　皆象形，焉亦是也。（四篇上　五十七）

　　　按：《淮南子・精神》：「日中有踆烏。」《古今注》曰：「日中三足烏之精，
降而生三足烏，何以三足？陽數，奇也。」《靈憲》曰：「日，陽精之宗，積
而成烏，烏有三趾，陽之類，故爲奇。」《說文》「烏者，日中之禽」此說，
可以作爲《說文》古文日（囵）中作「乙」的註腳，「天文類」的日字已詳論，
於此不再贅述。

　　　《說文》云：「舄者，知大歲之所在。」《淮南子・天文》：「太陰所建，
蟄蟲首穴而處，鵲巢嚮而爲戶。」《博物志》卷二曰：「鵲巢開戶背太歲。」

〔註66〕楊家駱主編《說文解字詁林正補合編》第四冊，頁4-435。
〔註67〕同註66。

鵲巢口的方向背太歲，因此與鵲巢口相反的方向，爲太歲所在。

《埤雅》：「戊己其日皆土，故燕之往來避社，而嗛土不以戊己。」《七修類稿》：「燕，水鳥也，不以戊己取土爲巢。書戊己於巢則去，皆因克水故也。」社日爲戊己日，屬土，燕爲水鳥，啣土築巢會避開戊己日，蓋出於土克水的原因。

三、其 他

時間是不可追、不可留的洪流，但人們將時間作了分段，是立足在地球旋轉與時間成比例的觀念之上。一晝夜是一日，據董作賓的甲骨研究，早在殷商時期就有兩派分時制度：

> 武丁時（舊派），分白晝爲七段，即「明」、「大采」、「大食」、「中日」、「昃」、「小食」、「小采」。白晝稱「日」，黑夜稱「夕」，一天一夜繫於一個干支，如「甲子日」、「甲子夕」。祖甲（新派），分白晝爲十段，「妹」（昧）、「兮」（曦）、「明」、「朝」、「大食」、「中日」、「昃」、「小食」、「暮」「昏」。其餘同。〔註68〕

殷商時代白晝有分段，而黑夜無分段，白晝分段自當隨節氣而有長短。從以上的分時名稱特徵可知，一部分取義於太陽的動態位置，一部分取義於吃飯或日常生活。《淮南子・天文》則是將一晝夜分爲十五時段，以太陽所臨爲依據。〔註69〕《尙書大傳》曰：「夏以十三月爲正，以平旦爲朔；殷以十二月爲正，以雞鳴爲朔；周以十一月爲正，以夜半爲朔。」三正的日始名稱「平旦」、「雞鳴」、「夜半」是十二時辰的分法名稱。茲從《説文》的時辰字例，說明

〔註68〕 董作賓，〈中國古代文化的認識〉講稿，此轉引自《高平子天文曆學論著選》
（臺北：國立中央研究院數學研究所，民國76.6（1987.6）），頁49。

〔註69〕 《淮南子・天文》：「日出于暘谷，浴于咸池，拂于扶桑，是謂『晨明』。登于扶桑，爰始將行，是謂『朏明』。至于曲阿，是謂『旦明』。至于曾泉，是謂『蚤食』。至于桑野，是謂『晏食』。至于衡陽，是謂『隅中』。至于昆吾，是謂『正中』。至于鳥次，是謂『小還』。至于悲谷，是謂『餔時』。至于女紀，是謂『大還』。至于淵虞，是謂『高春』。至于連石，是謂『下春』。至于悲泉，爰止其女，爰息其馬，是謂『縣車』。至于虞淵，是謂『黃昏』。至于蒙谷，是謂『定昏』。日入于虞淵之汜，曙于蒙谷之浦，行九州七舍，有五億萬七千三百九里，禹以爲朝、晝、昏、夜。夏日至則陰乘陽，是以萬物就而死；冬日至則陽乘陰，是以萬物仰而生。晝者陽之分，夜者陰之分，是以陽氣勝則日修而夜短，陰氣勝則日短而夜修。」

其時段名稱的意義。

字　　例	晨	餔	早	漏
篇　卷	3 上 39	5 下 11	7 上 2	11 上 2

（1）𦦑 早昧爽也。从辰，辰，時也。辰亦聲。丮夕爲舛，臼辰爲晨，皆同意。（三篇上　三十九）

　　按：晨即今晨字。《禮記・文王世子》注曰：「早昧爽擊鼓以召眾。」日部早，晨也。昧爽，日明也。析言則早遲於昧爽，統言則晨謂之早昧爽，夜將旦雞鳴時也。《九經字樣》：「臼象乂手，晨省之義。」《說文》丑下云：「象手之形，日加丑亦舉手時也。」桂馥《說文義證》云：「臼亦手也，早昧爽即丑也。」〔註70〕即謂昧爽丑時而起，手有所作也。宋育仁《說文解字部首箋正》：「古以十二支爲十二月之紀，晝夜分百刻，不分十二時，辰爲三月，時爲農時，辰部曰：三月爲陽气動，雷電振，民農時也。其分一日爲十二時，古雖不通行，亦有是傳，班固蔡邕說夜半子時也，雞鳴丑時也。丑部曰：『日加丑亦舉手時也。』申部曰：『吏以晡時申旦政也。』此說日辰時也，亦謂日出而作之時。丮，守也；臼，力作也。夕當守，晨當作。」〔註71〕晨从臼辰，臼象乂手，丑是昧爽雞鳴之時，又象手，故謂昧爽之時起而作，而辰是農時三月。

（2）𩜌 日加申時食也。从食甫聲。𥁋 籀文餔，从皿浦聲。（五篇下　十一）

　　按：段注本只作「申時食也」，今依其他各本，蓋「日加某者」或「時加某者」爲古語，《說文》丑部云：「時加丑，以舉手時也。」也有「時加某」。《漢書・翼奉傳》：「迺正月癸未，日加申。」《後漢書・郎顗傳》：「今月十七日戊午，日加申。」注云：「日在申時也。」《魏志・管輅傳》：「日加午而風發。」《吳越春秋》：「今日甲子，時加于巳。」還有「時加日出」，「時加雞鳴」，「時加日昳」，「時加禺中」。

　　申部云：「吏以餔時聽事，申，旦政也。」可與「餔，日加申時食也」互見補充。《淮南子・天文》：「日行至於悲谷，是謂餔時。」《三蒼》：「餔，夕食也。謂申時食也。」《莊子・盜跖》：「膾人肝而餔之。」《經典釋文》：「《字林》：『餔日申時食也。』」十二支表十二時辰，申時猶今之午後三至五時（15～17 時）。《左傳・昭公五年》杜注載有十二時辰的完整名目，茲配以十二支

────────────

〔註70〕楊家駱主編，《說文解字詁林正補合編》第三冊，頁 3-841。

〔註71〕同註 70，頁 3-842。

與今時，列表如下：

夜半	雞鳴	平旦	日出	食時	隅中	日中	日昳	晡時	日入	黃昏	人定
子	丑	寅	卯	辰	巳	午	未	申	酉	戌	亥
23-1	1-3	3-5	5-7	7-9	9-11	11-13	13-15	15-17	17-19	19-21	21-23

（3）杲 晨也。从日在甲上。（七篇上 二）

按：《說文》甲下引《大一經》說：「人頭空爲甲。」徐鍇《說文繫傳·通釋》：「甲十干之首，又象人頭。」〔註72〕段注：「甲象人頭在其上則早之意也。《易》曰：先甲三日。」桂馥《說文義證》云：「離爲日、爲甲，日出甲上，故早也。」〔註73〕即是根據《易·說卦傳》云：「離爲日，爲甲冑。」而言。張文虎《舒藝室隨筆論說文》：「日在甲上，猶言日在甲位，甲位東北方，日加寅時，故爲早也。」〔註74〕觀二十四向圖，甲位於東北方，其時爲寅，凌晨三至五時，日在甲位寅時，故爲早。徐鍇、段玉裁根據《說文》「甲」引《大一經》的說法，來解釋「杲」的「甲」，是以「許」證「許」的方法，日在頭上故爲早。桂馥、張文虎之見則以《易》理說之，亦聊備參考。

（4）漏 以銅受水，刻節，晝夜百節。（十一卷上 二）

漏，即銅壺滴漏，又稱刻漏、壺漏、銅漏或銅壺漏刻，是中國古代的計時器。其計時原理是使水勻速地從漏壺中滴出，計算單位時間水位高低的變化以確定時刻。《周禮·夏官·擊壺氏》云：「挈壺氏懸壺以水守之，分爲日夜。」注云：「是壺以爲漏，以水守壺者爲沃漏也；以火守壺者夜則視刻數也。分以日夜者異晝夜漏也。漏之箭晝夜共百刻，冬夏之間有長短焉。太史立成法有四十八箭。」《周禮》所記是簡單的洩水型漏壺，挈壺氏是管刻漏的官名。「水守」是在壺旁備水，需要時往壺裡添水。「火守」是在夜間以火照明，以便看清壺箭上的刻度；在冬天以火溫水，防止凍結。《周禮·夏官·司馬》：「挈壺氏，掌挈壺以令軍井。……皆以水火守之，分以日夜；及冬，則以火爨鼎水而沸之，而沃之。」可見當時已注意到調節漏壺水溫的問題。《周禮·夏官·擊壺氏》正義馬融云：「漏凡百刻。春、秋分晝夜各五十刻；冬至晝則四十刻，夜則六十刻；夏至晝六十刻，夜四十刻。」「刻」爲計時單位，就是從漏壺的刻度得來的。古人利用計時器將一晝夜分成均衡的一百刻，再據四季晝夜之

〔註72〕同註58，卷第十三，頁133。
〔註73〕楊家駱主編《說文解字詁林正補合編》第六冊，頁6-11。
〔註74〕同註73，頁6-12。

－406－

不同，漏刻要使用不同的刻箭。

兩漢之世共施兩種漏制，一爲官漏，一爲夏曆漏。官漏即西漢初《令甲》第六所頒用，與宣帝三年《漏品》相符。《後漢書・律曆志》曰：

> 永元十四年（公元 102 年）侍詔太史霍融上言：關漏刻律九日增減一刻，不與天相應，或時差至二刻半，不如夏曆密。詔書下太常，令史官與融以儀校天，課度遠近。……建武十年（公元 34 年）二月壬午詔書施行漏刻，以日長短爲數，率日南北二度四分而增減一刻，一氣俱十五日，日去極各有多少。今官漏率九日移一刻，不隨日進退。夏曆漏隨日南北爲長短，密近於官漏，分明可施行。

由是而知，西漢初至東漢建武初施行官漏，率九日增減一刻。至建武十年雖詔行夏曆漏，而官漏猶行不廢，至永元十四年乃改用夏曆漏，二制並存近七十年。《初學記》卷二十五引《梁漏刻經》云：「至冬至，晝漏四十五刻，冬至之後日長，九日加一刻；以至夏至，晝漏六十五刻，夏至之後日短，九日減一刻。或秦之遺法，漢代施用。」西漢的官漏可能是秦制之遺。

現存漢代漏壺的出土文物，有 1958 年出土於陝西的興平銅漏；1968 年出土於河北諸城西漢中山靖王劉勝墓中的滿城銅漏；1976 年於內蒙古伊克昭盟發現的千章銅漏；1977 年出土於山東巨野紅土山西漢墓的巨野銅漏。興平、滿城、千章三件均爲單壺池水型沉箭漏，巨野銅壺則是浮箭漏的供水壺。〔註75〕在宋代薛尚功《歷代鐘鼎彝器款識法帖》記載一個題爲「丞相府漏壺」的漢代漏壺，其形式與興平、滿城、千章三件單壺沉箭漏相似，但蓋上有一缺口，據研究結果，這具漏壺是一套浮箭漏中的箭壺，那缺口是爲了揭漏壺中的水而設的。在浮箭漏的供水壺再加一把漏壺，對供水壺的水位進行補充，比人工加水，更保持供水壺的水位穩定，提高漏刻的精確度，這就是二級補償式浮箭漏。由李約瑟的 A 型補償壺，大抵可略知其型：〔註76〕

〔註75〕李約瑟，《中國之科學與文明》第五冊，陳立夫譯（臺北：臺灣商務印書館，民國 69.8（1980.8）），頁 232。

〔註76〕單壺池水型沉箭壺在使用時，水位隨時間流逝而下降，刻箭也隨之下降，以指示時間。由於水位對流量的影響，水位高則流量大，水位低則流量小，刻箭下沉速度自會受流量影響，而有快慢之差。浮箭壺則是用一個壺漏來提供水流，另一個箭壺裡放刻箭來接水，箭壺裡的水位隨時間流逝升高，即可通過刻箭來知道時間。單級浮箭漏使用時，在供水壺以人工加水，有一定的時間間隔。加水前後的水位變化，會影響流量的變化，所以也就會影響刻箭的刻度。參考薄

A型　補償壺

張衡　約西元120

孫綽　約西元360

張衡〈漏水轉渾天儀制〉有二級漏壺的記載，其云：

以銅爲器，再疊差置，實以清水，下各開孔，以玉虬漏水入兩壺。

左爲夜，右爲畫。蓋上又鑄金銅仙人，居左壺；爲金胥徒，居右壺。

皆以左手抱箭，右手指刻，以別天時早晚。〔註77〕

「再疊差置」是將兩把供水壺階梯放置。利用虹吸管原理，將水導引到兩壺。使用兩壺是爲了方便畫夜刻箭制度之不同。

以上有關時辰的字例，「晨」是早昧爽，丑時，以農時起而手作生活來表義；「餔」是夕食，申時，取義於吃飯時間；「早」是早上太陽升起之時，大約是卯時，則以太陽所臨示義。「漏」爲古代以水位高低，定畫夜時間刻度的銅製計時器。

第四節　《說文》律度量衡說

史料記載度量衡的制定，如《左傳・昭公十七年》說少昊「五雉爲五工正，利器用，正度量，夷民者也。」《孔子家語・五帝德》云：「黃帝⋯⋯治五氣，設五量，撫萬民，度四方。」《尚書・堯典》說帝堯「同律度量衡。」《史記・夏本紀》說禹「身爲度，稱以出。」《越絕書》卷八〈越絕外傳記・地傳第十〉又說禹「審銓衡，平斗斛。」《禮記・大傳》云：「聖人南面而治天下，必自人道始矣，立權度量。」固然政權能主導度量衡制度的確立，但最初度量衡單位的產生，大多與人體以及人的活動密切相關，如尺、寸、尋、步等皆是以人體的某一部位作爲估量值。世界其他國家的度量衡史也有相似記載，如埃及的「腕尺」（從肘關節到指尖），英國的「足尺」（一足之長）、「掌」（四指的厚度）、「一拇指」（一手指的寬度）。生活在雲南的獨龍族，他們的長度單位也取於人體，如一拳之高叫「空姆」，中指到拇指的距離即一拃，稱「布達」，兩臂平伸之距離即一庹之長，稱「弟蘭姆」，中指間至胸的距離即

樹人，《中國天文學史》（臺北：文津出版社，民國85.5（1996.5）），頁222-223。

〔註77〕（清）馬國翰，《玉函山房輯佚書》第四冊子類・天文類〈渾儀〉一卷後附其文（京都：中文出版社，1979.9），頁2954。

半庹之長，稱「捧敦」。〔註78〕

　　再者，古書常提到律與度量衡的關係，《國語・周語下》云：「王將鑄無射，問律於伶州鳩。對曰：『律所以立均出度也。古之神瞽，考中聲而量之以制，度律均鐘，百官軌義。』」又云：「先王之制鐘也，大不出鈞，重不過石，律度量衡於是乎生，大小器用，於是出乎。故聖人慎之。」古代朝聘、祭祀等皆離不開禮樂制度，爲求音律和諧、音色優美，鑄造編鐘有一定的嚴格尺寸比例，律數也可作爲度數，蔡邕《月令章句》云：「律，率也，聲之管也。上古聖人始鑄金以爲鐘，以應正月至十二月之聲，乃截竹爲管，謂之律。聲之清濁，以律管長短爲制也。」朱載堉曰：「律也者，數度之學也。」〔註79〕律是根據律管一定的長短來測量音的高低規律，故音律學是對樂器上的樂音進行數學研究的科學。發聲的樂器製作規格要定量化，就必須訴諸度量衡。將發出固定音高的黃鐘律管的長度和口徑固定下來，可以確立一個客觀的標準。古人常把律和曆算、度、量、衡並稱，就是基於它們都是根據一定的數量關係來測量客觀事物。

　　《尚書・堯典》：「協時月正日，同律度量衡。」《後漢書・律曆志》有云：「物生而後有象，象而後有滋，滋而後有數……夫一、十、百、千、萬，所用同也；律、度、量、衡、歷，其別用也。故體有長短檢以度，物有多少受以量，量有輕重平以權衡，聲有清濁協以律呂，三光運行紀以歷數。」尺丈量物的長短是度，斗斛測量物的容量是量，以秤稱物的輕重是衡，推算日、月、星三光的運行爲曆數，測量聲音的高低清濁是律。《律學新說・序》云：「歷代群儒言律呂者不過四法：一曰長短之形，二曰容受之積，三曰審音，四曰候氣。以理論之，長短之形，律之本也。是故有定形而後有容受之積，有眞積而後發中和之音，有正音而後感天地之氣。」〔註80〕其「長短之形」即爲度，「容受之積」應包括量、衡，「審音」爲律，「候氣」即爲曆，律與候氣相應爲歷之本。〔註81〕

〔註78〕　汪寧生，〈從原始計量到度量衡制度的形成〉，《考古學報》1987年第3期，頁294。

〔註79〕　（明）朱載堉撰、馮文慈點注，《律呂精義・序》（北京：人民音樂出版社，1998.7），頁3。

〔註80〕　（明）朱載堉、馮文慈點注，《律學新說》（北京：人民音樂出版社，1997.11），頁1。

〔註81〕　《後漢書・律曆志》云：「候氣之法，爲室三重，布緹幔。木爲案，從其方位，內庳外高，加律其上。以葭莩灰實其內端，按律候之，氣至者灰飛。」

　　根據《漢書・律曆志上》記載度、量、權、衡與律的關係，其曰：「度者，分寸尺丈引也，所以度長短也，本起於黃鐘之長。……量者，龠合升斗斛也，所以量多少也，本起於黃鐘之龠。……衡權者，衡，平也；權，重也。……權者，銖兩斤鈞石也，所以稱物平施知輕重也，本起於黃鐘之重。」度量權衡係以黃鐘之長、量、重爲本，而以子穀秬黍爲校驗。度起於黃鐘之長，黃鐘律管長九十分之一爲一分；量本起於黃鐘之龠，用度數審其容，合龠爲合；權本起於黃鐘之重。但又怕失其制，故又注以積黍之法，一黍爲一分，直列九十黍合黃鐘之長以起度，一千二百黍合黃鐘之容以起量，即以此容數，合黃鐘之重以起權衡。換言之，九十黍、一千二百黍者，皆當時用來校驗黃鐘之制適合之數，而非當時度量衡之標準。黃鐘所起的度量衡單位爲：（一）黃鐘生度：黃鐘之管，其長積秬黍中者九十粒，一粒爲一分，十分爲寸，十寸爲尺，十尺爲丈，十丈爲引。（二）黃鐘生量：黃鐘之管，其長廣容秬黍中者千二百粒爲一勺，十勺爲合，十合爲升，十升爲斗，十斗爲斛。（三）黃鐘生衡：黃鐘所容千二百黍爲勺，重十二銖，兩勺，則數二十四銖爲兩，十六兩爲斤，三十斤爲鈞，四均爲石。

　　《漢書・律曆志上》云：「一曰備數，二曰和聲，三曰審度，四曰嘉量，五曰權衡。」所謂的「備數」，《漢書・律曆志上》又云：「本起於黃鐘之數，始於一而三之，三三積之，歷十二辰之數十有七萬七千一百四十七，而五數備矣。……夫推歷生律制器，規圜矩方，權重衡平，準繩嘉量，探賾索隱，鉤深致遠，莫不用焉。」黃鐘之數「始於一」，可與《漢書・律曆志上》另一段話相參：

　　　　太極中央元氣，故爲黃鐘，其實一龠，以其長自乘，故八十一爲日
　　　　法，所以生權衡度量，禮樂之所由出也。

黃鐘在音律中的地位，如「太極中央元氣」在宇宙中的地位，這時的「黃鐘」爲一個根本性存在，故「備數」中的「黃鐘之數」之源是「一」。〔註82〕班固在《漢書敘傳》中介紹〈鐘律書〉云：「元元本本，數始於一，氣產黃鐘，造計秒忽，八音七始，五聲六律，度量權衡，歷算乃出。」也是始於元氣一。而後再賦予黃鐘或宮的律數爲三的乘方之數，十七萬七千一百四十七爲三的

在密不通風的內室中，按十二方位，安一木桌，放上當位的律管，例如北方子位，當十一月冬至，放黃鐘律管，到了該時節，黃鐘管內的灰就飛散而管通了。

〔註82〕姜廣輝主編，《中國經學思想史》（北京：中國社會科學出版社，2003.9），頁323。

十一次方（$3^{11}=177147$）。〔註83〕備數起於黃鐘之數，黃鐘之音爲和聲之本，黃鐘之體長爲度之本，黃鐘之容量爲量之本，黃鐘之積重爲衡之本，故「備數」、「和聲」、「審度」、「嘉量」、「權衡」五部分的邏輯關係爲：〔註84〕

黃鐘之數起於一，而後三乘方成其黃鐘律數，再由黃鐘的體長、容量、積重導出度、量、權、衡單位。以黃鐘統率度量衡，乃因社稷禮樂制度的形成，從而使黃鐘律管上升到獨尊地位，「由於國家政權爲了統一度量衡，謂了使商品交換，爲了社會生產和社會秩序的穩定。由此，代表禮樂，代表統治階級精神力量的黃鐘律管，統率了度量衡。」〔註85〕《尚書‧堯典》的「同律度量衡」無論理解成「使律度量衡統一」或「使度量衡統一於律」，律都居於領先地位。

漢代度量衡承自秦之遺制，秦漢之制，大略相同。周代度量衡定制，至春秋戰國已紊亂至極。秦不師古，自秦孝公之世，商鞅變周制而劃一之。秦始皇統一天下，則強制施行秦制。漢興之制，即秦之變制。《漢書‧律曆志上》記載度量衡單位之名各有五：五度者，分、寸、尺、丈、引，均以十進；五量者，龠、合、升、斗、斛，合由龠二進，合以上均十進；五權者，銖、兩、斤、鈞、石。茲就《說文》有關重量、容量、長度的字例分述如下，以知其數值。

一、審　度

早期的長度單位，大多取法於人體，或根據人體某部位的長度而得名，或依人體的動作而制定，《孔子家語‧王言》：「布指知寸，布手知尺，舒肘知尋，斯不遠之則也。」《隋書‧律曆志》：「夏禹以身爲度。」可見《易‧繫辭下》的「近取諸身，遠取諸物」不僅可作爲伏羲畫八卦、倉頡創制文字的原則，亦可用於度量衡的取法。《漢書‧律曆志上》：「度者，分寸尺丈引也，所

〔註83〕《淮南子‧天文》：「以三參物，三三如九，故黃鐘之律九寸，而宮音調因而九之，九九八十一，故黃鐘之數立焉。……律之數六，分爲雌雄，故曰十二鐘，以副十二月。十二各以三成，故置一而十一三之，爲積分十七萬七千一百四十七，黃鐘大數立焉。」

〔註84〕參考同註82，頁321。

〔註85〕同註80，馮文慈，〈律學新說即其作者──紀念朱載堉誕生四五〇周年〉，頁8。

以度長短也。本起黃鐘之長，以子穀秬黍中者，一黍之廣，度之九十分，黃鐘之長。一為一分（王先謙《漢書補注》引王念孫曰：一為一分，本作一黍為一分。），十分為寸，十寸為尺，十尺為丈，十丈為引，而五度審矣。」黃鐘律管長度為九十分（九寸），加十分（一寸）即一尺，為當時標準長度。並佐以累黍之法與律管互相校正，選取中等大小的黍粒，以其廣度定為一分之長，橫向排列 90 粒，與黃鐘律管之長相合，100 粒當為一尺之數。蓋十進位之故，可類推至丈、引。而今所得 12 支西漢尺，長度約在 23～23.8 釐米之間，東漢尺 85 支，長度約在 23～24 釐米之間，與秦尺（「商鞅銅方升」所得秦尺之長，約合今 23.1 釐米）相比，可知漢尺是秦尺的傳承與延續。〔註86〕《說文》長度字例計有丈、寸、尋、仞、尺、咫、匹諸字，分述如下。

字 例	丈	寸	尋	仞	尺	咫	匹
篇 卷	3 上 18	3 下 29	3 下 30	8 上 2	8 下 1	8 下 1	12 下 48

（1）丈 十尺也，从又持十。（三篇上　十八）

　　按：《說文》夫部曰：「周制八寸為尺，十尺為丈，人長八尺故曰丈夫。」八尺曰丈夫，乃周制之丈也。《淮南子‧天文》：「十寸而為尺，十尺而為丈。」《漢書‧律曆志上》：「十尺為丈」。

（2）寸 十分也，人手卻一寸動𧖹謂之寸口，从又一。（三篇下　二十九）

　　按：《大戴禮記》、《孔子家語》皆有「布尺知寸」的說法，《公羊傳‧僖公二十一年》：「膚寸而合。」何休注：「側手為膚，案指為寸。」《禮記‧投壺》云：「庭中九扶。」鄭玄注：「鋪四指曰扶，一指按寸。」以上諸說都是以手指寬度為一寸。但《說文》卻以寸口至手腕的距離為一寸，是依切脈按指處立說，肘下云：「寸手，寸口也。」尺下云：「人手卻十分動脈為寸口。」徐鍇《說文繫傳》云：「一者，記手腕下一寸，此指事也。」〔註87〕《周禮‧天官‧冢宰下》：「疾醫，……參之以九藏之動。」鄭玄注曰：「脈之大候，要在陽明寸口。」疏云：「陽明者，在大拇指本骨之高處與第二指間，寸口者，大拇指本高骨後一寸是也。」《脈經》卷一〈分別三關境界脈候所至第三〉：「從魚際至高骨卻行一寸，其中名曰寸口。」《難經‧經脈診候第一》：「十二經中

〔註86〕參考丘光明，《中國物理學史大系‧計量史》（長沙：湖南教育出版社，2002.12），頁 222-223。
〔註87〕徐鍇，《說文繫傳‧通釋》卷第六，同註 58，頁 59。

皆有動脈，獨取寸口，以決五藏六府死生吉凶之法，何謂也？然寸口者，脈
之大會手太陰之脈動也，人一呼脈行三寸，一吸脈行三寸，呼吸定息，脈行
六寸，人一日一夜凡一萬三千五百息，脈行五十度周於身，漏水下百刻，榮
衛行陽二十五度，行陰亦二十五度爲一周也，故五十度復會於手太陰。寸口
者，五藏六府之所終始，故法取於寸口也。」古者尺寸之度起於人手，手卻
動脈以爲寸，十分寸取一以爲分，自寸口動脈至曲肘以爲尺。

（3）尋 繹理也。从工口，从又寸工口亂也，又寸分理之也。彡聲，此與𣪠同
　　　意，度人之兩臂爲尋八尺也。（三篇下　三十）

　　　按：王筠《說文句讀》：「《玉篇》：『尋，繹也，理也。』由此知許君以繹
說尋，以理說繹也。」〔註88〕徐灝《說文解字箋注》：「此治絲之義，尋其端
而理之謂之尋。」〔註89〕《說文》仞下云：「伸臂一尋八尺。」尋以人體爲法，
《大戴禮·主言》：「舒肘知尋。」《孔叢子·小爾雅·度》：「尋，舒兩肱也。」
即舒展兩臂之意。《呂氏春秋·悔過》：「穴深尋，則人之臂必不能極矣。」人
不能鑽入小洞伸兩臂，光用一臂當然探不到最深處，可見臂往往作爲尋的人
體丈量部位。甲骨文「尋」作𠬶，象張開兩臂量筵席之形，或作𠬶，將筵席
簡化爲一線，〔註90〕或作𠬶象舒張兩臂之形。《淮南子·天文》：「人修八尺，
尋自倍，故八尺而爲尋。」《方言》卷一：「自關而西秦晉梁益之間，凡物長
謂之尋。《周官》之法度廣爲尋，幅廣爲充。」尋主要用在度廣。

（4）仞 伸臂一尋八尺，从人刃聲。（八篇上　二）

　　　按：諸家之說仞長度共有四說：（一）八尺：王肅〈聖證論〉、趙歧《孟子》
注，曹操、李筌《孫子》注，郭璞《山海經》注、顏師古《漢書·司馬相如傳》
注、房玄齡《管子》注、鮑彪《戰國策》注。（二）七尺：鄭玄《周禮》《儀禮》
注，包咸《論語》注、高誘注《呂氏春秋》、王逸注〈大招〉〈招魂〉、李謐〈明
堂制度論〉、郭璞注司馬相如賦，用司馬彪之說、陸德明《莊子》釋文。（三）
五尺六寸曰仞，見《漢書·食貨志》顏師古注引應劭說。〔註91〕（四）四尺謂

〔註88〕楊家駱主編，《說文解字詁林正補合編》第三冊，頁 3-1162。
〔註89〕同註88，頁 3-1161。
〔註90〕于省吾，《甲骨文字釋林》〈釋𠬶〉：「甲骨文𠬶字象兩手執席形，……這是從
　　　　正面看。如從側面看，則作丨形。」頁 281。此轉引自《甲骨文字詁林》1036
　　　　（第二冊），（北京：中華書局，1996.5），頁 970。
〔註91〕（清）胡承珙《小爾雅義證》卷十一〈廣度〉曰：「應劭以五尺六寸爲仞，此
　　　　仞與七尺曰仞者合。蓋用八寸爲尺，七乘八，故得五尺六寸。」（《四部備要》

之仞，見《小爾雅・廣度》。從以上諸家注說，《淮南子・原道》注八尺，而〈覽冥〉注則云「七尺，百仞者，七百尺。」同一書持二說者，《淮南子》是也；同一人持二說者，郭璞是也。仞到底是七尺或八尺，茲論證如下：

1. 《周禮・考工記》：「廣二尋，深二仞，謂之澮。」如果尋與仞同爲八尺，就同用二尋或二仞，何必分別言之。而且許慎在「尺」字下曰「周制寸尺咫尋常仞諸度量」，尋仞並舉，可見尋與仞長度不同，「尋」下既云：「度人之兩臂爲尋八尺也。」仞不應同尋爲八尺，仞當爲七尺。《說文》「仞」下云：「伸臂一尋八尺」說得仍是「尋」，語尙未完，此下或奪「七尺曰仞」四字，或奪「仞七尺也」四字。

2. 揚雄《方言》云：「度廣曰尋。」《左傳》「仞溝洫。」杜預注：「度深曰仞。」尋與仞同是伸兩手以度物，而有度廣與深之分別，程瑤田《通藝錄・數度小記・七尺曰仞說》云：「同一伸手度物而廣深用之，其勢自不得不異。人長八尺，伸兩手亦八尺，用以度廣，其勢全伸而不屈，故尋爲八尺。而用之以度深，則必上下其左右手而側其身焉，身側則胸與所度之物不能相摩，於是兩手不能全伸而成弧之形，弧而求其弦以爲仞，必不能八尺，故七尺曰仞，亦其勢然也。弧曲而虛，弦平而滿，故仞有充滿之義。刀背如弧，其刃如弦，義亦然爾。度廣度深，數難齊一。……披《玉篇》云：『度深曰測。』隨撿《說文》解「測」字曰：『深所至也。』然後悟測之爲言側也，余之說仞字以爲伸手度深，必側其身焉，義與此合矣，尋八尺，仞七尺，伸臂之度有異也。」〔註92〕王紹蘭《說文段注訂補》：「如程之說度深曰仞，必側其伸兩手，故仞从人，人側身則曲成弧形，而求其弦以爲仞，正與刀背如弧，其刃如弦同，故仞从刃聲，形聲兼會意。」〔註93〕尋與仞都是伸手度物，然仞度深，不能如度廣之尋全伸而成弧形，弧而求其弦以爲仞，以弦爲仞必少於八尺，故七尺爲是，仞與尋不當同爲八尺。仞从人刃聲，取側身伸手，聲符兼有「其刃如弦」之意。

3. 《淮南子・原道》注：「八尺曰仞。」《淮南子・覽冥》注：「七尺曰仞」，

經部第87冊，臺北：臺灣中華書局，民國70.6（1981.6））周尺一尺爲八寸，應劭將「七尺曰仞」誤認爲周尺，欲將之換算成漢尺，故七乘以八，得五尺六寸。

〔註92〕 （清）程瑤田，《通藝錄》《叢書集成續編》集部第165冊（上海：上海書店，1994.6），頁706。

〔註93〕 楊家駱主編，《說文解字詁林正補合編》第七冊，頁7-27。

「百仞者，七百尺。」因為許慎亦注過《淮南子》，或以為八尺之說與《說文》「伸臂一尋八尺」相同，七尺之說為高誘所注。其實，許注《淮南子》與《說文》多有不同。考玄應書引《說文》此條，知唐時脫誤已同今本。茲從許慎的另一著作《五經異義》記載，考仞之長度。

（1）《五經異義》曰：「《戴禮》及《韓詩》說八尺為版，五版為堵，五堵為雉，版廣二尺，積高五版為一丈，五堵為雉，雉長四丈。古《周禮》及左氏說：一丈為版，版廣二尺，五版為堵，一堵之牆長丈，高丈，三堵為雉，一雉之牆長三丈，高一丈，以度其長者用其長，以度其高者用其高也。左傳隱元年正義。」《戴禮》及《韓詩》說雉長四丈，古《周禮》及《左氏》說雉長三丈，其說各異；至其言雉高一丈，則四家皆同。

（2）《五經異義》曰：「古《周禮》說云：天子城高七雉，隅高九雉；公之城高五雉，隅高七雉；侯伯之城高三雉，隅高五雉；（子男之城高二雉，隅高四雉），〔註 94〕都城之高，皆如子男之城高。」又云：「天子之城高九仞，公侯七仞，伯五仞，子男三仞。」天子城高七雉≒九仞，公（侯）城高五雉≒七仞，（侯）伯城高三雉≒五仞，子男城高二雉≒三仞。一單位雉數大於一單位仞數。

（3）鄭玄辨之云：「《左氏傳》說：鄭莊公弟段居京城，祭仲曰：『都城過百雉，國之害也。先王之制，大都不過三國之一，中五之一，小九之一，今京不度，非制也。』書傳各不得其詳，今以《左氏》說鄭伯之城方五里，此句又見左傳隱元年正義。積千五百步也，大都參國之一，則五百步也。五百步為百雉，則知雉五步，五步於度長三丈，則雉長三丈也，雉之度量於是定可知矣。毛詩鴻雁正義。」駁《異義》云：「天子城九里，公城七里，侯諸之城五里，子男之城三里。禮記五十一坊記正義。」鄭駁《異義》或云：「周亦九里城，則公七里，侯伯五里，子男三里。周禮匠人疏。」《左氏》說鄭伯之城方五里，符合禮制，5 里＝1500 步，公叔段居京城大都，當為鄭伯之城三分之一，1500 步

〔註94〕黃永武說：「蓋《異義》所引《周禮》說，彼時已有敓文……唐時本已敓去子男城隅之高數，故使『都城之高，皆如子男之城高』一語泛空無著，賈疏疑之，又曲為疏通，非也。今考《禮記》疏卷八曰：『〈祭義〉曰：築宮仞有三尺。是牆高一丈。』則仞長七尺可知（雅雯按：1 仞＋3 尺＝1 丈，∵10 尺＝1 丈，∴1 仞＝7 尺），《初學記》、《太平御覽》引許君案語云：『子男三仞』，三仞即二丈一尺，約而言之，即子男城高二雉也。」黃永武，《許慎之經學》（下冊）（臺灣：中華書局，民國 61.9（1972.9）），頁 413。

÷3＝500 步，500 步＝百雉，才合乎禮制，但是公叔段都城過百雉，故「今京不度，非制也。」既然 500 步＝百雉，5 步＝1 雉，步指長度，古《周禮》及左氏說雉長三丈，所以 5 步＝1 雉＝3 丈（長度）。鄭玄駁許慎之說，乃許氏只言高數，不言長數、里數，故引《左氏》說詳。言里步之數及雉長三丈，不取《戴禮》《韓詩》雉長四丈之說，而不復言高數仞數，明其與許慎同矣。

（4）由（2）得知：天子城高七雉＝九仞，公（侯）城高五雉＝七仞，（侯）伯城高三雉＝五仞，子男城高二雉＝三仞，是說高度。由（1）所列四說皆言雉高一丈，一丈即十尺（版廣二尺，積高五版為一丈：2 尺×5 版＝10 尺＝一丈），所以天子城高七雉當有七丈，公（侯）城高五雉當有五丈，（侯）伯城高三雉當有三丈，子男城高當有二丈。

① 假如：1 仞＝8 尺

　　天子城高九仞＝9×8＝72 尺＝七丈二尺，大於七丈（雉）。

　　公（侯）城高七仞＝7×8＝56 尺＝五丈六尺，大於五丈（雉）。

　　（侯）伯城高五仞＝5×8＝40 尺＝四丈，大於三丈（雉）。

　　子男城高三仞＝3×8＝24 尺＝二丈四尺，大於二丈（雉）。

② 假如：1 仞＝7 尺

　　天子城高九仞＝9×7＝63 尺＝六丈三尺，小於七丈（雉）。

　　公（侯）城高七仞＝7×7＝49 尺＝四丈九尺，小於五丈（雉）。

　　（侯）伯城高五仞＝5×7＝35 尺＝三丈五尺，大於三丈（雉）。

　　子男城高三仞＝3×7＝21 尺＝二丈一尺，大於二丈（雉）。

只有一仞作七尺，各城高才比較接近雉數。

4. 鄭康成注《禮》於度量之數，多本許說。

（1）《禮記・王制》注云：「禮制周猶以十寸為尺。」「或言周尺八寸。」即《說文》尺部呎十寸之說，與夫部「周制八寸為尺」之說。

（2）《禮記・雜記》注云：「納幣十个為束貴成數，兩兩者合其卷，是謂五兩，八尺曰尋，一兩五尋，則每卷二丈也，合之則四十尺，今謂之匹。」此即匹字解「四丈，从匸八，八揲一匹」之說。

（3）《周禮・天官・內宰》注引「天子巡守禮云純四㗊。」疏引鄭志「㗊八寸，四㗊三尺二寸。」此即㗊字解「中婦人手長八寸謂之㗊」之說。

（4）《周禮・考工記》注云：「八尺為尋。」此即尋字解「人之兩臂為尋八尺」之說。又云：「殳長二丈。」此即殳部「殳以積竹八觚長丈二尺」之說。

（5）《周禮·栗氏》：「爲量重一鈞。」注云：「重三十斤。」此即鈞字解「三十斤」之說。

（6）《周禮·冶氏》：「戈重三鋝」注明引「許叔重《說文解字》云：『鋝，鍰也』則三鋝爲一斤四兩。」此正用鋝字解引「周禮曰重三鋝，北方以二十兩爲三鋝」之說。今本《說文》爲下奪三字，即據鄭氏此說補正。

由上可知，鄭玄言度量，多本許說，其所見舊本，勝於今本。以此例之，鄭注《儀禮·鄉射禮》：「七尺曰仞」之說，蓋亦本於《說文》，方鄭玄時，仞字之說尚完，在今本仞下云「伸臂一尋八尺」當是說尋，尚未說仞，茲於其下補「七尺曰仞」四字，明其奪文，非出臆說。吳承洛說：「尋與仞皆人伸兩手之全度，惟普遍之度法，所謂度廣曰尋，則兩手左右平伸，盡其全度，度深，則兩手上下直伸，不能盡其全度，則仞度小，尋爲八尺，而仞祇有七尺。然仞與尺之比數，既不能定，吾人亦不必求之。『仞』在當時似爲尺度以外之制，然其標準取則人體，吾人祇能認爲度制中之另一實用單位可也。」〔註95〕仞是以手上下伸直度深，與兩手伸直度廣的尋，都是取則於人體，但度深不能完全伸直，所以，仞七尺小於八尺尋。吳承洛的看法其實與程瑤田、王紹蘭的重點大致一樣。

以上論證第 2 點引述程瑤田、王紹蘭（按：王氏之說乃根據段玉裁）伸臂而折腰屈之說彷若合理，然「度法人體，本是取其方便自然，而側身折腰上下其手的度法，則極爲不便，不僅今人未見，古人想必也不至於如此笨拙。」〔註96〕「事實上，仞之所法，只有人之身高可以當之。因爲人身站立，便是一自然高度，自可與他物相比而見其高。」〔註97〕站立的「人」是用度量高度、深度，伸展兩臂的「尋」是用來度量廣度、寬度、長度。仞就是「人」，一人身高之度，在出土文字資料和古書中通常與人、仁、刃等字通用，茲舉例如次：

①銀雀山竹書《兵令》篇有「前唯（雖）有千仁之溪。」《群書治要》引此文「千仁」作「千刃」。

②馬王堆漢墓帛書《老子·德經》（甲本）：「九成之台，作于羸土。百仁

〔註95〕吳承洛，《中國度量衡史》（上海：上海書店，1984.5），頁 88。

〔註96〕黃懷信，《古文獻與古史考論》〈談談古書中的「仞」〉（濟南：齊魯書社，2003.6），頁 372。

〔註97〕同註 96。

之高，台（始）于足下。」嚴尊本《老子》作「百仞之高」。

　　③馬王堆漢墓帛書《老子》乙本作「百千之高」，「千」通「仁」，《說文》：「忎，古文仁，从千心。」甲文千字原也是借「人」表示，後來為了表示區別，才在垂畫中間加「·」或「一」，如「三千」合文（如《前》7.2.3）、「四千」合文（如《鐵》258.1），亦可知「千」借「人」為之。

　　④雲夢秦簡《為吏之道》有「根（墾）田人邑」，睡虎地秦墓竹簡整理小組讀「人」為「仞」。

　　⑤銀雀山竹書《王兵》篇有「得地而不能仁」，銀雀山漢墓竹簡整理小組讀「仁」為「仞」。

　　歷來對於「仞」到底是七尺，還是「仞」同「尋」為八尺的紛爭，起於對尺度量的認定不一所致。據出土、傳世的古尺器物，得知戰國時尺長大概在 23～23.1 釐米之間，[註98]與西漢尺長 23.1～23.3 釐米之間、東漢尺長 23.6～23.7 釐米之間[註99]相差些微。仞若作七尺算，則大約 1.61～1.65 米之間，接近古代的中等身高。若仞為八尺，則在 1.84～1.85 米之間，不合中等身材。[註100]主張「仞為七尺」之說，較接近戰國、秦漢時的尺度。主張「仞為八尺」之說，蓋許慎在「尺」下言：「周制，寸尺咫尋常仞諸度量」，根據《周禮·考工記》曰：「人長八尺。」《考工記·匠人》：「廣二尋深二仞謂之澮」的記錄，而謂「仞為八尺」，然未明言周尺。《說文》說「尋」為「度人之兩臂為尋八尺也」，說得也是周制，蓋人伸兩臂之長當與身高相當，故尋長應與仞長相當。或有人欲在《說文》「仞」的釋文「伸臂一尋八尺」後補「七尺曰仞」、「仞七尺也」四字，就變成周制、漢制相雜。易言之，以為「仞為八尺」為誤者，乃以漢制估之，再補以闕文，殊不知此為周制。

〔註98〕參見陳夢家〈戰國度量衡略說〉，《考古》1964 年 6 期，頁 312-314；矩齋〈古尺考〉《文物參考資料》1957 年 3 期，頁 27。

〔註99〕參見矩齋〈古尺考〉；邱隆、丘光明、顧懋森、劉東瑞、巫鴻編《中國古代度量衡圖集》（北京：文物出版社，1981.10），頁 6-15。

〔註100〕戰國至漢代所著的書中，一般都說人高七尺，如《荀子·勸學》：「曷足以美七尺之軀哉！」《戰國策·趙策三》：「然而不以環寸之蹯害七尺之軀者，權也。今有國，非七尺軀也。」《列子·黃帝》：「有七尺之軀，……骸倚而食者謂之人。」《淮南子·精神》：「吾生也有七尺之形，吾死也有一棺之土。」《論衡·感虛篇》：「今人之形，不過七尺。以七尺形中精神，……安能動天？」七尺為中等身材，八尺則為高個子，六尺就成為矮個子，《戰國策·齊策》：「鄒忌修八尺有餘，身體昳麗。」《史記·管晏列傳》：「妻曰：『晏子長不滿六尺，身相齊國，名顯諸侯。……今子長八尺，乃為人僕御。』」

「仞」作爲高度單位，以人高爲度，大致合古制七至八尺，其實只是一種約略的標準。蓋人身高度在一仞下尚可實度，但翻倍而上，只能約略估計，如《尚書・旅獒》：「爲山九仞，功虧一簣。」《山海經・西山經》：「太華之山，其高五千仞。」《列子・湯問》稱太形王屋二山「高萬仞」，凡此皆非實指，全屬虛測，屬虛擬或誇張之效。由此可證，「仞」和「尋」雖都以人體爲度，然「仞」是以身高測量高度和深度，「尋」是伸展兩臂測量寬度和長度，《說文》仞下云：「伸臂一尋八尺」只能理解作「仞」和「尋」的度量一樣（周制），而非「仞」的意義。說文學者後補「七尺曰仞」、「仞七尺也」四字，大抵是從段玉裁、程瑤田等人之說，欲彰顯「仞」用以度深，故側身上下其手而不能全伸直，小於「尋」。「仞」與「尋」所測有別，是也；「仞」不以身高爲度，而以伸展手臂爲度，非也。

（5）尺十寸也，人手卻十分動脈爲寸口，十寸爲尺，尺所目指尺規榘事也。
　　從尸從乙，乙所識也，周制，寸尺咫尋常仞諸度量，皆目人之體爲法。
　　　（八篇下　一）

　　按：古人估摸物體的長短和大小，用人體的某一部分和物體進行比較，《說文》云：「周制寸尺咫尋常仞諸度量，皆目人之體爲法。」《史記・夏本紀》：「聲爲律，身爲度，《易》曰：『近取諸身』。」《大戴禮・主言》：「布指知寸，布手知尺，舒肘知尋。」「布指知寸」以手指的寬度爲寸。「布手知尺」以手作爲尺，張開大拇指和食指（或中指）之間一一拃的長度（如附圖）。〔註101〕「舒肘知尋」伸直左右胳膊，是「尋」的長度。

《漢書・律曆志上》：「黃鐘之長一爲一分，十分爲寸，十寸爲尺，十尺爲丈，十丈爲引，而五度審矣。」《說文》說「尺」的長度，並未用「布手知尺」的說法，而是與「寸」一樣，皆以診脈穴位爲準。寸部下曰：「人手卻一寸，動脈謂之寸口。」《周禮・天官・冢宰下》：「疾醫，……參之以九藏之動。」鄭玄注曰：「脈之大候，要在陽明寸口。」疏云：「陽明者，在大拇指本骨之

〔註101〕圖援引自同註86，頁43。

高處與第二指開，寸口者，大拇指本高股後一寸是也。」段玉裁注：「按：大拇指本高骨後一寸，許所謂人手卻十分也。」王筠《說文句讀》：「自掌隻橫紋而卻之，適得一寸，為寸脈；自肘之曲池穴上橫紋而前之，至於掌之橫紋，適得一尺，為尺脈。」〔註102〕

　　徐鍇《說文繫傳‧通釋》：「十分一寸也。人所診脈處，五藏脈所會也。《家語》：『布指知尺，舒肱知尋。』《漢書》武帝常讀東方朔上書，輒乙其處，是以乙為記識也。」〔註103〕饒炯《說文部首訂》：「尺說从尸从乀，形不見義，何以知其為十寸也。按寸从又，以一指其十分之所在，尺當从冫，以乀指其十寸之所在。《靈樞經》有穴名，當手卻一寸者為寸口，卻一尺曰尺澤，夫穴名尺澤，正當人手肱之處，其尺字从冫固無疑，古《老子》尺作彐，《六書統》尺作乀，古文尺作乚，《六書精蘊》局作乛，其所从之尺，形同古文屰，而皆與尺篆冖相反，惟从丨有邪正不同，汗簡尺作乁，从乀，从肱之古文冫反書之，其形遂與今篆相似。」〔註104〕饒氏認為尺所从尸為肱之古文「冫」的反書，而乀（或乙）指其十寸之所在，其穴名為尺澤（見附圖），〔註105〕《脈經》：「從魚際至高骨卻行一寸，其中名曰寸口，其骨自高。」從寸口到尺澤為十寸，一尺也。

（6）尰中婦人手長八寸謂之咫，周尺也，从尺只
　　聲。（八篇下　一）

　　按：「中婦人」指身高中等的婦女，「手長」指中指到手腕的手掌長（如圖）。《儀禮‧喪服》：「衣，二尺有二寸。」注云：「其袖足以容中人之肱也。」又云：「袪，尺二寸。」注云：「足以容中人之併兩手也。」這裡的「中人」也是指中等身材之人。杜佑《通典》禮十五〈歷代所尚〉：「夏后氏尚黑……十寸為尺。殷人尚白……十二寸為尺。周人尚赤……八寸為尺。」引《白虎通》曰：「夏法日，日數十也，日無所不照，至尺所度，無所不極，故

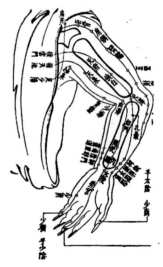

〔註102〕同註93，頁7-643。

〔註103〕徐鍇，《說文繫傳‧通釋》卷第十六（北京：中華書局，1998.12），頁173。

〔註104〕同註103。

〔註105〕（明）張介賓，《類經圖翼》卷三「陰手總圖」（王玉生主編，《類經圖翼‧類經附翼評注》，西安：陝西科學技術出版社，1996.8），頁118。

以十寸爲尺。」「法十二月，言歲中無所不成。」「周據地而生，地者陰，以婦人爲法，婦人大率奄八寸，故以八寸爲尺。」蔡邕《獨斷》卷上云：「夏以十三月爲正，十寸爲尺；……殷以十二月爲正，九寸爲尺；……周以十一月爲正，八寸爲尺。」周民族婦女慣用以手掌量布，因以手掌長作度量單位。許慎謂周尺爲八寸，咫爲八寸，等於周尺。

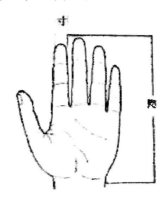

（7）匹　四丈也，從匸八，八揲一匹，八亦聲。（十二篇下　四十八）

按：《左傳·昭公二十六年》：「以幣錦二兩。」杜注：「二丈爲一端，二端爲一兩，所謂匹也。」《禮記·雜記》：「納幣一束，束五兩，兩五尋。」注云：「八尺曰尋，五兩五尋，則每卷二丈也，合之四十尺，今謂之匹。」《淮南子·天文》：「音之數五，以五乘八，五八四十，故四丈而爲匹，匹者中人之度也，一匹而爲制。」

「八揲一匹」，《説文》：「揲，閱持也。」段注云：「按八揲一匹，則五五數之也，五五者，由一五二五數之，至於八五則四丈矣。」段玉裁匹下注：「閱持者，更迭持之而具數也。筮者揲之以四，此揲之以八，八尺者五而得四丈，故其字從八，所以揲之以八者，度人之兩臂爲尋，今人於布帛猶兩臂度之也。」布帛以人之兩臂度之爲八尺，連續五次則爲四十尺，四十尺即四丈爲一匹。

以上這些《説文》有關長度的字例，皆以人體爲法度：1 寸＝10 分，取度於寸口；1 尋＝8 尺，取度於兩臂測廣度（舒肘知尋）；1 仞＝7 尺，取度於身高，用於測高度、深度；1 尺＝10 寸，取度於寸口到尺澤的距離；1 咫＝8 寸，取度於中等身材婦人之手長；1 丈＝10 尺，丈多以男子身高作象徵。1 匹＝4 丈，因八揲一匹，八尺尋一揲，連續五揲，方爲四十尺，等於四丈，等於一匹。因此匹也是取度於人體。尋、匹皆是度廣。

二、嘉 量

嘉量指的是容量。容量單位最初也與人體有密切關係，如用手捧物作為一單位，《詩·椒聊》：「椒聊之實，蕃衍盈生……椒聊之實，蕃衍盈匊。」《小爾雅·廣量》曰：「一手之盛謂之溢，兩手謂之掬，掬，一升也。掬四謂之豆，豆四謂之區，區四謂之釜，釜二有半謂之藪，藪二有半謂之缶，缶二謂之鍾，鍾二謂之秉，秉十六斛。」一手之盛謂之溢，兩手謂之掬，其圖如下：〔註106〕

由徒手作容量單位，後逐漸轉化成專用的容量單位，豆、區、釜、鍾都是古代容量用器。

《漢書·律曆志上》：「量者，龠合升斗斛也，所以量多少也。本起於黃鍾之龠，用度數審其容，以子穀秬黍中者千二百實其龠，以井水準其槩，合龠為合，十合為升，十升為斗，十斗為斛，而五量嘉矣。其法用銅，方尺而圓其外，旁有庣焉。其上為斛，其下為斗。左耳為升，右耳為合、龠……其重二鈞……職在太倉，大司農掌之。」以九寸長的黃鍾律管，管內容 1200 粒中等大小黍，以定一龠的容積。以龠的容積推知合、升、斗、斛的容量（如圖）。再者，「度數審其容」說明容量是由長度導出的單位，只要規定標準器各邊的尺寸，就可計算出器物的容量。如「商鞅銅方升」上各邊刻有尺寸，「商鞅量尺」正是從此而出，秦一尺長度約合今 23.1 釐米。「其法用銅，方尺而圓其外，旁有庣焉。其上為斛，其下為斗。左耳為升，右耳為合、龠」是龠、合、升、斗、斛五量合一的銅量器，於今可考得的實物為「新莽銅嘉量」。新嘉量主體部分是一大圓柱體，下端有底，底上方為斛量，下方為斗量，右側小圓柱體為升量，左側圓柱體上為合量，下為龠量。斛、升、合口朝上，斗、龠口朝下（如圖）。同時也銘刻著各量的容積、各器的尺寸。〔註107〕

〔註106〕同註 86，頁 54。

〔註107〕新嘉量的校側，最早見於《西清古鑑》卷三十四：「斛深七寸二分，徑一尺四分，斗深七分有二，徑與斛同。升深一寸八分有一，徑二寸一分。合深七分有二，徑一寸一分。龠深三分有六，徑一寸。」（《四庫全書圖鑑》第八冊，北京：東方出版社，2004.1），頁 8-423。劉復〈新嘉量之校量及推算〉（《輔

東漢銅龠　　　　東漢銅斛、升、斗、合

新莽銅嘉量（新嘉量）

　　新嘉量是仿「栗氏量」而成，《周禮・考工記・栗氏》：「量之以爲鬴，深
尺、內方尺而圓其外，其實一鬴。其臂一寸，其實一豆。其耳三寸，其實一
升。重一鈞。其聲中黃鐘之宮。」又云：「改煎金錫則不秏，不秏，然後權之。
權之，然後準之，準之然後量之。」這裡的「準之」當指實鬴、豆、升三量
之容。「量之」言鬴深尺，內方尺而圓其外，圈足深一寸，容一豆，兩側有耳，
深三寸，容一寸，即《漢書・律曆志上》所說的「以度審容」。栗氏量集長度、
容量、重量（「重一鈞」）於一器，並聲中黃鐘之宮。戴震《考工記圖》引方
希原曰：「此器兼律、度、量、衡。方尺、深尺則度也。實一鬴則量也。重一
鈞則衡也，聲中黃鐘之宮則律也。」〔註108〕新嘉量除與栗氏量皆以內方尺作

仁學誌》第 1 卷第 1 期，民國 17.12（1928.12））一文不僅測了五量之容積，
還測了全器之重及五量各部位的尺度。器重得 13600 克，折合每斤 226.666
克。並用井水測各器之容四次，得各器容積平均值：龠，10.65 毫升；合，21.125
毫升；升，191.825 毫升；斗，2012.5 毫升；斛，20097.5 毫升。其中，「合」
的單位量值過大，「升」過小，故求五量每升容積的平均值爲 203.66 毫升。
又復得五量的平均尺度爲 23.08725，與秦至東漢一尺之長相近。張臨生〈漢
家法度故宮量器——嘉量〉記 1978 年再次測量嘉量之重爲 13414.340 克，與
劉復所測之數值略有出入。見台灣國立故宮博物院院刊《故宮文物月刊》第
2 卷第 10 期（總第 22 期），（民國 74.1（1985.1）），頁 57。
〔註108〕 （清）戴震，《考工記圖》卷五百六十三，《皇清經解》九（臺北：復興書局，
民國 50（1961）），頁 6340。

外接圓之外，另加庞旁。所謂「庞旁」是指從正方形角頂到外圓的一段距離。蓋內方尺外而圓其外，圓徑只能取正方形的對角線，若不加庞旁的長度，算出來的斛容積數就不合。栗氏量與新嘉量的平面圖如下：

栗氏量（上）、新嘉量（下）平面圖

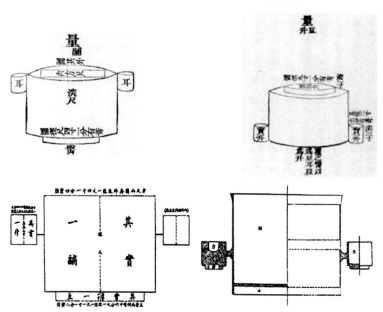

《說文》的容量字例依其表義特徵，又可分為三種：（一）容量：計有科、程、秕、斗、斛、升諸字。（二）把束：絲縷束如稷、秭、秔諸字，秅為禾束。（三）以容量比值得嘉穀之精粗：以容器裝各類嘉穀容積的不同，可推算各種嘉穀精粗大小的比例，如粲、糗、粺、毇、糳諸字。茲分述如下。

（一）容　量

字　例	科	程	秕	斗	斛	升
篇　卷	7 上 52	7 上 52	7 上 54	14 上 32	14 上 32	14 上 35

（1）𣂁程也，從禾從斗，斗者，量也。（七篇上　五十二）

（2）程程品也。十髮為程，一程為分，十分為寸，從禾呈聲。（七篇上　五十二）

按：《荀子·臣道篇》：「程者，物之準也，程以立數。」《禮記·月令》：「命工師效功，陳祭器，按度程。」注云：「度謂制大小也，程謂器所容也。」

《漢書・高帝紀》:「張蒼定章程，如淳云:『章，厤數之章術也。程者，權衡丈尺斗斛之平法也。』」十髮爲程本是以髮計度，作長度單位。程可兼作長度與容量，也是「以度審容」的例子。

（3）䄷百二十斤也，稻一䄷爲粟二十斗，禾黍一䄷爲粟十六斗大半斗，从禾石聲。（七篇上　五十四）

按:《國語・周語》:「重不過石。」韋昭注:「百二十斤爲石。」《禮記・月令》:「日夜分則同量度均衡石。」注云:「百二十斤曰石。」《呂氏春秋・仲春紀》:「均衡石」,《呂氏春秋・仲秋紀》:「正均石」，高誘注並云:「百二十斤爲石。」《淮南子・時則》:「均衡石」，注云:「衡石稱也，百二十斤爲石。」《淮南子・天文》:「其以爲量，十二粟而當一分，十二銖而當半兩，衡有左右，因而倍之，故二十四銖爲一兩，天有四時，以成一歲，因而四之，四四十六，故十六兩而爲一斤，三月而爲一時，三十日爲一月，故三十斤爲一鈞，四時而成一歲，故四鈞爲一石。」30 斤＝1 鈞，4 鈞＝1 石，120 斤＝1 石。《漢書・律曆志上》:「權者，銖兩斤鈞石也，所以稱物平施知輕重也，本起於黃鐘之重，一龠容千二百黍，重十二銖，兩之爲兩二十四銖，十六兩爲斤，三十斤爲鈞，四鈞爲石。石者大也，權之大者也，始於銖，兩於兩，明於斤，均於鈞，終於石，物終石大也。四鈞爲石者，四時之象也；重百二十斤者，十二月之象也；終於十二辰而復於子，黃鐘之象也；千九百二十兩者，陰陽之數也；三百八十四爻，五行之象也；四萬六千八十銖者，萬一千五百二十物，歷四時之象也，而歲功成就，五權謹矣。」以上諸書的「石」即是《說文》的「䄷」,《說文》䄷＝120 斤，與以上諸書所引相同。

《說文》「二十斗」、「十六斗」、「大半斗」，宋刻本皆譌作「升」，毛本又誤改作「斤」,《集韻》訛作「外」,《說文》粲下云:「稻重一䄷爲粟二十斗。」糲下云:「粟重一䄷爲十六斗，大半斗。」此可證升、斤、外均斗之形訛。

（4）斗十升也，象形有柄。（十四篇上　三十二）

按:戴侗《六書故》引漢綏和壺文作斗，孝成鼎文斗，《說文》小篆變其體。斗本酌酒器，借爲斛量之斗，木部料下云:「勺也。」爲本義專字。饒炯《說文部首訂》:「此又因斗形以名星者也，觀星形有魁有柄，故知斗爲酌酒器，若斛量之斗器，則載物已重，非柄所能舉，其爲借字無疑。」〔註 109〕

在出土新莽時期的量器中，有一件「始建國銅方斗」，現收藏在中國歷史

〔註 109〕楊家駱主編，《說文解字詁林正補合編》第十一冊，頁 11-264。

博物館，實容測爲 1978.25 立方釐米，折合 198 升。茲援圖如下：〔註 110〕

新莽銅方斗

（5）斛 十斗也。从斗角聲。（十四篇上　三十二）

　　按：《漢書‧律曆志上》：「合龠爲合，十合爲升，十升爲斗，十斗爲斛，而五量嘉矣。……合者，合龠之量也；升者，登合之量也；斗者，聚升之量也；斛者，角斗平多少之量也。夫量者，躍於龠，合於合，登於升，聚於斗，角於斛。」漢代的銅斛出土實物，如新莽銅嘉量的斛量約 201 升，濕倉銅斛約 194 升（如圖），建武大司農銅斛 196 升，光和大司農銅斛 204 升，夷道官銅斛 203 升，大致都在 200 升上下不等。〔註 111〕

新莽濕倉銅斛

（6）升 十合也。从斗象形，合龠爲合，龠容千二百黍。（十四篇上　三十五）

　　按：《漢書‧律曆志上》：「合龠爲合，十合爲升，十升爲斗，十斗爲斛，而五量嘉矣。……一龠容千二百黍。」今考西漢澠池官銅升實測容爲 198 毫升，上林府銅升爲 200 毫升，其實物圖如下：〔註 112〕

〔註 110〕同註 86，頁 250-252。

〔註 111〕新莽銅嘉量現收藏在台灣國立故宮博物院，濕倉銅斛收藏在山西省博物館，建武大司農銅斛 1953 年甘肅省古浪縣陳家河台子出土，光和大司農銅斛傳 1815 年河南省雎縣出土，夷道官銅斛收藏於遼寧省博物館。參考同註 86，頁 250-253。

〔註 112〕澠池官銅升現藏於陝西省西安市文物商店，上林共府銅升收藏於天津市藝術博物館。參考同註 86，頁 246、248。

西漢澠池官銅升　　　　　　西漢上林共府銅升

　　茲以簡式表示《說文》容量字例，1 科＝1 程，作容量；10 髮＝1 程，1 程＝1 分，10 分＝1 寸，程又兼作長度。1 秲＝120 斤，1 升＝10 合，1 斗＝10 升，1 斛＝10 斗。

（二）把　束

字　例	稯	秭	秅	緵
篇　卷	7 上 52	7 上 53	7 上 53	13 上 10

（1）𥝩布之八十縷爲稯。从禾髮聲。𥞶籀文稯省。（七篇上　五十二）

　　按：《說文》秅下云：「四秉曰筥，十筥曰稯，十稯曰秅，四百秉爲一秅。」稯指禾束言，但本處的稯則是縷數言，如果稯是縷數，何以秭、秅下云：「五稯爲秭」、「二秭爲秅」，而不言「四百縷爲秭」、「八百縷爲秅」。因此，段玉裁認爲本處稯下有奪文，按秅下所引《周禮》「四秉曰筥，十筥曰稯，十稯曰秅，四百秉爲一秅」，可推得稯下必云：「禾四十秉爲稯，从禾髮聲。一曰布之八十縷爲稯。」因此，稯亦兼禾束與縷數。典籍作「緵」，許氏作「稯」，段玉裁說：「今文作稯，古文作緵，許從今文，故糸部無緵。」《史記・孝景本紀》：「令徒隸衣七緵布。」索隱正義皆云：「緵，八十縷也，與步相似，七升布用五百六十縷。」《漢書・王莽傳》：「一月之祿十緵布二匹。」孟康云：「緵八十縷也。」

（2）𥞻五稯爲秭，从禾𢎛聲。一曰數意至萬曰秭。（七篇上　五十三）

　　按：《說文》云「布之八十縷爲稯」，「五稯爲秭」四百縷。《風俗通・論數》：「千生萬，萬生億，億生兆，兆生京，京生秭，秭生垓，垓生壤，壤生溝，溝生澗，澗生正，正生載，載地不能載也。」《五經算術》曰：「皇帝爲法，數有十等，億、兆、京、垓、秭、壤、溝、澗、正、載是也，及其用也，乃有上中下三等，下數十十變之，中數萬萬變之，上數數窮則變矣。」甄鸞按《五經算術》卷上〈詩豐年毛注數越次法〉曰：「數萬至萬曰億者，此即是中數，萬萬曰億也。又云：數億至億曰秭者，或可疑，何者？按《黃帝數術》

云中數者，萬萬曰億，萬萬億曰兆，萬萬兆曰京，萬萬京曰垓，萬萬垓曰秭。
此應云數億至垓曰秭，而言數億至億曰秭者，有所未詳。」《詩・周頌》〈豐
年〉與〈載芟〉兩言「萬億及秭」，毛傳曰：「數萬至萬曰億，數億至萬曰秭。」
許書多襲毛傳，此云數意至萬曰秭，似當出於毛氏，然心部云「十萬曰意」，
不從毛之萬萬曰億，而從古數，徐灝《説文解字箋注》：「數謂計也，數萬至
萬，是萬萬曰億，數億至萬，是萬億曰秭，《五經算術》所謂中數也，數億至
億，則萬萬億曰秭，上數也。若十萬曰億，十億曰秭，乃下數耳。許云數億
至萬曰秭，與心部十萬曰億，其率不一，蓋萬億巨數，今古不同，故兩存其
説，未必有意與毛立異，至數億至億曰秭，其數過鉅，自古罕用，毛亦未必
用之。」〔註113〕

（3）秭 二秭爲秅，从禾乇聲。周禮曰：二百四十斤爲秉，四秉曰筥，十筥曰
　　　稯，十稯曰秅，四百秉爲一秅。（七篇上　五十三）

　　　按：《儀禮・聘禮》：「十斗曰斛，十六斗曰籔，十籔曰秉，二百四十斗。
四秉曰筥，十筥曰稯，十稯曰秅，四百秉爲一秅。」此文字有誤脫也。《説文》
秅下引《周禮》曰「二百四十斤爲秉，四秉曰筥，十筥曰稯，十稯曰秅，四
百秉爲一秅。」此正《儀禮・聘禮》之文也。由是知《説文》的「二百四十
斤爲秉」當作「二百四十斗爲秉」。《廣雅・釋器》卷八上：「秉四曰筥，筥十
曰稯，稯十曰秅。」王念孫《廣雅疏證》云：「據《周官》《儀禮》及鄭注之
文，是禾束之秉，與量名之秉，其事既異，其數亦殊，量名之秉爲十六斛，
比於斗斛籔爲最多之數，禾束之秉爲一把，比於筥稯秅爲最少之名。」〔註114〕
根據王念孫的説法：秉有禾束之秉和量名之秉，從「十斗曰斛」到「二百四
十斤爲秉」爲量名，米粟計量；從「四秉曰筥」到「四百秉爲一秅」爲禾稼
之數。王筠《説文釋例》亦持這種説法：

　　　斤當作斗，即斗字，今本《儀禮》作斗，無「爲秉」二字。案：有
　　　者是也，以下文「四百秉爲一秅」推之，則今本挩也。《廣韻》不引
　　　此及「四百秉爲一秅」句，遂使「十籔曰秉」、「四秉曰筥」兩句相
　　　接，四是遞加之數，不知「爲秉」以上，米數也；「四秉」以下，禾
　　　數也，不可合爲一。米數無秅字，而許君連引之者，秉見又部曰禾
　　　把，則「四秉曰筥」有所承，而十籔之秉無所承，故連引之以區別

〔註113〕楊家駱主編，《説文解字詁林正補合編》第六冊，頁6-488。
〔註114〕（清）王念孫，《廣雅疏證》（北京：中華書局，1985），頁1027。

之也。〔註115〕

　　許氏誤合兩說為一事，此下連引「四秉曰筥，十筥曰稷，十稷曰秅」則誤以禾束之秉為量名之秉，並將下文之筥、稷、秅皆誤以為量名矣。韋昭《國語・魯語》注云：「《聘禮》曰十六斗曰庾，十庾曰秉，秉一百六十斗也，四秉曰筥，十筥曰稷，稷六百四十斛也」，亦是誤合禾束之秉為量名之秉，特以秉為百六十斗，與許氏異耳。如果不從《說文》「二百四十斗為秉」之處作切割，「誤從許氏之說，由二百四十斗而遞加之，以至於秅，則有九千六百斛，一車三秅，則有二萬八千八百斛。從韋氏之說，由一百六十斗而遞加之以三秅，亦有一萬九千二百二斛，非唯牛不能任，亦且車不能容。」〔註116〕桂馥亦贊成《聘禮記》文當分作兩不同單位，其云：「十斗至曰秉，米之量也；二百至一秅，禾之權名也。」〔註117〕依照桂氏分法，《聘禮記》「十斗曰斛，十六斗曰籔，十籔曰秉」指米量，「二百四十斤為秉，四秉曰筥，十筥曰稷，十稷曰秅，四百秉為一秅」指禾束，把「二百四十斤為秉」歸為禾束，與鄭玄注（「二百四十斗謂一車之米。」）、王念孫、王筠說法不同。既然《說文》所引是《聘禮記》原正文，可補正《說文》「二百四十斤為秉」當作「二百四十斗為秉」；而許慎又誤合兩單位說以為一單位說，則當從「二百四十斗為秉」以上指粟米計量，「四秉曰筥」以下指禾束。

（4）絩綺絲之數也。漢律曰：綺絲數謂之絩，布謂之緫，綬組謂之首，从糸兆聲。（十三篇上　十）

　　按：《算經》：「黃帝為法，數有十等，謂億兆京垓秭壤溝澗正載。」王筠《說文句讀》：「兆蓋絩之省，絲數繁多，故謂之絩，非必果是十億也。」〔註118〕《說文》：「布八十縷為稯。」《漢書・王莽傳》：「一月之祿十稯布二匹。」孟康曰：「緫八十縷也。」緫即稯也，稯即緫也，皆謂八十縷。司馬紹《統輿服志》：「乘輿黃赤綬五百首，諸侯王赤綬三百首，相國綠綬二百四十首，公侯將軍紫綬百八十首，九卿中二千石，二千石青綬百二十首，千石六百石黑綬八十首，四百石三百石二百石黃綬大十首，凡先合單紡為一系，四系為一扶，五扶為一首，五首為一文，文采淳為一圭，首多者系細，首少者系爐。」一絩之數應合若干

____

〔註115〕見同註113，頁6-491。
〔註116〕林昌彝，《溫經日記論說文》〈二百四十斤為秉〉，見同註113，頁6-492。
〔註117〕見同註113，頁6-490。
〔註118〕楊家駱主編，《說文解字詁林正補合編》第十冊，頁10-582。

絲爲之，則仍未知，只可推之，一紪之絲數，其多可想也。

以上《説文》把束字例，1稯＝80縷；1秭＝5稯，在其他典籍作「緵」；1秅＝2秭；紪合若干絲數，指絲數眾多。240斤＝1秉，4秉＝1筥，10筥＝1稯，10稯＝1秅，400秉＝1秅，「稯」、「秅」兼作絲數與禾束，「秭」兼作絲數與中數。

（三）從容量比值得嘉穀之精粗

本容量字組是要從嘉穀種類容量之不同，去推算各種嘉穀精粗大小的比例，故先羅列先關字例，再作推算說明。

字　例	粲	糲	粺	毇	糳
篇　卷	7上59	7上59	7上59	7上65	7上65

糲 稻重一柘爲粟二十斗，爲米十斗曰毇，爲米六斗大半斗曰粲，从米戾聲。（七篇上　五十九）

糲 粟重一柘爲十六斗大半斗，舂爲米一斛曰糲。从米萬聲。（七篇上　五十九）

粺 毇也，从米卑聲。（七篇上　五十九）

毇 米一斛舂爲八斗也。从臼米，从殳。（七篇上　六十五）

糳 糲米一斛舂爲九斗曰糳，从毇丵省聲。（七篇上　六十五）

按：根據《説文》解說的句型來看，粲、糲一組，毇、糳一組，所以，粲當補「舂」於「爲米十斗曰毇」之前，[註119]毇當補「糲」字於前作「糲米一斛舂爲九斗也」。[註120]茲將奪文增補後的說法與相關其他字例與比值公式，一一條列說明如下，以利驗證《説文》對這些嘉穀量值的換算正確性。

　　柘 百二十斤也，稻一柘爲粟二十斗，禾黍一柘爲粟十六斗大半斗，从禾石聲。

　　糲 稻重一柘爲粟二十斗，舂爲米十斗曰毇，爲米六斗大半斗曰粲，从米奴聲。

〔註119〕段玉裁《説文解字注》、王筠《説文句讀》「粲」下云也認爲當補「舂」字。

〔註120〕大小徐本、段注本、王筠《説文句讀》、朱駿聲《説文通訓定聲》均直接作「糲米一斛舂爲九斗也」，桂馥《説文義證》依許鍇本與戴侗《六書故》所引，亦認爲當有「糲」字。

糲粟重一秬爲十六斗大半斗，舂爲米一斛曰糲。从米萬聲。

粺穀也，从米卑聲。

毇糲米一斛舂爲八斗也。从臼米，从殳。

糳糲米一斛舂爲九斗曰糳，从殼米省聲。

《說文》粲「稻重一秬爲粟二十斗」、糲「粟重一秬爲十六斗大半斗」是承秬字下「稻一秬爲粟二十斗，禾黍一秬爲粟十六斗大半斗」而來。《九章算術》：「米之率，糲十，粺九，糳八，侍御七，粟率五十，糲三十，粺二十七，糳二十四，侍御二十一。」《夏侯陽算經》：「粟五斗爲糲米三斗，三十乘之五十而一，爲粺米二斗七升，二十七乘之五十而一，爲糳米二斗四升，二十四乘之五十而一，爲御米二斗一升，二十一乘之五十而一。」茲將《九章算術》與《夏侯陽算經》所言，條列成比例式如下：

1. 糲：粺：糳：侍御＝10：9：8：7

2. 粟：糲：粺：糳：侍御＝50：30：27：24：21（1 斗＝10 升）

3. 粟 $50 \times \frac{30}{50}$ ＝糲 30　粟 $50 \times \frac{27}{50}$ ＝粺 27　粟 $50 \times \frac{24}{50}$ ＝糳 24

粟 $50 \times \frac{21}{50}$ ＝糳 21

依以上比例可推得穀米之精粗：粟＞糲＞粺＞糳＞侍御

（一）求證《說文》穀的斗數正確度：「粟二十斗，舂爲米十斗曰穀」

假設：《說文》「粲」字例中所說的「穀」斗數值爲 X

粟：穀＝50：27＝20：X

$X = 10\frac{4}{5}$ 近似《說文》「舂爲米十斗曰穀」，《說文》取整數值。

（二）求證《說文》粟與粲的比值正確度：「粟二十斗，（舂）爲米六斗大半斗曰粲」

假設：粲的比值爲 X

∵《說文》云：「（舂）爲米六斗大半斗曰粲」，「舂」承接上句而來，在此省略。

∴粟：粲＝20：6.5＝50：X

$X = 16\frac{1}{4}$

∴粟：粲＝50：$16\frac{1}{4}$

∵粲次於侍御的比值 21∴粲精於侍御（侍御＞粲）

（三）求證《說文》糲的斗數正確度：「粟重一秬爲十六斗大半斗，舂爲

米一斛曰糲」

假設：《説文》「糲」字例中所説的「糲」斗數值爲 X

粟：糲＝50：30＝5：3＝16.5：X

X＝9.9

《説文》云：「舂爲米一斛曰糲」1 斛＝10 斗

X＝9.9≒10

（四）求證《説文》「毇」字例的斗數正確度：

∵《説文》云：「粺，毇也。」

∴ 糲：毇＝糲：粺＝10：9

《説文》云：「毇，糲米一斛舂爲八斗也。」八斗當爲九斗爲是。

〔註 121〕

（五）求證《説文》「鑿」字例的斗數正確度：

∵ 糲：鑿＝10：8

∴《説文》云：「糲米一斛舂爲九斗曰鑿」九斗當作八斗爲是。

〔註 122〕

饒炯《説文部首訂》：「毇義合粲、鑿、糲之説解觀之，粲之爲米甚精，毇粗於粲，鑿粗於毇，糲粗於鑿。」〔註 123〕饒氏因於《説文》「毇」、「鑿」之誤而論，故毇精於鑿、粗於粲，其實當相反。所以，從粟到粲的精粗當爲：粟：糲：粺（毇）：鑿：侍御：粲＝50：30：27：24：21：16 $\frac{1}{4}$，粟＞糲＞粺（毇）＞鑿＞侍御＞粲。

茲就以上《説文》的容量單位字例作簡單歸納説明：

（一）在容量字例部分，其簡式標示如次：科＝程，1 程＝1 分；1 秅＝120 斤；1 斛＝10 斗，1 斗＝10 升，1 升＝10 合，1 合（龠）＝1200 黍。其中，程既作長度、亦用作容量。1 秅＝120 斤，《説文》此説同《淮南子》與《漢書‧律曆志》，1 斛＝10 斗，1 斗＝10 升，1 升＝10 合，1 合（龠）＝1200 黍，《説文》這些説法同《漢書‧律曆志》。

〔註 121〕段注本逕改爲「九斗」，其他本均作「八斗」，但桂馥、王筠、鈕樹玉、嚴可均等人亦認爲當爲「九斗」。

〔註 122〕段注本逕改爲「八斗」，其他本均作「九斗」，但桂馥、王筠、鈕樹玉、嚴可均等人亦認爲當爲「八斗」。

〔註 123〕同註 113，頁 6-568。

（二）把束部分：其簡式標示如次：1 秅＝2 秭，1 秅＝10 稯，1 秭＝5稯，1 秉＝240 斗，1 筥＝4 秉，1 稯＝10 筥，1 秅＝10 稯＝400 秉，其中稯、秅兼作絲縷數、禾束，秭兼作絲縷和中數「數意至萬曰秭」。又「秅」下引《周禮》1 秉＝240 斗，1 筥＝4 秉，1 稯＝10 筥，1 秅＝10 稯＝400 秉，王念孫認爲秉可兼作量名與禾束，1 秉＝240 斗是量名，容量；1 筥＝4 秉，1 稯＝10筥，1 秅＝10 稯＝400 秉是禾束。又從《說文》的 1 秅＝2 秭與《周禮》的 1秅＝10 稯，可知 1 秭＝5 稯，故知《說文》「秭，五稯」是據《周禮》而來。

（三）由各種禾穀的容量比值，可知禾穀的精粗：粟二十斗，舂爲米十斗曰鑿；粟二十斗，（舂）爲米六斗大半斗曰粲；粟重一秅爲十六斗大半斗，舂爲米一斛曰糲；糲米一斛舂爲九斗曰毇；糲米一斛舂爲八斗曰糳，粟：糲：粺（毇）：糳：侍御：粲＝50：30：27：24：21：16 ¼，粟＞糲＞粺（毇）＞糳＞侍御＞粲。

三、權　衡

《漢書·律曆志上》：「衡權者，衡，平也；權，重也，衡所以任全而均物平輕重也。……權者，銖兩斤鈞石也，所以稱物平施，知輕重也。本起於黃鐘之重，一龠容千二百黍，重十二銖，兩之爲兩，二十四銖爲兩，十六兩爲斤，三十斤爲鈞，四鈞爲石。二十四銖而成兩者，二十四氣之象也。斤者，明也；三百八十四銖，《易》二篇之爻，陰陽變動之象也。十六兩成斤者，四時乘四方之象也。……權與物均重萬一千五百二十銖，當萬物之象也。四百八十兩者，六旬行八節之象也。三十斤成鈞者，一月之象也。……四鈞爲石者，四時之象也。重百二十斤者，十二月之象也。終於十二辰，而復於子，黃鐘之象也。千九百二十兩，陰陽之數也。三百八十四爻，五行之象也。四萬六千八十銖者，萬一千五百二十物，歷四時之象也。」權衡的進位，有別於長度、容量的十進位。究其原因有二：一是賦予重量單位數術色彩，如「權與物均重萬一千五百二十銖，當萬物之象」、「三十斤成鈞者，一月之象」、「四鈞爲石者，四時之象」等，往往與天文曆數有關。二是基於稱物的實際需要：稱物時必須放上相當實物重量的砝碼，法碼分成輕重不同的等級，以二的倍數作爲分割等級最方便，如二十四銖爲一兩，半斤爲八兩，十六兩爲一斤，三十斤爲一鈞，四鈞爲一石等。有了以上的基本認識，也可用來應證《說文》重量單位字。茲分述如下。

字例	稱	兩	銓	銖	錙	鍰	鎦	錘	鈞
篇卷	7上51	7下39	14上12	14上12	14上13	14上13	14上14	14上14	14上14

（1）稱銓也，从禾爯聲。春分而禾生，日夏至晷景可度，禾有秒，秋分而定
　　秒，律數十二，十二秒而當一分，十分而寸，其目爲重，十二粟爲一分，
　　十二分爲一銖，故諸程品皆从禾。（七篇上　五十一）

　　　按：段玉裁注云：「銓者，衡也。銓可以稱物也。稱，俗稱秤。」《禮記
大傳》：「立權度量。」注云：「權，稱也。」《呂氏春秋·仲秋紀》：「平權衡。」
注云：「權，秤錘也。」《淮南子·時則》：「端權槩。」注云：「稱錘曰權。」
《廣雅·釋器》曰：「稱謂之銓，錘謂之權。」稱可包括稱桿（衡）與稱錘（權），
可稱物平施知輕重。漢代畫磚有權衡圖，援引如下：〔註124〕

漢衡畫磚

　　「春分而禾生」，《說文》禾下曰：「禾，二月始生。」謂其時禾有芒。

　　「日夏至晷景可度」，徐鍇《說文繫傳·通釋》：「夏至日極北，故曰晷景
可度。」〔註125〕《淮南子·主術》：「夫寸生於秈，秈生於日，日生於形，形
生於景，此度之本也。」高誘注：「秈，禾穗秈孚榆頭芒也。十秈爲一分，十
分爲一寸，十寸爲一尺，十尺爲一丈，政謂之本也。」王引之認爲高誘這段
注解有脫誤：（一）秈當作秒，秒與秒同，字或作秒。（二）十秒爲一分，十
下脫二字。如此才符合《淮南子·天文》：「十二秒而當一分」的說法。〔註126〕

　　「禾有秒，秋分而定秒」，禾以八月熟，故秒定。徐鍇《說文繫傳·通
釋》：「禾有秀實則芒生，芒，秒也。秋萬物成定之時，物皆掔縮，故曰秒定。」
〔註127〕

〔註124〕轉引自同註86，頁282。
〔註125〕同註103，卷第十三，頁143。
〔註126〕《淮南鴻烈集解》卷九〈主術訓〉，（臺北：文史哲出版社，民國74.9（1985.9）），
　　　　頁20。
〔註127〕同註125。

「律數十二，十二秒而當一分，十分而寸」，律數下「十二」兩字舊奪，今段注本補之。《淮南子・天文》：「秋分薁定，薁定而禾熟，律之數十二，故十二薁而當一粟，十二粟而當一寸，律以當辰，音以當日，日之數十，故十寸而為尺，十尺而為丈。」高誘注：「薁，禾穗孚甲之芒也。古文作秒。」王引之認為《淮南子・天文》這段原文有誤，經過勘校，「十二薁而當一粟，十二粟而當一寸」應作「十二薁而當一分」。〔註128〕經過王引之校勘考證後的《淮南子・主術》的高誘注與《淮南子・天文》的本文，就與許慎之說相符合。

「其目為重，十二粟為一分，十二分為一銖」，《呂氏春秋・必己篇》：「以禾為量。」高誘注云：「禾兩三變，故以為法也。」《淮南子・天文》：「其以為量，十二粟而當一分，十二分而當一銖。」《淮南子》以粟為計量，12 粟＝1 分，12 分＝1 銖，144 粟＝1 銖。《漢書・律曆志上》：「權輕重者，不失黍絫。」應劭注曰：「十黍為絫，十絫為一銖。」《漢書・律曆志》以黍為計量，1200 黍＝12 銖，100 黍＝1 銖。《說苑・辨物》云：「十六黍為一豆，六豆為一銖，二十四銖重一兩。」《說苑》16 黍＝1 豆，6 豆＝1 銖，96 黍＝1 銖。段玉裁稱下注云：「許用《淮南》說，與《說苑》、《律曆志》說異。」《說文》「十二粟為一分，十二分為一銖」是採《淮南子》的說法。

十二秒（薁、秒）與十二粟皆起於律數十二，秒施之於度，成為長度的單位；粟施之於重，成為重量的單位。

（2）兩 二十四銖為一兩，从一兩，兩平分也，兩亦聲。（七篇下 三十九）

按：《淮南子・天文》：「其以為量，十二粟而當一分，十二銖而當半兩，衡有左右，因而倍之，故二十四銖為一兩。」《漢書・律曆志上》：「一龠容千二百黍，重十二銖，兩之為兩，二十四銖。」又曰：「兩者兩，黃鐘律之重也，二十四銖而成兩者，二十四氣之象也。」

〔註128〕《淮南鴻烈集解》卷三〈天文訓〉：「王引之云：十二薁當一粟，十二粟當一寸，則百四十四薁而當一寸也。〈主術篇〉：『寸生於秒。』（薁秒並與秒同，今本秒誤作秒，辯見〈主術〉）高注曰：『十二秒為一分，（今本脫二字）十分為一寸，十寸為一尺，十尺為一丈。』《說文》亦曰：『律數十二秒而當一分，十分而寸。』則是百二十薁為當一寸，與此不同也。許高二家之說，俱本於此，使原文作十二薁而當一粟，十二粟而當一寸，則二家之說，何以並言十二薁為分，十分為寸乎？且〈主術篇〉明言寸生於於秒，不得又以粟參之也。然則今本為後人所改明矣。《宋書》律志與今本同，則其誤已久，今依〈主術篇〉及許高二家之說，而更定之如下：律之數十二，故十二薁而當一分，律以當辰，音以當日，日之數十，故十分而為寸，十寸而為尺，十尺而為丈。」同註126，頁76。

「兩平分也」,桂馥《說文義證》:「此謂兩字自中平分之,其形相對相當,一兩平分,各爲一龠,其數亦相對相當也。」〔註 129〕

(3)銓衡也,〔註 130〕從金全聲。(十四篇上 十二)

按:《荀子‧禮論》:「衡誠懸矣,則不可欺以輕重。」《淮南子‧時則》:「衡者,所以平萬物也。」《漢書‧王莽傳》:「考量以銓。」應劭曰:「銓,權衡也。」《漢書‧律曆志上》:「衡權者,衡,平也;權,重也。衡所以任權而均物平輕重也。」《一切經音義》二十二:「銓謂銓量輕重也。」《急就篇》:「量丈尺寸斤兩銓。」顏注:「銓,稱也。」徐灝《說文解字箋注》:「銓訓爲稱可也,而稱非稱錘也。銓衡者,稱量之通名,故衡亦訓稱。〈經解〉云:『猶衡之於輕重也。』鄭注:『衡,稱也。』是也。《廣雅》曰:『稱謂之銓,錘謂之權。』分別甚明,段改非也。」〔註 131〕權是稱重之器,衡者,平也。衡必須控制權的輕重來稱物的重量而達到平衡,即權與物相等量而得衡之平,權是砝碼,衡是秤桿或天平之類的秤器。如 1926 年甘肅省定西縣秤鈎驛出土的新莽銅衡桿、銅環權,今存七件:衡桿一、鈎一、權五(如圖),權環平均值爲 245.4 克,四捨五入得 245 克,暫定爲新莽一斤之值。〔註 132〕

新莽銅衡桿、銅鈎、環權

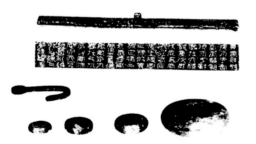

漢代的權制有作環狀,也有作錘式,如西漢的三件「官累銅權」,是官方發放用於稱錢幣的表準砝碼,(如圖)均自銘重「斤十兩」,折算 1 斤分別爲244、246、248 克,平均值爲 246 克。西漢武庫銅權(如圖),是專供武庫(掌兵器的官署)使用的官頒權錘,一斤銅權重 252 克。還有新莽始建國銅權亦

〔註 129〕同註 113,頁 6-942。

〔註 130〕段注本作「稱也」,段注云:「禾部『稱,銓也。』與此爲轉注,乃全書之通例。」段氏這裡所說的轉注意指互訓。

〔註 131〕楊家駱主編,《說文解字詁林正補合編》第十一冊,頁 11-105。

〔註 132〕同註 86,頁 272-274。

是錘式（如圖）。〔註133〕

西漢官累銅權及銘文拓本	西漢武庫銅權及銘文拓本	新莽始建國銅權

（4）銖權十絫黍之重也。从金朱聲。（十四篇上　十二）

　　按：各本作「權十分黍之重也。」段注本正之。權，五權也，銖兩斤鈞
秴也。《說文》幺部下：「絫，……一曰絫十黍之重也。」段玉裁「銖」字下
注：「十絫黍者，謂百黍也」，百黍爲一銖。兩部下：「兩，二十四銖爲一兩。」
重量之斤本無其字，以斫木之斤爲之，十六兩也。金部下：「鈞，三十斤也。」
禾部下：「秴，百二十斤也。」許愼此一五權數系統與《漢書・律曆志》記載
相符，《漢書・律曆志上》：「一龠容千二百黍，重十二銖，兩之，二十四銖爲
兩，十六兩爲斤，三十斤爲鈞，四鈞爲石。」

　　禾部稱下云：「其目爲重，十二粟爲一分，十二分爲一銖。」桂馥據此條，
欲改銖「權十分黍之重也」爲「權十二分黍之重也」，然《說文》「稱」下言
粟不言黍，是根據《淮南子・天文》云：「律之數十二，故十二蔈而當一分，
律以當辰，音以當日，日之數十，故十寸而爲尺，十尺而爲丈。其以爲量，
十二粟而當一分，十二分而當一銖。」王念孫認爲「其以爲量」的量當爲重。
〔註134〕因此銖的說法有兩個系統：一爲《淮南子》，以粟爲計量，12 粟＝1
分，12 分＝1 銖，144 粟＝1 銖。一爲《漢書・律曆志》，以黍爲計量，一千
二百黍＝12 銖，100 黍＝1 銖。《說文》銖之「權十絫黍之重也」，當從《漢書・
律曆志》之說。

（5）鍰十一銖二十五分銖之十三也。从金爰聲。周禮曰重三鍰，北方以二十
　　　兩爲三鋝。（十四篇上　十三）

　　　　鋝鍰也，從金㡿聲。書曰罰百鋝。〔註135〕（十四篇上　十三）

〔註133〕同註 86，頁 269-270、274。
〔註134〕劉文典，《淮南鴻烈集解》卷三〈天文訓〉（臺北：文史哲出版社，民國 74.9
　　　　（1985.9）），頁 77。
〔註135〕段玉裁《汲古閣說文訂》：「宋本葉本皆作『罰書曰列百鍰』，趙本《五音韻譜》

按：大小徐本皆作「十銖二十五分之十三也」，《尚書・呂刑》釋文引作「十一銖二十五分銖之十三」，《周禮・職金》疏引古《尚書》說亦如此，戴侗《六書故》第四引蜀本作「十一銖」，又引作「銖之十三」，《廣韻》十七「薛」亦引作「十一銖」，故十銖當爲十一銖，「二十五分之十三」當爲「二十五分銖之十三」。

其他各本作「北方二十兩爲鋝」，段注本作「北方以二十兩爲三鋝」，段玉裁根據其師戴東原的說法而補，其云：「考《尚書僞孔傳》及馬融、王肅皆云：『鍰重六兩。』鄭康成云：『鍰重六兩大半兩，鋝即鍰。』賈逵云：『俗儒以鋝重六兩，此俗儒相傳譌失，不能覈實。』《說文》多宗賈侍中，故曰：『北方二十兩爲三鋝』，正謂六兩大半兩爲一鋝。」鄭玄注《周禮・治氏》引《說文》「鋝，鍰也。」「今東萊稱或以太半兩爲鈞，十鈞爲鍰，鍰重六兩太半兩，鍰鋝似同矣，則三鋝爲一斤四兩。」根據鄭注此說，鋝同鍰，鍰重六兩大半兩，故二十兩爲三鋝。

察《周禮・考工記》言重三鋝者二：（一）指《周禮・治氏》之戈重三鋝，又戟與刺重三鋝，即以二十兩爲三鋝。（二）弓人膠三鋝，即十一銖二十五分銖之十三之數而三之也。《說文》以「十一銖二十五分銖之十三」爲鋝之本數，而「北方以二十兩爲三鋝」乃爲別義。許氏引《周禮》兼包二數。「北方以二十兩爲三鋝」即賈鄭所云：「六兩大半兩」三倍之數。徐灝《說文解字箋注》認爲鍰與鋝本各自爲數，「鍰爲六兩大半兩，鋝之本數爲十一銖二十五分銖之十三」，〔註136〕而今「鋝」也作六兩大半兩，乃因《尚書・呂刑》之「鍰」，《史記》作「率」，故百鍰或謂百率，因與鋝同音，遂以鋝當鍰之數，以爲鋝亦爲六兩大半兩，歐陽夏侯說：「六兩爲鋝」，賈逵云：「俗儒以鋝重六兩」，蓋即指此。《說文》鋝的別義「北方以二十兩爲三鋝」即是指《尚書・呂刑》之鍰（六兩大半兩）的三倍之數，「十一銖二十五分銖之十三」才是鋝之本義，「《說文》之例兩義竝存者，先列正義，次列別義，其云『十一銖二十五分銖之十三』此正義也。又云：『北方以二十兩爲三鋝』此別義也。若以二十兩爲三鋝，則一鋝重六兩大半兩，一弓之膠必無用二十兩之理，則知一鋝之重斷爲十一銖二十五分銖之十三，而非六兩大半兩明矣。〈呂刑〉曰：『大辟疑赦其罰千鍰』，若以十一銖二十五分

《集韻》《類篇》皆作『虞書曰罰百鍰』。按：〈呂刑〉系《周書》，虞者，古本相沿之誤也。罰列者，宋刊之誤也。」

銖之十三爲一鍰，則百鍰之重不過三斤，千鍰不過三十斤，安有三十斤之銅，而遂可以贖死罪者乎？則知一鍰之重斷爲六兩大半兩，而非十一銖二十五分銖之十三，積而至于千鍰爲四百十六斤十兩大半兩，又明矣。然則《說文》所存二義，前一條爲鋝字正義，後一條爲鋝字別義，而實爲鍰字正義，故次於鋝文即繼之曰：『鍰，鋝也。』蓋指二十兩爲三鋝之鋝也。」〔註 137〕段注本作「北方以二十兩爲三鋝」，是怕引起二十爲一鋝的誤解，故加「三」以明之；各本作「北方二十兩爲鋝」，是說鋝被假借作鍰，故鋝有「北方二十兩」之別義，其正字本是「鍰」，故互見鍰字以知二十兩爲三鍰，而非三鋝。

（6）錙六銖也，从金甾聲。（十四篇上　十四）

　　按：《禮記・儒行》：「雖分國，如錙銖。」鄭玄注：「八兩爲錙。」與許說不合，唯有《淮南子・說山》：「有千金之璧而無錙錘之礛諸。」高誘注：「六銖曰錙，八銖曰錘。言其賤也。」又云：「冠錙錘之冠，履百金之車。」注：「六銖曰錙，八銖曰錘。」與許說合，段玉裁注云：「疑〈說山〉之注乃許注之僅存者也。」《荀子・議兵》：「得一首者則賜贖錙金。」楊倞注：「八兩曰錙。」〈富國〉：「割國之錙銖以賂之。」注：「十黍之重爲銖，八兩爲錙。」清校勘學家盧文弨對楊倞注作了以下訓正：「案今本《說文》云：『銖權十分，黍之重也。』禾部云：『十二粟爲一分，十二分爲一銖。』訂之則當爲權十二分，黍之重也。楊云：『十黍之重爲銖』，蓋用許說而轉寫脫誤八兩爲錙。又用《禮記・儒行》鄭注，與《說文》六銖異。」〔註 138〕《荀子・富國》及《禮記・儒行》皆以錙銖並稱，輕重必不相遠，則當以六銖曰錙爲正，鄭玄與楊倞注皆以八兩爲錙失之。若以《漢書・律曆志上》：「一龠容千二百黍，重十二銖，兩之爲兩，二十四銖。」所言計算，六銖爲錙當爲 600 黍，八兩爲錙，相當於一百九十二銖（8×24），則爲 19200 黍。兩說相權之下，「六銖爲錙」較合錙錘之賤義。

（7）錘八銖也，从金垂聲。（十四篇上　十四）

　　按：《淮南子・說山》：「有千金之璧而無錙錘之礛諸。」高誘注：「六銖曰錙，八銖曰錘。」與許說合。又《淮南子・詮言》：「雖割國之錙錘以事人。」高誘注：「六兩曰錙，倍錙曰錘。」則異於許說。由是知，《淮南子》對錙錘之重量存有二說。

〔註 137〕王鳴盛，《蛾術編說字》迓鶴壽案語，見同註 131，頁 11-111。

〔註 138〕（清）謝墉集解、盧文弨《荀子集解》卷上〈富國〉（《四部集要》子部，臺北：新興書局，民國 52.12（1963.12）），頁 84。

（8）鈞三十斤也，从金勻聲。銞古文鈞。（十四篇上　十四）

按：《呂氏春秋・仲秋紀》：「正鈞石。」注云：「三十斤爲鈞。」《淮南子・天文》：「三月而爲一時，三十日爲一月，故三十斤爲一鈞。」《漢書・律曆志上》：「鈞者，均也，陽施其氣，陰化其物，皆得其成就平均也。權與物均重萬一千五百二十銖，當萬物之象也。……三十斤成鈞者，一月之象也。」

以上有關《說文》言重量的字例，稱與銓（權）雖用在稱重，而銓相對地也是要使秤桿稱重時維持平衡，《漢書・律曆志上》：「權與物鈞而生衡，衡運生規，規圓生矩，矩方生繩，繩直生準，準正則平衡而鈞權矣。」錙、錘是根據《淮南子》的說法，兩、銖是根據《漢書・律曆志》，鋝是根據《周禮》，鈞是根據《淮南子》、《呂氏春秋》與《漢書・律曆志》。至此，可以簡單數式表示《說文》這些重量單位：

12 粟＝1 分，12 分＝1 銖（「稱」字中提到重量的部份，以粟計量），1 兩＝24 銖，1 銖＝100 黍（以黍計量），1 鋝＝11$\frac{13}{25}$銖，1 錙＝6 銖，1 錘＝8 銖，1 鈞＝30 斤。

在探討以上這些《說文》度量衡的字例過程中，我們發現可作兩種以上單位的情形：（一）「分」可兼用在重量與長度：12 粟＝1 分（重量），12 秒＝1 分（長度）。（二）「斤」可用在重量與容量：1 鈞＝30 斤（重量），1 秅＝120 斤（容量）。（三）「秉」兼用在容量與禾束：1 秉＝240 斗（容量），1 筥＝4 秉，1 秅＝10 稯＝400 秉（禾束）。（四）「稯」、「秅」兼用在禾束與縷數，「稱」兼作絲數與中數（數意至萬）：1 稯＝10 筥（禾束），1 稯＝80 縷（縷數）；1 秭＝5 稯，1 秅＝2 秭（縷數），10 稯＝1 秅，400 秉＝1 秅（禾束）。

四、其　他

從以上《說文》審度（長度）、嘉量（容量）、權衡（重量）單位字例中，可了解度量衡標準的依據有取法於人體（如尺、寸、丈、尋、仞）、毛髮（如十髮爲程）、絲縷（如稯、秭、秅）、禾稼（如秉、秅）、黍栗（如龠、銖、錙、錘、稱）、律管（如度起於黃鐘之長，量起於黃鐘之龠，權衡起於黃鐘之重），其中律管的度量蓋人爲所致，較爲精準，其他的屬自然物，只能作爲約略的參考依據。至於其他的丈量標準工具，《漢書・律曆志上》有云：「夫推歷生律，制器規圓、矩方、權重、衡平、準繩、嘉量，探賾索隱，鉤深致遠，莫不用焉。度長短者，不失毫釐；量多少者，不失圭撮；權輕者，不失黍絫。」

又云：「權與物鈞而生衡，衡運生規，規圓生矩，矩方生繩，繩直生準，準正則平衡而均權矣，是爲五則。」有了丈量標準工具，實際的度量衡丈畫或計量數值不失準。《說文》其他的丈量計數工具字例依其功能，可分三類：（一）圭璧。（二）算籌。（三）規矩平準。茲分述如下。

（一）圭 璧

朝廷以玉璽爲印信，或者國有大事，執玉圭以爲符信。凡圭璧等瑞玉均有一定的大小，註以尺寸，所以示信。以圭璧考度之制，在古文獻中屢見不爽。清代吳大澂《權衡度量實驗考》以古器物諸如圭璧、泉幣、玉律琯、銅劍等，考證古代度量衡。〔註139〕其中以圭璧考度量衡，主要是依據《周禮》的記載，《周禮・考工記・玉人》云：「璧羨以起度」，鎮圭、大琮均「尺有二寸」，命圭「九寸」，琬玉「六寸」，琡「四寸」等。同樣地，《說文》的圭璧字例釋義也記述了可考的度數，茲分述如下。

字 例	瑗	環	琮	瑒	琬	琡
篇 卷	1上23	1上23	1上23	1上24	1上25	1上25

（1）瑗大孔璧，人君上除陛以相引。《爾雅》曰：好倍肉謂之瑗，肉倍好謂之璧，從王爰聲。（一篇上 二十三）

按：瑗從爰聲，《說文》：「爰，引也。」桂馥《說文義證》：「謂引者奉璧於君，而前引其璧則君易升。」〔註140〕《說文》云：「璧，瑞玉圓也，從玉辟聲。」知爲瑞玉，〔註141〕未言其制，於「瑗」中引《爾雅》互見其形制。《爾雅・釋器》曰：「好倍肉謂之瑗，孔大於邊也。」「肉倍好謂之璧。」凡物之圓形而中有孔者，圓形物謂之肉，孔謂之好。瑗與璧都是環狀的璧玉，兩者的差別在於：瑗的好是肉的兩倍大；璧的肉是好的兩倍大，瑗的圓孔比璧大。《漢書・五行志》云：「宮門銅瑗」的銅瑗是大孔的銅環，才方便手握敲扣。這是璧玉形制變通運用於門環。除此之外，以古璧等禮器的形制考校度量衡，如《周禮・考工記・玉人》：「典瑞璧羨以起度，玉人璧羨度尺，好三寸，以

〔註139〕（清）吳大澂，《權衡度量實驗考》（臺北：臺灣藝文印書館，民國63.4（1974.4））。

〔註140〕楊家駱主編，《說文解字詁林正補合編》第二冊，頁2-274。

〔註141〕本文將「璧」歸之於第四章「陰陽五行思想」第三節之祥瑞之物，見頁272。此處合說「璧」、「瑗」形制來說明度量衡之考度。

爲度。」鄭司農云：「羨，長也，此璧徑長尺以起度量。」璧好三寸、肉六寸相加起來，是爲璧的直徑九寸，但是數以十爲盈，故益之一寸共十寸以爲度，是名「璧羨度尺」，茲援圖如下：

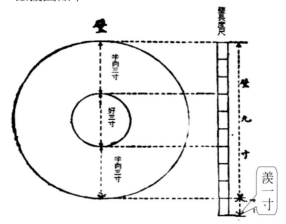

這是以璧的形制來作爲長度的標準器。《爾雅·釋器》「瑗」、「璧」肉好的尺寸長度，於《周禮》「璧羨以起度」的記載因而可以推知。

璧的肉好尺寸可供考度，而其環狀形制，還運用在權錘形狀的仿製。《漢書·律曆志上》：「五權之制，以義立之，以物鈞之，其餘小大之差，以輕重爲宜，圓而環之，令之肉倍好者。」孟康注曰：「謂爲（錘）之形如環也。」如淳曰：「體爲肉，孔爲好。」顏師古曰：「錘，稱之權也。」戰國楚國的銅環權（如圖），好大於肉，權孔較大；新莽時期的銅權形制，小者如兩，大者至鈞、石，多見肉大於好的圓環權，顯得權錘厚實（如圖，亦可見「銓」援引之圖，頁345）。

戰國·楚天平、銅環權〔註142〕

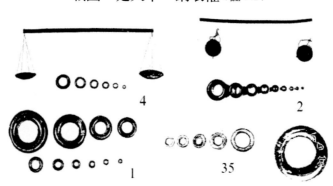

〔註142〕1爲1945年長沙近郊出土，2爲1954年長沙左家公山出土M：15：43，4爲1933年壽縣出土M71：4，3.5爲1990長沙出土。參考同註86，頁119-125。

新莽律銅石權

（2）瓄璧也，肉好若一謂之環，從王睘聲。（一篇上　二十三）

按：《爾雅‧釋器》：「肉好若一謂之環。」鄭注《禮記‧經解》曰：「環取其無窮止。」與上之「璧」、「瑗」肉好比例相比，茲列表如下：

	璧	瑗	環
肉	2	1	1
好	1	2	1

（3）琮瑞玉大八寸似車釭，從王宗聲。（一篇上　二十三）

按：鄭玄注《周禮‧秋官‧小行人》曰：「琮八方象地。」《周禮‧考工記‧玉人》曰：「大琮尺二寸，射四寸。」注：「射其外鉏牙。」疏云：「角各出二寸，兩相并四寸也。」徐灝《說文解字注箋》：「射者，銳角兩兩相對外嚮，故謂之射。鄭注《考工記‧玉人》云：『射，剡出者。』是也。邊二寸，兩兩相對則四寸，合空徑爲一尺二寸也。角銳似牙，故曰鉏牙，其周亦如輪之牙圍也。」〔註143〕許慎說「大八寸」是除去射四寸，若合之以計，當一尺二寸（十二寸）（如圖）。〔註144〕

琮似車釭，徐鍇《說文繫傳》：「謂其狀外八角而中圓也。琮之言宗也，

〔註143〕同註 140，頁 2-277。
〔註144〕圖援引自（清）戴震，《考工記圖》卷五百六十三，《皇清經解》九（臺北：復興書局，民國 50（1961）），頁 6348。

八方所宗，故外八方中虛圓以應無窮，德象地，故以祭地也。」〔註145〕《白
虎通・瑞贄》：「琮以起土功發眾，琮之爲言宗也，象萬物之宗聚也，功之所
成，故以起土功發眾也。位在西方，西方陽收功於內，陰出成於外，內圓象
陽，外直爲陰，外牙而內湊，象聚會也，故謂之琮。」

（4）瑒圭尺二寸有瓚，以祠宗廟者也，从王昜聲。（一篇上　二十四）

　　按：《周禮・考工記・玉人》曰：「裸圭尺有二寸，有瓚以祀廟。」裸圭謂
之瑒圭（如圖），〔註146〕瑒讀如暢。《國語・魯語》謂之鬯圭，用以灌鬯者也。

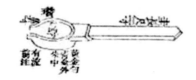

（5）珽大圭長三尺，抒上終葵首。从王廷聲。（一篇上　二十五）

　　按：《周禮・考工記・玉人》鄭玄注引《相玉書》云：「珽玉六寸。」又
「大圭長三尺，杼上終葵首，天子服之。」《說文》即根據此說，鄭玄注曰：
「王所搢大圭也，或謂之珽，終葵，椎也，爲椎於杼上，明無所屈也。杼，
殺也。」《禮記・玉藻》：「天子搢珽。」注云：「此亦笏也，珽之言挺然，無
所屈也。或未知大圭長三尺，杼上終葵首者，於杼上又廣其首，方如椎頭，
是謂無所屈，後則恆直。」

（6）瑁諸侯執圭朝天子，天子執玉以冒之似犁冠。周禮曰：天子執瑁四寸，
　　　从王冒，冒亦聲。玥古文从月。（一篇上　二十五）

　　按：《周禮・考工記・玉人》曰：「天子執冒四寸以朝諸侯。」注云：「名
玉曰冒者，言德能覆蓋天下也，四寸者，方以尊接卑，以小爲貴。」《白虎通・
瑞贄》：「合符信者，謂天子執瑁以朝諸侯，諸侯執珪以覲天子，瑁之爲言冒
也，上有所覆，下有所冒也，故〈覲禮〉曰：侯氏執珪升堂。」《尚書大傳》
曰：「古者圭必有冒，不敢專達也，天子執冒以朝諸侯，見則覆之，故冒圭者，
天子所與諸侯爲瑞也，諸侯執所受圭以朝於天子，瑞也者，屬也。無過行者，

〔註145〕徐鍇《說文繫傳・通釋》卷第一（北京：中華書局，1998.12），頁6。
〔註146〕圖援引自同註144，頁6349。

得復其圭以歸其國，有過行者留其圭，能改過者復之，三年圭不復，少黜以爵，六年圭不復，少黜以地，九年圭不復而削地。此謂諸侯之朝於天子也，義則見屬，不義則不見屬。」

粲冠，《爾雅》注作犂銛，謂耜也。《周禮・考工記・匠人》：「耜廣五寸，二耜之伐廣尺，耜刃方鄇，上下似之。」

吳承洛《中國度量衡史》對圭璧考度之法倍加推崇：「以上六圭與璧（按：指鎮圭、桓圭、大琮、大琬、瑁、琰），關於制度考證之處，均一一相符，足為周制璧羨度尺之驗證。惟實際測得之數，彼此亦徵有出入。璧為起度之本，此六圭可為驗度之證，故先求六圭為尺之平均數。」吳洛承根據《權衡度量實驗考》所繪之圖，測其實際尺度，得六圭尺與「璧羨尺」的平均值為 197.77875 釐米，以定周尺之長。〔註 147〕但是，根據今發現的考古資料進行比對，卻無法證實《周禮》這些名目眾多的玉器，尺寸大小多不符合。而且吳大澂所徵引的玉圭，多不具圭角，非真正的玉圭。既然這些玉器不定制、不定名，要用它們校正度量標準，論證依據則略顯薄弱。

（二）算　籌

雖然撥弄手指數計是十進位，但畢竟受到限制，難以累計較大的數目。古人則以小棍子代替手指，既不限量，計算也方便。這種記數的小棍子叫做算籌，或稱策、籌、籌策，《老子》二十七章：「善數者不用籌策。」用算籌進行計算，稱為籌算。《說文》也有提到算籌的形制，茲詳解於下文。

字例	筭
篇卷	5 上 20

筭長六寸所㠯計厤數者，从竹弄聲，言常弄乃不誤也。（五篇上　二十）

《漢書・律曆志上》：「其筭法用竹徑一分，長六寸，二百七十一枚而成六觚為一握。」蘇林曰：「六觚，六角也，度角至角，其度一寸，面容一分，算九枚相因之數，有十面之數，實九其表，六九五十四，算中積凡得二百七十一枚。」《易緯是類謀》：「師曠樞推音筭律，如以度知且。」鄭玄注：「其人能知歷數樞機之事，有能推五音之清濁、筭律之長短，以知將來之事也。」《漢書・律曆志》所說的「六觚」的形制，是用算籌成一握實心六角形，六

〔註 147〕吳承洛，《中國度量衡史》（上海：上海書店，1984.5），頁 49。

邊每邊長的枚數各為十，要計算算籌總枚數，其計算式子和圖示如下：

$$(\frac{(1+10)\times 10}{2})\times 6-10\times 6+1=271$$

圖 1　　　　　　　　　　　　　圖 2

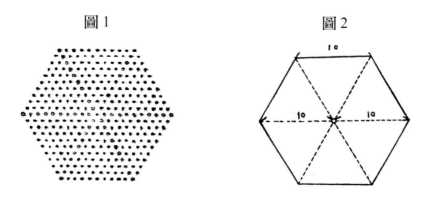

上列六邊形可分割為六個等邊三角形，每個等邊三角形的邊長皆為 10，枚數為（$\frac{(1+10)\times 10}{2}$），其義為 $\frac{(上底＋下底)\times 高}{2}$，共有六個等邊三角形，故乘以 6。但是等邊三角形的邊長枚數會因此重複計 6 次，即圖 1、2 的六條白點或虛線處，故需再減掉 60 枚（10×6）。如此一來，最中心的 1 枚會被減掉，故需再加 1，既而得 271 枚。或者如圖 3 所示，每個三角形有 45 枚（〔（1+9）×9〕÷2），六個三角形共 270 枚（45×6＝270），再加正中心 1 枚，總共 271 枚。

圖 3

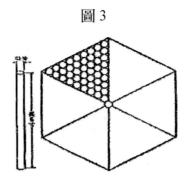

算籌的質材有木、竹、骨、牙、玉、金屬等，並用算袋和算子筒盛裝。目前所知道的最早算籌實物，以湖南長沙左家公山戰國木槨墓出土的竹笥，內有竹製算籌。漢墓出土更多，如陝西千陽縣西漢墓出土絲絹囊裏著的骨質算籌，共 30 枚，長約 13 釐米（最長 13.8 釐米），截面徑 0.2～0.4 釐米（如圖）。陝西旬陽西漢墓出土象牙算籌（如圖）。河北石家莊西南交振頭村東漢墓出土

骨製算籌 30 枚，分為兩把，一把 13 枚，一把 17 枚。長 7.8～8.9 釐米，截面徑約 0.4 釐米（如圖）。〔註148〕《說文》云「筭」長六寸，《漢書・律曆志上》云：「徑一分，長六寸」，如果以漢尺 23 釐米來算，算長六寸約等於 13.8 釐米（1 寸＝10 分，10 寸＝1 尺≒23 釐米，1 寸≒2.3 釐米，6 寸≒13.8 釐米），徑一分近似值約 0.23 釐米，與陝西千陽縣西漢墓出土的算籌相接近。

陝西千陽西漢骨籌　　　陝西旬陽西漢象牙算籌　　　河北石家莊東漢骨製算籌

（三）規矩平準

字　例	巨	規	準
篇　卷	5 上 25	10 下 19	11 上 29

（1）巨 規巨也，从工象手持之。榘 巨或从木矢，矢者，其中正也。𢀶 古文巨。
　　（五篇上　二十五）

　　按：《墨子・天志》上第二十六：「韓匠（造車匠）執其規矩，以度天上的方圓。」《孟子・離婁上》：「離婁之明，公孫子之巧，不以規矩，不能成方圓。」《漢書・律曆志上》：「規者，所以規圓器械，令得其類也。矩者所以矩方器械，令不失其形也。規矩相須，陰陽位序，圜方乃成。」《周髀算經・商高》曰：「圓出於方，方出於矩，矩出於九九八十一，故折矩以為句廣三，股脩四，徑隅五，既方其外半之一矩，環而共盤得成三四五，兩矩共長二十有五，是謂積矩。故禹之所以治天下者，此數之所生也。平矩以正繩，偃矩以望高，覆矩以測深，臥矩以知遠，環矩以為圓，合矩以為方，方屬地，圓屬天，天圓地方，方數為典，以方出圓。」圓方皆可出於於矩，究其方圓相生之理則然。

〔註148〕參考金岷、常克敏、張景瑞、朱啓新著，《文物與數學》（北京：東方出版社，2000.10），頁 33-35。

巨的或體从矢，其中正也，是譬況之，《詩·小雅·大東》：「其直如矢。」

規就是圓規。矩由長短兩尺合成，相交成直角，尺上有刻度，短尺叫勾，長尺叫股，有時為了堅固起見，在兩者之間還連上一條杆。漢代畫像石有伏羲女媧執規矩圖，援引如下：

（1）山東嘉祥縣武氏祠左石室後壁小龕　　　（2）山東沂南縣北寨漢墓門楣畫像
　　　西側畫像

（3）山東臨沂市白莊伏羲執規抱日畫像　　（4）山東臨沂市白莊女媧執矩抱月畫像

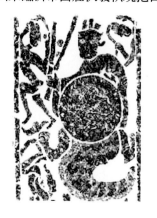

第（1）幅圖中伏羲、女媧持規矩，蛇尾相交，第（2）幅圖中人身蛇軀的伏羲、女媧後有一規一矩，左右上角各有一飛鳥。第（3）幅圖中伏羲執規，腹部有日輪，內有三足鳥和九尾狐。第（4）幅圖中女媧執矩，腹部有月輪，內有玉兔和蟾蜍。畫像石的規作加叉形，矩作垂直勾股形。《史記·夏本紀》記載禹治水時，「陸行乘車，水行乘舟，泥行乘橇。左準繩，右規矩，戴四時，以開九州，通九道。」《周髀算經》卷上裡有「故禹之所以治天下者，此數之所生也」。趙爽注：「禹治洪水，決流江河，望山川之形，定高下之勢，……

乃勾股之所由生也。」是說禹治洪水，必定先測量地勢的高低，因此要用到勾股的道理。《周髀算經》卷上：「故折矩，以爲勾廣三，股修四，徑隅五。」勾股法圖示如下：

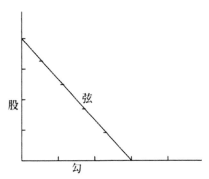

矩的實體如圖一，「環矩以爲圓，合矩以爲方」的圖解分別如圖二、圖三：
〔註149〕

圖一　矩實體圖　　　　圖二　環矩以為圓　　　　圖三　合矩以為方

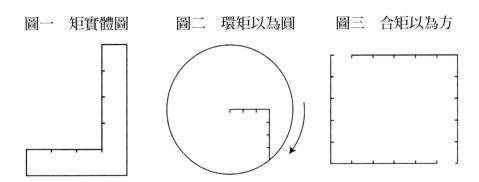

（2）榘規巨有灋度也，从夫見。（十篇下　十九）

　　按：《淮南子・時則》：「規者，所以員萬物也。規之爲度也，轉而不復，員而不垸，優而不縱，廣大以寬，感動有理，發通有紀，優優簡簡，百怨不起，規度不失，生氣乃理。」

（3）準平也，从水隼聲。（十一篇上二　二十九）

　　按：天下莫平於水，水平謂之準，因之製平物之器，亦謂之準。《莊子・天道篇》：「平中準，大匠取法焉。」漢武帝置平準官，《史記》有〈平準書〉，因之凡平均謂之準。《周禮・考工記》：「準之然後量之。」《易・繫辭上》：「《易》

〔註149〕陳遵嬀，《中國天文學史》（第一冊）〈緒論編・古代天文史編〉（臺北：明文書局，民國73.2（1984.2）），頁96-97。

與天地準。」鄭玄注：「準，平也。」《禮記・祭義》：「推而放諸東海而準。」鄭玄注：「准猶平也。」《漢書・律曆志上》：「繩直生準，準正則平衡而鈞權矣。……準者所以揆平取正是也。繩者上下端直經緯四通也。準繩連體，權衡合德，百工緣焉，以定法式。」當時衡桿上已有「準」，即《漢書・律曆志上》所云：「其道如底，以見準之正，繩之直。」這裡所說的「準」是天平衡桿中間的準心。安徽壽縣出土的楚國銅衡桿（如圖），衡桿扁平，正中有提紐並均刻十等分。衡桿正面中部刻有尖端向下夾角，並為中心刻線所平分，應該就是「準」的最初形式。

安徽壽縣楚國銅衡桿

以上《說文》其他的丈量工具字例，圭璧作為考度的依據，只是人為設定的理想值，在出土圭璧上找得不到適當的應證；筭是以握取度的竹枚；規畫圓；矩畫方；準揆平取正；《漢書・律曆志上》云：「規矩相須，陰陽位序，圓方乃成；準者所以揆平取正也；繩者，上下端直，經緯四通也、準繩連體，衡權合德，百工緣焉，以定法式。」，準繩求揆平取直，規圓矩方求準正平直，雖然它們度量的功能有別，但度量的核心標準卻共通，百工的法式因此定焉。

第五節　《說文》樂音說

春秋時代的音樂思想認為「天有六氣，降生五味，發為五色，徵為五聲。」（《左傳・昭公元年》）人「省風」以作樂，也可以樂「省風」、「宣氣」，音聲樂曲是人感「風」、「氣」而得的節奏，六氣、五行、五聲「過則為災」、「淫生六疾」，音樂平和，才能使陰陽調和，人心和樂，否則陰陽不調、民離神怒，是天人合一的音樂思想體現。《管子・五行》：「昔黃帝以其緩急，作立五聲以正五鐘。……五聲既調，然後作五行以正天時，五官以正人位。人與天調，然後天地之美生。」通過五聲確立五行、五官，才能「正天時」、「正人位」，「人與天調」，促進宇宙之和。《呂氏春秋》據陰陽家、道家思想，以五音配五時、十二律配十二月構成宇宙圖式，其論音樂的本源，〈大樂篇〉有云：

音樂之所由來者遠矣，生於度量，本於太一。太一出兩儀，兩儀出
陰陽。陰陽變化，一上一下，合而成章。渾渾沌沌，離則復合，合
則復離，是謂天常。天地車輪，終則復始，極則復反，莫不咸當。
日月星辰，或疾或徐，日月不同，以盡其行。四時代興，或寒或暑，
或短或長，或柔或剛。萬物所出，造於太一，化於陰陽。萌芽始震，
凝凍以行。形體有處，莫不有聲。生出於和，和出於適，先王定樂
由此而生。……凡樂，天地之和，陰陽之調也。

《呂氏春秋》明確指出「太一」是音樂的本源，音樂是出於對自然之聲的模
擬，音樂之和來自自然之和。此外，〈音初篇〉又云：「凡音者，產乎人心者
也，感於心則蕩乎音。」提出音樂與人心所感的關係。

　　《淮南子》根據《老子》四十章「天下萬物生於有，有生於無。」《莊子・
天地》：「夫道，……金石不得無以鳴，……無聲之中獨聞和」的思想，認為
有聲之樂出於無聲之道，〈原道篇〉有云：「夫無形者，物之大祖也；無音者，
聲之大宗也。所謂無形者，一之謂也。……無形而有形生焉，無聲而五音鳴
焉。」高誘注曰：「無形，道也；有形，萬物也。」又曰：「無形生有形，故
為物大祖也；無音生有音，故為聲大宗。祖、宗皆本也。」音樂的本源為「無」、
「道」、「一」，與《呂氏春秋》的「太一」互通，〈主術篇〉：「樂生於音，音
生於律，律生於風，此聲之宗也。」樂、音、律的產生源於風，來自於自然
之氣，還是「省風作樂」思想的繼承與延續，故《淮南子》以五音配五行、
五時、五方；八音配四時，琴瑟配春，竽笙配夏，白鐘配秋，磬石配冬；十
二律配十二月，十二律應二十四變；五音六律配十日十二辰；以音律之數當
一歲之日等等，都是《淮南子・天文》所云：「律曆之數，天地之道也」的宇
宙圖式，它比《呂氏春秋》的體系更為完整、精緻，而且更突出了音樂與天
道之間數的聯系。

　　漢代的音樂思想大抵就順著這樣的脈絡繼續發展，如《禮記・樂記・樂
論》云：「樂由天作，禮以地制」，《禮記・樂記・樂禮》：「樂者敦和，率神而
從天……故聖人作樂以應天」，〈樂記〉認為樂音的運動就是氣的運動，作樂
「稽之度數」（〈樂言〉），是與自然陰陽之氣相通，「地氣上齊，天氣下降，陰
陽相摩，天地相蕩，鼓之以雷霆，奮之以風雨，動之以四時，暖之以日月，
而百化興焉。如此則樂者天地之和也。」（〈樂禮〉）因此，音樂也有天人感應
之效，《史記・樂書》：「凡音由於人心，天之與人有以相通，如景之象形，響

之應聲。故爲善者天報之以福，爲惡者天與之以殃，其自然者也。」五音、六律、八音、十二律呂都是「順乎天地，序乎四時，應人倫，本陰陽，原情性」(《漢書・律曆志上》)。《詩緯氾曆樞》：「樂非謂金石之聲，管弦之鳴，謂陰陽和順也。」《樂緯叶圖徵》：「聖人作樂，不以娛樂。以觀得失之節，故不取備於一人，必須八能之士，或調陰陽，或調五行，或調盛衰，或調律曆，或調五音。與天地神明合德者，則七始八氣終，各得其宜也。」音樂本於天地陰陽之氣，樂和律諧，陰陽調和。

　　古代音樂理論由是形成兩個重要範疇，一是數的範疇，一是空間的範疇。數字與音樂的關係，表示有高低音階的不同變化，或樂器的種類（八音）。而音樂的時空範疇，時間是曆法，空間是方位，以樂律配合天時，主要在掌握時空定點，如十二律中的黃鐘值十一月的冬至，蕤賓值六月的夏至；《國語・鄭語》：「虞幕能聽協風以成樂而生物。」唐虞時代的樂官幕能分析樂音，預知時令，爲「成樂」之事；制定節候，以便稼穡，是「生物」之事；《國語・周語》曰：「瞽告有協風至。」神瞽能預告協風至的日子（距離冬至四十五日的立春）。由《說文》樂音和樂器字例的釋義，也可鉤稽出這兩方面範疇的訊息，茲分述如下。

一、樂　音

　　關於音樂的起源，《呂氏春秋・古樂》云：「黃帝令伶倫作爲律。伶倫……聽鳳凰之鳴，以製十二律。」「帝堯立，乃命質爲樂。質乃效山林溪谷之音以歌。」無論是根據鳥鳴聲定律或模仿山林溪谷的聲音，其實都是「道」所化成的萬物的自然節奏，聲響取決於氣的流動，故從自然節奏到人爲作樂皆已深含道化氣生的哲理，也就是《呂氏春秋》所說的「太一」。因此，音樂的制作源自於自然環境的觸發，啓動人的心理活動與智慧思維，是「太一」這股神祕力量的運作。相傳黃帝的樂舞就叫「雲門大卷」，黃帝在即帝位時，天上瑞雲呈祥，作樂祀雲，《左傳・昭公十七年》：「昔者黃帝氏以雲紀，固爲雲師而雲名。」杜預注：「黃帝受命有雲瑞，故以雲爲紀事，百官師長，皆以雲爲名號。」《楚辭・遠遊》：「張樂咸池奏承雲兮，二女御九韶歌。」注：「承雲，即雲門，黃帝樂也。」葛天氏《八闋》的第二曲〈玄鳥〉，象徵一年春分、秋分節氣。堯的《咸池》之樂，咸池是天上西宮天區（見《史記・天官書》），也是古人稱西方日落之處（《淮南子・天文》：「日出暘谷，浴於咸池。」）；與

舜的《韶》樂舞都是含有神秘崇拜的宗教樂舞。人因有感而作樂，樂章之感動人心，皆源於這樣原始的心靈呼喚。黃鐘之氣，用以起五聲，爲樂器宮商之所祖，《漢書・律曆志上》云：「聲者，宮商角徵羽也，所以作樂者諧八音，……五聲之本生於黃鐘之律，九寸爲宮，或損或益，以定商角徵羽。」《說文》的樂音世界也可藉此一窺堂奧。

字　例	音	韶	章	竟	樂	殷
篇　卷	2下32	2下33	3上33	3上33	6上54	8上48

（1）𪛊聲也，生於心有節於外謂之音。宮商角徵羽，聲也，絲竹金石匏土革木，音也。从言含一。（二篇下　三十二）

按：段注本：「各本聲下衍也字。」故應作「聲生於心，有節於外謂之音。」但《說文》聲下云：「音也」，此音下云：「聲也」，二篆互訓。《禮記・樂記》疏：「初發口單出者謂之聲，眾和合成章謂之音。」《禮記・樂記》：「凡音者，生於人心者也，情動於中，故形於聲，聲成文謂之音。」音是合眾聲而成章。又云：「凡音之起，由人心生也，人心之動，物使之然也，感於物而動，故形於聲，聲相應故生變，變成方謂之音。」人心觸物而動有所感發，形之聲，眾聲和合成文章曰音，徐鍇《說文繫傳・通論》：「聲成文謂之音，人之音也。八音所以寫人之意也。五聲宮商角徵羽，自然有合音也，取五聲而比之以成文曰音，五聲雜紐還相爲宮以成一音，故於文言含一爲音。言者，人之言也，五聲一以和爲主也，一者，成於一也，以一八器之聲傳人意，故曰生於心有節於外謂之旨，心氣無節，故以一八音曲折爲之節文也。」〔註150〕徐鍇說「生於心有節於外謂之旨」的「旨」當是「音」之誤。五聲成章當求和諧協調，故成於一，配以八音（絲（弦）竹（管）金（鐘）石（磬）匏（笙）土（塤）革（鼓）木（柷））演奏也是有章法節度，擅用樂器演奏成章的聲譜，以及樂器彼此之間如何搭配演奏，當求整體性合諧，故「以一八器之聲傳人意」，「以一八音曲折爲之節文」。

音「从言含一」，饒炯《說文解字部首訂》：「其从言者，从言猶之从聲也。又从一者，一下說：『道立於一』，然則音之从言含一者，蓋謂生之倫理有條不紊，能合於道也。」〔註151〕宋育仁《說文解字部首箋正》：「此與甘同意，

〔註150〕徐鍇，《說文繫傳・通論》卷上第三十三（北京：中華書局，1998.12），頁309。
〔註151〕楊家駱主編，《說文解字詁林正補合編》第三冊，頁3-748。

甘下說：『口含一，一，道也。』此言含一，一亦道也。金石絲竹匏土革木八音克諧，無相奪倫，所謂道也，合於律呂則成音。从言，言者心之聲也，生於心，達於口諧之言，生於心達於樂謂之音，樂亦達其心聲，故从言，音故从言含一，是謂有節。」〔註152〕音之从一，具有完整性、合諧性與節度性。

（2）韶虞舜樂也。書曰：簫韶九成，鳳皇來儀，从音召聲。（二篇下　三十三）

　　按：《禮記・樂記》曰：「韶，繼也。」注云：「舜能繼紹堯之德。」《春秋元命包》：「舜之民樂，其紹堯之業。」《春秋繁露・楚莊王》：「舜時，民樂其昭堯之業也，故曰韶。韶者，昭也。」《公羊》疏引宋鈞注樂說云：「簫之言肅，舜時民樂，其肅敬而紹堯道，故謂之簫韶。」以紹、昭釋韶，或以肅釋簫，皆是以同聲符同源字作爲聲訓，既表聲韻上的近似，也表字形上的同源關係，兼示涵攝的意義，以韶樂象徵舜肅靜紹堯業。韶樂主要的伴奏樂器爲簫，又稱《簫韶》，因它的舞包括九次《說文》書曰云云，語出《尚書・皐陶謨》。《呂氏春秋・古樂》提到十二律的制定，與鳳鳥有關：

> 黃帝令伶倫作爲律。伶倫自大夏之西，乃之阮隃之陰，取竹於嶰谿之谷。以生空竅厚鈞者，斷兩節間，其長三寸九分而吹之，以爲黃鐘之宮。次曰舍少次，制十二筒。以之阮隃之下，聽鳳凰之鳴，以別十二律。其雄鳴爲六，雌鳴亦六，以比黃鐘之宮適合。黃鐘之宮，皆可以生之，故曰黃鐘之宮，律呂之本。

吹筒制律，是仿效鳳凰六雄六雌的鳴聲，《淮南子・天文》也說：「律之初生也，寫鳳之音。」鳳就是風，《淮南子・主術》：「樂生於音，音生於律，律生於風。」可見律呂的形成，得自於風，傳說律呂的制定與鳳鳴有關，連帶樂器的形制亦不脫仿效鳳鳥。《尚書・皐陶謨》：「簫韶九成，鳳皇來儀。」《荀子・解蔽》引詩曰：「鳳凰秋秋，其翼若干，其聲若簫。」《史記・五帝本紀》：「四海之內咸戴舜功，興九韶之樂，而鳳凰翔，天下明德自虞帝始。」《說文》：「簫，參差管樂，象鳳之翼。」《風俗通義・聲音》：「舜作簫韶九成，鳳凰來儀，其形參差，象鳳之翼。」《宋史・樂志》：「樂始於律而成於簫。律準鳳鳴，以一管爲一聲。簫集眾律，編而爲器。參差其管以象鳳翼。肅然清亮以象鳳鳴。」鳳簫的眾管左右成排，故又名排簫，如鳳鳥張翼，其吹奏音聲如鳳鳴。〔註153〕

〔註152〕同註151，頁3-749。
〔註153〕鳳鳥與音樂的密切關係，已詳論於第四章《說文》陰陽五行天人思想〉第五

（3）童 樂竟爲一章。从音十，十，數之終也。（三篇上 三十三）

按：徐鍇《說文繫傳・通論》：「樂竟曰章，故於文音十爲章，十，數之終也。詩頌十篇爲什也。」〔註154〕樂曲十篇爲一章。《說文》士下云：「數始於一，終於十。」又十下云：「十，數之具也」，百下云：「數十百爲一貫相章也。」十爲整數，故章從十，表樂章的一貫完竟。

（4）竟 樂曲盡爲竟，从音儿。（三篇上 三十三）

按：《周禮・春官・樂師》：「凡樂成則告備。」注云：「成謂所奏竟。」段玉裁注：「此猶章從音十，會意。儿在人下，猶十爲數終也，故竟不入儿部。」

（5）樂 五聲八音總名。象鼓鞞，木，虡也。（六篇上 五十四）

按：《禮記・樂記》曰：「感於物而動，故形於聲，聲相應，故生變，變成方，謂之音，比音而樂之，及干戚羽旄謂之樂。」「樂者，音之所由生也。」「是故不知聲者，不可與言音，不知音者，不可與言樂。」「唯君子爲能知樂。」注云：「八音並作克諧曰樂。」又云：「比物以飾節，節奏合以成文。」注云：「比物謂雜金革土匏之屬也以成文，五聲八音克諧相應和。」

「象鼓鞞」謂樂也，徐鍇《說文繫傳・通論》：「白象鼓形，絲絲左右之應棘也，應和也，棘引也。小鼓挂在大鼓之旁爲引爲和也。夏后氏足鼓，殷人楹鼓，周人懸鼓、樹鼓也。樂在木上，足之樹之之象也。鼓者，器之最大者也。樂主於喜，喜生於仁，鼓，東方之象也，故二月女夷擊鼓以司天和，春分之音也，仁之聲也，萬物之始生也，故樂字象鼓也。」〔註155〕小徐以「樂」上半部的小篆字形象大鼓兩側掛小鼓之形，又樂主喜生仁，五行方位在東，鼓爲春分之音，亦在東方，是徹底發揮樂「象鼓鞞」之義。

（6）殷 作樂之盛偁殷，从月殳。易曰：殷薦之上帝。（八篇上 四十八）

按：《尚書・呂刑》：「惟殷于民。」傳曰：「殷，盛。」《左傳・成公十六年》：「方事之殷也。」注云：「殷，盛也。」《釋名・釋喪制》：「朔望祭曰殷奠，所用殷眾也。」

《禮記・樂記》：「反情以和其志。」又曰：「樂盈而反，以反爲文。」注：「反謂自抑止也。」又曰：「樂得其反則安，蓋樂不可以爲僞，故大章韶濩，皆反之於身，有是功，乃作是樂也。」

節〈《說文》讖緯神學〉之「四靈神話」，頁 344-345。

〔註154〕同註150。

〔註155〕同註150卷下第三十五，頁314。

《易‧豫》象傳曰：「雷出地奮豫，先王以作樂崇德，殷薦之上帝，以配祖考。」鄭玄注：「王者功成作樂，以文得之者作籥舞，以武得之者作萬舞，各充其德而爲制祀天地以配祖考者，使與天同饗其功也。」以盛大的樂舞祭祀上帝。

二、樂　器

　　人們利用製作器具去模仿聲響，或發出聲音，這樣的發聲器具不論其精粗如何，都可視爲樂器的雛形。《呂氏春秋‧古樂》云：「以麋鞈冒缶而鼓之。」用麋鹿皮蒙在缶罐口上，等皮乾繃緊，就成一面鼓。山東泰安大汶口文化晚期 10 號大型墓葬坑內東端出土了兩件陶壺和一堆鱷魚骨板。音樂考古學家認爲，陶壺可能就是文獻中提到的土鼓，《禮記‧明堂位》：「土鼓，蕢桴。葦龠，伊耆氏之樂也。」而鱷魚骨板應是蒙在壺口上的鱷魚皮腐朽後所遺留下的殘存物。鱷魚又作鼉，古書上有許多鼉鼓的記載，如《詩‧大雅‧靈臺》就有「鼉鼓逢逢」之句，《呂氏春秋‧古樂》說顓頊帝令鱓（即鼉）創造音樂，鱓便躺下身來，以腹爲鼓，尾巴作鼓槌，鼓腹而歌。1978～1980 年山西襄汾陶寺遺址出土 3015 號早期大墓的木鼉鼓是最好的印證。其鼓框是用樹幹挖空製成，豎置於地上，再繃以鱷魚皮，但鼓框已朽，鱷魚皮殘留的骨板散落在鼓框內外。據研究，新石器時代黃淮平原有揚子鱷分布，這些地方在 5000 多年前具備製作鼉鼓的條件。其他還有如河南舞陽賈湖骨笛（距今至少有 7700 年）已能吹奏六至七聲音階，山西萬泉縣荊村出土的三個新石器時代陶塤，一個爲直長管形，頂端一吹口孔；一個作橢圓形，頂端有吹口，旁有可以開閉的音孔；一作扁圓形，頂端有吹口，旁有兩音孔。這些開孔應該具有定音的功能。因此，定音樂器的產生，標示著樂器的製造有一定的水平。

　　茲從《說文》具有數術意味的樂器字例，說解其形制的特殊涵義，並配合考古樂器文物作輔助說明。

字 例	龠	竽	笙	簧	簫	管	鼓	琴	瑟	鐘
篇 卷	2 下 32	5 上 16	5 上 17	5 上 17	5 上 17	5 上 18	5 上 35	12 下 44	12 下 45	14 上 16

（1）龠 樂之竹管，三孔，以和眾聲也。从品侖，侖，理也。（二篇下　三十二）

　　按：查《周禮‧笙師》《禮記‧少儀》〈明堂位〉鄭注，《爾雅》郭注，應氏《風俗通》皆云三孔，惟《毛傳》云六孔，《廣雅》云七孔。因此，龠之「品」不是指樂管上的孔數，而是象集眾管如圓冊之形，蓋龠當从亼冊，亼，合也，

冊象竹管如冊，而侖又有圓義，徐灝《說文解字注箋》：「凡物圓形曰昆侖，亦曰渾淪，俗作囫圇，籥形圓，故从侖歟？」〔註156〕龠的三口作橫排狀，而許慎卻从「品」，非以品說三孔，而是取眾管環狀排列之象，故龠若拆解成亼、品、冊三部份，是集眾管如冊，合而言之，是眾管如圓狀，藉「品」形以表之，眾管圓狀有理，故和眾聲。

（2）竽管三十六簧也。从竹亐聲。（五篇上　十六）

按：《廣雅・釋樂》卷八下：「竽象笙三十六管，宮管在中央。」《急就篇》：「竽瑟空侯琴筑箏。」顏注：「竽，笙類也，列管瓠中，施簧管端，宮管在中央，三十六簧。」《易緯・通卦驗》：「冬至吹黃鐘之律，閒音以竽，竽長四尺二寸。」鄭玄注：「竽管類用竹為之，形參差象鳥翼。」竽與笙都是以簧管發音的竹製多管吹奏樂器，竽的形制比笙長且大一些，但在後世逐漸與笙同化。

（3）笙十三簧，象鳳之身也，笙正月之音物生故謂之笙，大者謂之巢，小者謂之和。从竹生。古者隨作笙。（五篇上　十七）

按：《爾雅・釋樂》郭璞注：「列管瓠中，施簧管端，大者十九簧，小者十三簧。」潘岳〈笙賦〉：「基黃鐘以舉韻，望儀鳳以擢形，寫皇翼以插羽，摹鸞音以厲聲。」陳啓彤《說文疑義》：「攷笙塙似鳳鳥之形，鳳鳥尾有二羽獨長，笙亦有二簧獨長。」〔註157〕笙斗即笙的風腔，常以匏、葫蘆製成，又稱匏笙、匏竹。笙管插植在笙斗上，管內側開長方形出氣孔，外側開圓形音孔。管的長短作左右對稱，形如鳳翼。實際發音的高低音與管長短無關，而與管上音孔位置和簧片相關。茲援引笙竽結構示意圖：〔註158〕

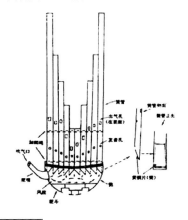

〔註156〕楊家駱主編，《說文解字詁林正補合編》第二冊，頁 2-375、376。
〔註157〕楊家駱主編，《說文解字詁林正補合編》第四冊，頁 4-371。
〔註158〕轉引自戴念祖，《文物與物理》（北京：東方出版社，1999.12），頁 195。

山東沂南北寨東漢墓出土吹笙畫像石，其圖如下：

《白虎通・禮樂》曰：「八音者何謂也？〈樂記〉曰：『……匏曰笙……』，匏之爲言施也，牙也，在十二月萬物始施而牙，笙者，太簇之氣，象萬物之生，故曰笙。」《釋名・釋樂器》曰：「笙，生也，……象物貫地而生也。」《樂叶圖徵》：「六律：黃鐘十一月，太簇正月，姑洗三月，蕤賓五月，夷則七月，無射九月。六呂：大呂十二月，夾鐘二月，仲呂四月，林鐘六月，南呂八月，應鐘十月。陽爲律，陰爲呂，謂之十二月律。」笙爲太簇之氣，故爲正月之音，象生萬物。

《爾雅・釋樂》：「大笙謂之巢，小者謂之和。」郭璞注：「列管瓠中，施簧管端，大者十九簧，小者十三簧。」茲援《爾雅》「巢」「和」之圖如下：〔註159〕

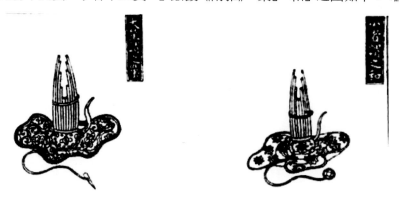

今考古發現笙竽類樂器實物，主要出土於湖北江陵一帶和河南南部等古代楚國的範圍，如湖北當陽曹家崗 5 號墓、江陵天星觀 1 號墓、江陵雨台山楚墓和河南潢川張集葫蘆笙等。出土的楚笙多以葫蘆爲斗，竹管爲苗，笙苗上簧舌與框接合程度精密，笙斗與吹嘴是天成一物的葫蘆體，與鳳凰身之笙

〔註159〕郭璞，《爾雅音義》（臺北：藝文印書館，民國 77.3（1988.3）），頁 62。

迥異。茲援江陵天星觀 1 號墓笙圖如下：

江陵天星觀 1 號墓笙

（4）簧 笙中簧也。从竹黃聲。古者女媧作簧。（五篇上　十七）

按：《詩・君子陽陽》：「左執簧。」傳云：「簧，笙也。」正義云：「簧者，笙管中金薄鑠也。」笙竽又稱笙簧，簧指生管中的簧片。《世本・作篇》：「女媧作笙簧。」宋均注：「女媧，黃帝臣也。」〈帝系篇〉：「女媧氏命娥陵氏制良管，以一天下音；命聖氏爲斑管，合日月星辰，名曰《充樂》。既成，天下無不得理。」《禮記・明堂位》曰：「女媧之笙簧。」注云：「女媧三皇承宓羲。笙簧，笙中之簧也。」女媧作笙簧的傳說，是因女媧摶土造人，創造人類，使人類生生不息，後爲婚嫁生育之神，又製作樂器，「生」與「笙」的諧音有這層意義關聯。〔註160〕

（5）簫 參差管樂，象鳳之翼，从竹肅聲。（五篇上　十七）

按：《楚辭・九歌・雲中君》：「吹參差兮誰思。」王逸注云：「參差，洞簫也。」《周禮・小師》注云：「簫編小竹管，如今賣餳餳所吹。」《急就篇》：「鐘磬韜簫竽鼓。」顏注：「簫編管而別之，參差象鳳翼也。」《爾雅・釋樂》：「大簫謂之言，小者謂之筊。」郭璞注：「大簫編二十三管，小者十六管。」陳啓彤《說文疑義》：「攷簫大者二十三管，小者十六管，其管相對，亦極似鳳鳥之翼。」〔註161〕排簫似鳳展翼之形，茲援圖如下：〔註162〕

〔註160〕請參考本論文第四章〈《說文》陰陽五行天人思想〉第五節「讖緯神學」之「創制神話」中的女媧，頁 332-333。

〔註161〕同註 158。

〔註162〕同註 159，頁 63。

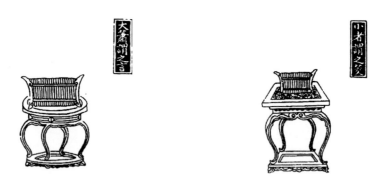

1978 年河南省淅川縣倉房鄉下寺 1 號墓出土的春秋晚期石排簫，石質色白，上端平齊，鑽有 13 個圓孔。下端長短依次遞減，爲 13 管並列之狀。中間有一斜橫帶，用以縛管。管孔內徑自最長管制最短管依次遞減。曾侯乙墓出土的排簫係用 13 根長短次第的簫管並排，且用三個不同長度的竹夾，分別從簫的上、中、下部攔腰夾固簫管，並在與簫管相交處和第 1 管外側的夾口，以細繩纏縛。簫管用單節的竹管做成，以竹管較細的一端截開吹口，並經刮削而薄；下端以竹節封底。左起第 1 管最大，第 13 管最小。通體爲以黑漆爲地，朱色線描繩紋和三角雷紋。茲援二簫實圖如下：

淅川下寺 1 號墓石排簫　　　　　　曾侯乙墓排簫

這兩件考古排簫皆 13 管，不同《爾雅》郭璞注的 23、16 管。

（6）管如簴六孔，十二月之音，物開地牙故謂之管，从竹官聲。琯古者管吕玉，舜之時西王母來獻其白琯，前零陵文學姓奚，於泠道舜祠下得笙玉琯，夫吕玉作音，故神人吕和鳳皇來儀也。从玉官聲。（五篇上　十八）

按：《史記・律書》：「十二月律中大呂，其於十二子爲丑。」《風俗通・聲音篇》：「物貫地而牙，故謂之管。」《尚書大傳》：「舜以天德嗣堯，西王母來獻白玉琯。」《大戴禮記・少閒篇》：「帝堯有虞氏……九年，西王母來朝，獻其白琯。」盧辯注：「琯所以候氣。」《風俗通・聲音篇》：「舜之時西王母

來獻其白玉琯，昔章帝時，零陵文學奚景於泠道舜祠下得笙白玉琯。」

曾侯乙墓篪全長 29.3 釐米，徑約 1.9 釐米，一端以竹節自然封底，一端以物填塞。在管身一側近兩端處，各開一橢圓出音孔，在吹孔、出音孔呈 90 度的管身平面上有 5 個指孔。《周禮・春官・笙師》鄭眾注：「篪，七孔。」《說文》為六孔，曾侯乙墓篪為五孔，孔數略有差別。茲援篪管實圖如下：

曾侯乙墓篪

（7）鼓 郭也。春分之音，萬物郭皮甲而出，故曰鼓。从壴从屮，又屮象㲦飾，又象其手擊之也。《周禮》六鼓靁鼓八面，靈鼓六面，路鼓四面，鼖鼓，皋鼓、晉鼓皆兩面。鼓籀文鼓从古。（五篇上　三十五）

按：《漢書・律曆志》：「八音皮曰鼓。」顏注：「鼓者，郭也，言郭張皮而為之。」《樂叶圖徵》：「樂有鼓，擊鼓以知臣，鼓音調則臣道得。」孫毅按：「鼓，震音，煩氣也，萬物憤懣震動而生，雷以動之，同聲相應，其本乃在萬物之始耶？故為鼓也。」《風俗通義・聲音》：「鼓者，郭也。春分之音也，萬物郭皮甲而出，故謂之鼓。」《周禮・鼓人》：「掌教六鼓，四金之音聲，……以雷鼓鼓神祀，以靈鼓鼓社祭，以路鼓鼓鬼享，以鼖鼓鼓軍事，以鼛鼓鼓役事，以晉鼓鼓金奏。」注云：「雷鼓八面鼓也，靈鼓六面鼓也，路鼓四面鼓也，鼖鼓長八尺，鼛鼓長丈二尺，晉鼓長六尺六寸。」先鄭注《周禮・大司樂》：「雷鼓六面，靈鼓四面，路鼓二面。」後鄭駁之，鼖皋晉鼓之兩面，先後鄭皆不言，惟《風俗通義》云：「皋鼓晉鼓皆兩面。」

（8）琴 禁也。神農所作，洞越，練朱五弦，周時加二弦，象形。𤫚古文珡从金。（十二篇下　四十四）

按：「琴，禁也。」以聲訓方式明命名之意，與「鼓，廓也」「門，聞也」「戶，護也」作用相同。劉歆《七略》：「雅琴，琴之言禁也，雅之言正也。君子守正以自禁也。」《白虎通・禮樂》曰：「琴，禁也，所以禁止淫邪正人心也。」《風俗通・聲音》：「雅琴者，樂之統也。故琴之為言禁也，雅之為言正也。言君子守正以自禁也。」琴在於正人心的說法，在漢代是很通行的，

徐鍇《說文繫傳‧通釋》:「君子所以自禁制也。」〔註163〕亦是承襲漢代人之說。雅琴在漢代人的心目中,是居於音樂的統領地位,有「樂統」之稱,此乃琴為德音。德與音樂的關連,古屢有論及,《樂記》云:「德音之謂樂。」「樂行而民鄉方,可以觀德矣。德者,性之端也;樂者,德之華也。」德為樂的本體,而琴又是「樂之統」,漢代人稱之為「德樂」,劉向《雅琴賦》:「遊千心以廣觀,且德樂之憺憺。」桓譚《新論‧琴道篇》:「八音廣博,琴德最優。」馬融《琴賦》:「曠三奏而神物下降,何琴德之深哉。」即其明徵。琴為治心之具,故與德性之學相關連。

桓譚《新論‧琴道篇》:「昔神農氏繼宓羲而王天下,上觀法於天,下取法於地,近取諸身,遠取諸物,於是始削桐為琴,繩絲為弦,以通神明之德,合天地之和焉。」傅毅《琴賦》:「揆神農之初制,盡聲變之奧妙。」《帝王世紀》:「炎帝神農氏作五弦之琴。」這是神農作琴的傳說。

《說文》「洞越」,段玉裁注:「越謂琴瑟底之孔迴者,琴腹中空而為二孔通達也。」宋育仁《說文部首箋正》:「琴制中空,下有穴,取其通達天地之氣。」〔註164〕洞越是指琴音箱底部的孔洞,可通氣。

《說文》「練朱五弦,周時加二弦」,《禮記‧樂記》:「清廟之瑟,朱弦而疏越」鄭玄注:「練朱弦也,練則聲濁。」桓譚《新論‧琴道篇》:「琴長三尺六寸有六分,象朞之數,厚寸有八象三六,數廣六分象六律,上圓而斂法天,下方而平法地,上廣下狹,法尊卑之禮。」又云:「五絃第一絃為宮,其次商角徵羽,文王武王各加一絃,以為少宮少商。」據此,琴有五弦、七弦之分,但目前考古可見的實物為春秋戰國時期,有二例,一是曾侯乙墓出土的十弦琴,一是湖北荊州郭店七弦琴。郭店琴為目前考古發現最早的七弦琴實物標本。茲援二圖如下:

曾侯乙墓十弦琴　　　　　　湖北荊門郭店七弦琴

〔註163〕同註150,卷第二十四,頁248。
〔註164〕楊家駱主編,《說文解字詁林正補合編》第十冊,頁10-364。

　　《說文》琴之古文作珡，郭店簡《性自命出》有云：「聖（耳＝聽）峚丂之聖（聲）則諪女（如）也斯戁。」「峚丂」二字讀爲琴瑟，琴從金，與《說文》之古文合。

（9）瑟庖犧所作弦樂也，从珡必聲。齊古文瑟。（十二篇下　四十五）

　　按：《白虎通・禮樂》：「嗇也，閑也，所以懲忿窒欲，正人之德也。」瑟也是修養心性的德樂，但《說文》未從此立說。《文子・微明》：「瑟不鳴而二十五弦，各以其聲應。」《風俗通義・聲音篇》云：「宓犧作瑟，八尺一寸，四十五弦，泰帝使素女鼓瑟而悲，帝禁不止，故破其瑟爲二十五弦。」瑟相傳爲伏羲是所作，弦數二十餘至四十餘不等。目前考古發現的瑟，主要分布在湖北、湖南、河南南部等古代楚國的範圍，如當陽曹家崗 5 號墓、當陽趙巷 4 號墓、江陵雨台山楚墓、荊門包山墓、信揚長台關 1 號墓以及曾侯乙墓等。其形制十分豐富，用於演奏高、中、低音的皆有，弦數不盡相同，一般多見 23、25 弦，也有 19、21 和 24 弦。目前所知最早的楚瑟實物爲湖北當陽曹家崗 5 號墓瑟，形制最爲完整精美。湖北江陵縣天星觀 1 號楚墓發掘 5 件楚瑟，除 1 件嚴重破損外，其他 4 件基本完好。茲援二瑟實圖如下：

湖北當陽曹家崗 5 號墓瑟

湖北江陵天星觀 1 號墓瑟

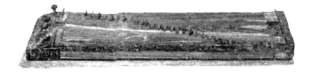

（10）鐘樂鐘也，秋分之音萬物種成，故謂之鐘。从金童聲。古者垂作鐘。（十四篇上　十六）

　　按：《月令章句》：「上古本陰陽別風聲、審清濁，不可以文載口傳也，故鑄金作鐘，以正十二月之聲。」《樂叶圖徵》：「黃鐘生一，一生萬物，故君子鑠金爲鐘，撞鐘以知君，鐘調則君道得。」

《白虎通‧禮樂》：「鐘之為言動也，陰氣用事，萬物動成，鐘為氣用，金為聲也。」《風俗通‧聲音篇》：「鐘，秋分之音也。」《五經通義》：「鐘者，秋分之氣，萬物至秋而成，至多而藏，堅成不滅絕莫如金，故金為鐘相繼不絕也。」

以上這些《說文》樂音奏器的字例，音、韶、樂皆指音樂的通名，章、竟為音樂章節曲盡，龠、竽、笙（簧）、簫、管屬於管樂器，鼓、鐘屬於打擊樂器，琴、瑟屬於弦樂器，殷指樂盛。其中比較特殊的是韶樂是虞舜之樂，舜紹堯道，鳳凰來儀；竽、笙、簫皆取象於鳳，竽、笙象鳳鳥斂翼之形，簫象鳳展翅之形，如排簫；簧為女媧所作，管為西王母獻於舜，瑟為庖犧作，琴為神農作，頗富神話色彩。鼓、鐘為春分、秋分之樂，與節氣說結合。

結　語

天文律曆的兩大內涵本質為思想與數字，《易》學、陰陽五行是日月星象、音律、度量衡的思想內涵，而數字則是它們具體軌則的標示。觀測天上日月星象的運行變化，可知四季節氣、物候時辰的規律，把這些觀測的運轉值作推步計算，就是曆法。曆法是人間掌握自然天象的參考範本，也是世間定律定量的起始淵源。音律得之於候氣，天文曆數導出黃鐘律管，氣流共鳴的緩急高低形成音律節奏，所以，中國樂律是天文自然的律動節奏，自可承襲其思想的內涵與數字的推算。至於度量衡的產生，則是人們來自於天體運行的啟示，對生存環境在距離、空間上長短、大小、輕重的定量認識，故曆象上表天象，下啟律度實物，《易》學、陰陽五行為精髓；曆數上達天數，下知律數、度數，用數字量化可見的軌則。因此，《說文》天文律曆思想，承自《易》學的啟迪，從「象」中發揮哲學思想與數字的理則，都是調和陰陽，五行運生的天人溝通反應，它同下章的方技都是這些形上思想的形下學門。